高齢者をめぐる
賃貸借実務対応マニュアル

－入居・管理・死亡等による契約終了・再募集－

編著 高村 至（弁護士）

新日本法規

は　し　が　き

　本書は、一般的な賃貸用の建物を対象とする賃貸借について、入居者が高齢者その他であることを前提として、入居前及び入居時の対応、物件の管理、契約終了時の対応、再募集の際の対応等について、主に物件を管理する側からみた処理方針をマニュアル化して解説したものです。

　筆者が、居住用建物の賃貸借に関する日常の業務において、賃借人が高齢者である場合に最も多く接している事例は、残念ながら、身寄りのない高齢者が物件内で死亡し後になって発見される、いわゆる「孤独死」に関するものです。孤独死については、その定義もなければ、全ての自治体において調査がなされているものでもなく、全国的な実態はいまだよく分かっていないところがあります。しかし、高齢者の孤独死の数が増加していることは、賃借人が死亡した後の居室がそのままの状態となっているなどの理由で相続人調査が必要となるケースが以前に比べて格段に増えていることからも、筆者が身をもって感じているところです。また、筆者が日ごろ接している具体的な事案から考えると、孤独死は決して高齢者だけについて発生しているものでもありません。そして、この問題の根本には、社会的・経済的弱者の社会からの孤立があります。現に、コロナ禍においても、全国で多数の独居者が居室内において新型コロナウィルス感染症により死亡し遺体で見つかる痛ましい状況に至りました。

　このような孤独死の発生は、関係者においてできるだけ防ぐ手立てがなされてしかるべきです。それは、物件を管理する側にしても同じです。しかし、現実には、身寄りがない高齢者については、ご本人が生活へ干渉されることを嫌われる方も多く、管理する側にはなかなか状況が把握できないままとなるケースが多いのも実情です。そのような中で、物件を管理されている現場の皆さんが大変な苦労をされていることも、筆者は目の当たりにしてきました。本書が、そういった物件の管理において発生する様々な問題に関して、少しでも助けになればと心より願っております。

　なお、本書は論文や教科書ではなくあくまでマニュアル本ですので、内容については、重複をいとわず各項目において完結した解説をめざすという方針で執筆に臨みました。そのため、本書の内容は各項目間で重複するところも多々ありますが、この点はマニュアル本としての性質から何卒ご容赦いただきたいと思います。

　本書は、平成21年6月に発行された加除式の「建物賃貸管理マニュアル」（新日本法規出版）に始まって、これに借地案件もカバーしつつ事件処理マニュアル形式にまとめ、平成28年3月に単行本として発行した「借地借家事件処理マニュアル」（新日本法規出版）に続き執筆したものです。本書の企画自体は令和元年の年末にはスタートし

ていましたが、執筆が本格化してきた段階でコロナ禍の影響をまともに受けました。特に大阪はしばしば差し迫った事態となり、緊急事態宣言が何度も出される異常な状況の中、執筆いただいた先生方には改めて厚くお礼申し上げます。

なお、本書の編集にあたりましては、田村義史先生、細川良造先生には目次の検討や原稿の二次チェックにおいてご協力いただきました。「Ｑ＆Ａ　生活保護利用者をめぐる法律相談」（新日本法規出版、2014）の編集委員をされている鈴木節男先生には、目次の検討に加え、各原稿について高齢者等の支援の観点からたくさんの助言をいただきました。ほんとうにありがとうございました。

また、心理的瑕疵に関連するガイドラインについては、本書の企画段階から国土交通省の検討会の動向を見守っている状態でしたが、執筆段階ではまだ公表されるには至っていませんでした。ところが、本書編集の最終盤になって、国土交通省から心理的瑕疵の取扱いに関するガイドラインの「案」が公表され、さらにパブリックコメントを経て実際にガイドライン（第5章で紹介している「宅地建物取引業者による人の死の告知に関するガイドライン」）が公表されたのは、本書のゲラが出来上がる直前となってしまいました。ほかにも、令和3年に民法の改正等がなされ、物権法や相続法について相当の見直しがなされ、原稿の見直しを余儀なくされました。新型コロナ対策に伴うIT化のさらなる進展や脱ハンコ関連の改正の影響も一部ありました。最近は書籍化にあたって法令のアップデートの激しさがしばしば障害となりますが、これらの内容を原稿に反映させるために、執筆いただいた先生方や新日本法規出版株式会社の皆様にはぎりぎりまでご無理をお願いすることになってしまいました。最後に、「借地借家事件処理マニュアル」に続き、本書の企画段階から完成まで粘り強く本書の編集にご尽力いただきました新日本法規出版株式会社出版企画局の宇野貴普さんに厚くお礼申し上げる次第です。

令和4年3月

弁護士　髙 村　　至

編著者・著者一覧

≪編 著 者≫

高 村　　　至　弁護士（弁護士法人サン総合法律事務所）

〔執筆担当〕第1章、第4章 第2 2 4 ・ 5 、第5章

≪著　　者≫

鈴 木　　節 男　弁護士（あかり法律事務所）

〔執筆担当〕※高齢者の支援に関して各章一部執筆

田 村　　義 史　弁護士（弁護士法人穂高）

〔執筆担当〕第2章 第3

細 川　　良 造　弁護士（細川総合法律事務所）

〔執筆担当〕第2章 第2、第4章 第1 1

里 内　　博 文　弁護士（エヴィス法律会計事務所）

〔執筆担当〕第2章 第1、第4章 第2 1

寺 西　　慶 晃　弁護士（弁護士法人米田総合法律事務所）

〔執筆担当〕第2章 第4、第4章 第1 2 4 ・ 5

渡 邊　　麻 衣　弁護士（弁護士法人米田総合法律事務所）

〔執筆担当〕第3章 2 ～ 4

坂 本　　　望　弁護士（弁護士法人サン総合法律事務所）

〔執筆担当〕第3章 1 、第4章 第1 2 1 ～ 3 ・第2 2 1 ～ 3

凡　例

<本書の内容>

　本書は、高齢者が居住する賃貸建物における業務の流れをマニュアル化したものです。手続の流れをフローチャートで図示した上で、手続上の留意事項を分かりやすく解説するとともに、必要な書式を掲載しています。

<各項目の構成>

　本書における各項目の構成は次のとおりです。

① 　フローチャート……業務を行う際の手順や検討の流れを図示しています。

② 　解　説………………フローチャートに対応した見出しを掲げ、詳しい内容や実務上の留意点を分かりやすく解説しています。

③ 　ケーススタディ……具体的なケースにおいて生じる疑問点について、適宜Q＆A形式で解説しています。

④ 　アドバイス…………注意を喚起したい事柄等の専門的な「アドバイス」について、適宜掲げています。

⑤ 　参考書式……………手続を行う際に必要な書式を適宜掲げています。

<表記の統一>

1　法令等

　根拠となる法令等の略記例及び略語は次のとおりです（〔　〕は本文中の略語を示します。）。

　　民法第617条第1項第1号＝民617①一
　　平成30年2月28日国土動第133号・国住賃第23号＝平30・2・28国土動133・国住賃23

民	民法	後見登記	後見登記等に関する法律
借地借家	借地借家法	個人情報	個人情報の保護に関する法律
高齢居住安定〔高齢者居住安定確保法〕	高齢者の居住の安定確保に関する法律	戸籍	戸籍法
		〔失火責任法〕	失火ノ責任ニ関スル法律
高齢居住安定則	高齢者の居住の安定確保に関する法律施行規則	生活保護	生活保護法
		宅建業〔宅建業法〕	宅地建物取引業法
国交省・厚労省高齢居住安定則	国土交通省・厚生労働省関係高齢者の居住の安定確保に関する法律施行規則	民訴	民事訴訟法

2　判　例

根拠となる判例の略記例及び出典の略称は次のとおりです。

最高裁判所平成23年7月12日判決、判例時報2128号33頁
－最判平23・7・12判時2128・33

判時	判例時報	裁判集民	最高裁判所裁判集民事
判タ	判例タイムズ	民集	最高裁判所（大審院）民事判例集
家月	家庭裁判月報		
下民	下級裁判所民事裁判例集	民録	大審院民事判決録

目　　次

第1章　高齢化社会と建物賃貸借

第2章　入居前・入居時の対応

第1　募　集

第2　保証人等

第3　契　約

第4章　終了時等の対応

第1　通常時

1　契約の更新

2　契約の解除

第2　死亡時等（孤独死・自殺など）

第5章　心理的瑕疵がある場合の再募集等

第 1 章

高齢化社会と
建物賃貸借

2

第1　高齢化社会の現状

1　高齢者の定義

　本書では、主として高齢者を賃借人とする賃貸借契約における留意点を、主として賃貸人側の視点に立って、入居前・入居時、入居中、終了後の段階に分け、マニュアル的に解説しています。それでは、そもそも「高齢者」とはどのような人を指しているのでしょうか。

　実は、「高齢者」の用語は、一律の定義がありません。後述する「令和3年版高齢社会白書」においても、「高齢者」とは一般通念上の高齢者を広く指す語として用いられています。本書でも同様に解することとします。

　もっとも、本章では、日本における高齢化社会の現状を数値をもって分析しているため、年齢による区分けは分析する上でどうしても必要となりますが、高齢者をめぐる賃貸借においては、賃借人の現状を見て現場が臨機応変に対応することが重要であり、高齢者の定義がそこまで大きな意味を持っているわけではないことにも留意する必要があるように思われます。

　一般には、年金支給開始年齢である65歳以上を高齢者と考えることが多かったように思われますが、平成30年2月に閣議決定された高齢社会対策大綱では、「65歳以上を一律に『高齢者』と見る一般的な傾向は、現状に照らせばもはや現実的なものではなくなりつつある」とされています。また、日本老年学会・日本老年医学会「高齢者に関する定義検討ワーキンググループ報告書」（平成29年3月）では、75歳以上を高齢者の新たな定義とすることが提案されています。

2　高齢化の現状及び将来予測

　内閣府が公表している「令和3年版高齢社会白書」（以下「高齢社会白書」といいます。なお、以下の解説では、令和3年版のほか、令和2年版高齢社会白書のデータも参照しています。）によると、我が国の総人口は、2020年10月1日現在、1億2,571万人となっています（ちなみに、2019年10月1日現在の総人口は1億2,617万人で、我が国は長期の人口減少過程にあるとされています。）。このうち、65歳以上人口は3,619万人（2019年は3,589万人）となり、総人口に占める割合（高齢化率）は28.8％（2019年は28.4％）となっています。すなわち、現状では、4人に1人以上が65歳以上の人ということになります。

　我が国の65歳以上人口は、1950年には総人口の4.9％にすぎませんでしたが、1970年

に7.1%となり、1990年には12.1%となりました。高齢化率はその後も上昇を続け、現在に至っています。1990年（平成2年）から2020年（令和2年）までの間に、高齢化率は16.7ポイントも上昇したことになります。このように、平成の時代は、急激な高齢化が進行した期間でした。

　高齢化率の将来推計では、高齢化率は2025年に30.0%に達し、2040年には35.3%に達しますが、平成期に比べ今後の高齢化率の伸びは鈍化するとされています。しかしながら、2035年までは85歳以上人口の大幅な増加が見込まれています。これは、いわゆる「団塊の世代」のさらなる高齢化が進むことが原因です。

<65歳以上人口の総人口に占める割合>

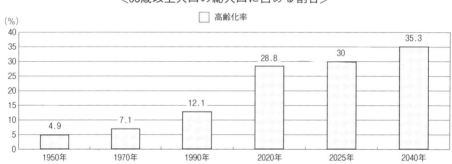

　さらに、死亡数は年々増加しており、2040年には1989年の年間約79万人（1日当たり約2,200人）の2倍を超える水準、すなわち年間168万人（1日当たり約4,600人）の死亡数となると見込まれています。

　なお、2019年の死亡数は年間約138万人（1日当たり約3,800人）でした。一方、同年の出生数は約87万人と過去最少となっています。出生数の将来予測では、2040年には74万人と推計されています。すなわち、現状では死亡数が出生数の1.5倍を超える状況ですが、これが2040年には2.2倍を超えてくるということです。

<出生数・死亡数の推移と将来予測>

3 高齢者の生活環境

高齢社会白書によると、2018年における65歳以上の者のいる主世帯（一つの住宅に居住する主な世帯のこと）での住宅所有の状況は、持家割合が82.1％と、主世帯総数での持家割合61.2％よりもかなり比率が高くなっており、65歳以上の者がいる主世帯の8割以上が持家に居住していることが分かります。

しかし、65歳以上の単身主世帯の持家割合は66.2％となり、単身の場合は持家割合が夫婦等の場合に比べて低くなっています。

以上のデータから、賃貸物件に入居する高齢者は、相対的に単身者が多いということが分かります。

また、高齢社会白書によると、65歳以上の一人暮らしの者は男女共に増加傾向にあり、1980年には男性約19万人、女性約69万人、65歳以上人口に占める割合は男性4.3％、女性11.2％でしたが、2015年には男性約192万人、女性約400万人、65歳以上人口に占める割合は男性13.3％、女性21.1％となっています。さらに、将来推計では、2030年には男性約294万人、女性約502万人、65歳以上人口に占める割合は男性18.2％、女性23.9％、2040年には男性約356万人、女性約540万人、65歳以上人口に占める割合は男性20.8％、女性24.5％になるとされています。すなわち、将来的には65歳以上の人のうち、男性が5人に1人、女性が4人に1人が一人暮らしとなる、ということです。

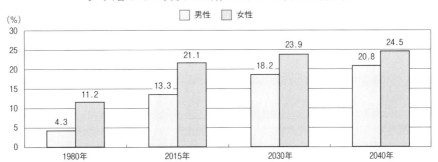

＜一人暮らしの男女の65歳以上人口に占める割合＞

4 成年後見制度等の利用状況

高齢社会白書によると、2020年12月末時点における成年後見制度等の利用者は、成年後見が17万4,680人、保佐が4万2,569人、補助が1万2,383人、任意後見が2,655人で、合計で23万2,287人でした。

　これら4制度を合わせた利用者は、2013年が17万6,564人、2016年が20万3,551人で、2013年以降のデータを見ると、4制度のいずれについても毎年利用者が増加しています。

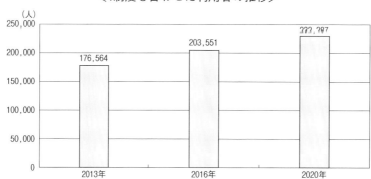

＜4制度を合わせた利用者の推移＞

5　いわゆる「孤独死」の現状

　高齢者のいわゆる「孤独死」（「孤立死」）は、一人暮らしの高齢者の増加により、社会問題となっています。

　この「孤立死」「孤独死」という用語ですが、これも確たる定義のあるものではありません。「平成30年版高齢社会白書」は、「誰にも看取られることなく亡くなったあとに発見される死」のことを「孤独死」と呼んでいましたが、「令和元年版高齢社会白書」からは同じ内容のことが「孤立死」と呼ばれるようになり、公的には「孤立死」との呼称の方が一般化しつつあるようです。しかし、一般には「孤独死」と呼ばれていることが多いように思われます。

　この点、社会から孤立している場合を孤立死とし、家族等と付き合いはあり孤立まではしていなかったが独居であったためたまたま発見されなかった場合を孤独死と区別する見解もあるように見受けられます。確かに、社会からの孤立を孤立死の原因と考え、その対策を検討するためであれば、この峻別には意味があるかもしれません。しかし、もともと定義が定まっていない用語であるため、この区別が一般的であるわけではありません。本書では、「孤立死」と「孤独死」の用語は特に区別せず、「孤独死」を「誰にも看取られることなく亡くなったあとに発見される死」として用います。

　いわゆる「孤独死」ですが、全国的な調査がなされているものではありません。東京都監察医務院が公表したデータ（東京都福祉保健局ウェブサイト「東京都監察医務院で取り

扱った自宅住居で亡くなった単身世帯の者の統計（令和元年)」では、2019年の東京23区内における一人暮らしで65歳以上の人の自宅での死亡（異常死）者数は、男性が2,534人、女性が1,379人、合計3,913人となっています。また、死亡者全体（複数世帯を含みます。）で見ると、死後1週間以内に発見されている人の割合が76.2%を占めますが、死後8～14日で発見された人の割合が9.1%、死後15日～30日後に発見された人の割合が7.9%、死後31日～90日後に発見された人の割合が5.7%、3か月以上経って発見されている人の割合が1.3%となっています。

　また、2019年に大阪府警検視調査課が調べた、事件性がなく屋内で死亡してから2日以上経過して見つかった独居者（自殺した者を含みます。）2,996人を分析した結果が報道発表されています（朝日新聞令和2年2月7日朝刊)。これによれば、40歳代が約5.3%、50歳代が約13.1%であるのに対し、60歳代が約22.8%、70歳代が約34.3%、80歳代が約19.1%、90歳以上が約3.3%で、65歳以上の高齢者が全体の約71%を占めていました。

＜事件性がなく屋内で死亡してから2日以上経過して見つかった独居者の割合＞

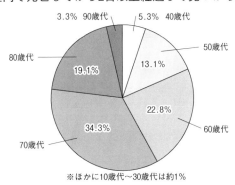

※ほかに10歳代～30歳代は約1%

　また、性別で見ると、男性が2,213人で、女性の3倍近くとなっており、独居の男性高齢者に孤独死が多いということが裏付けられています。

＜上記独居者の性別割合＞

　また、発見されるまでの日数が死後2〜6日だったのが約47.7%、死後7〜29日だったのが約39.4%、1か月以上だったのが約12.7%との結果が出ています。

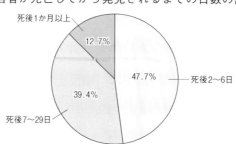

＜独居者が死亡してから発見されるまでの日数の割合＞

　このように、一人暮らしの男性高齢者に孤独死が多い傾向が見受けられます。また、無職の場合に、孤独死が発生しやすいともいわれています。実際、高齢社会白書によりますと、2018年の調査では、男性単身世帯の半数以上が近所の人との付き合いがあいさつ程度とされ、付き合いはほとんどないと回答する割合も他より高く、こういったことが孤独死が多くなる原因になっていると思われます。

第2　高齢者と建物賃貸借

1　借家に居住する高齢単身世帯の増加

　第1で説明したとおり、我が国では高齢化が進み、高齢単身世帯も増加しています。また、高齢単身世帯の増加は、高齢者の孤独死の増加の原因になっています。

　総務省統計局が公表している「平成30年住宅・土地統計調査」によると、借家に居住する高齢（65歳以上）単身主世帯数は、1993年には約64万世帯、1998年には約83万8千世帯、2003年には約117万7千世帯、2008年には約141万3千世帯、2013年には約187万4千世帯、2018年には約213万7千世帯と増加しています。2018年における高齢単身世帯のうち借家に居住する世帯の割合は33.5%で、率自体は徐々に減少しつつありますが、高齢単身世帯の世帯数は確実に増加しているのが現状です。

　同調査によると、2018年の借家世帯の総数は、約1,906万5千世帯でした。したがって、借家における高齢単身世帯の割合は、11.2%ということになります。つまり、2018年の段階で、借家に住む世帯の10世帯に1世帯以上は高齢単身世帯ということになるのです。

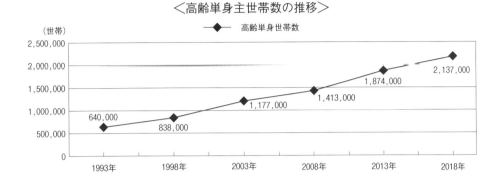

＜高齢単身主世帯数の推移＞

◆　高齢単身世帯数

2　高齢賃借人等との契約における留意点

　10世帯のうち1世帯は高齢単身世帯であるという現状を踏まえ、建物賃貸借において我々は何に留意していくべきでしょうか。

　以下、高齢賃借人等との契約における留意点について、入居前・入居時、入居中、終了時、終了後に分けて概観します。なお、それぞれについての詳細な説明は**第2章**以下を参照してください。

　（1）　入居前・入居時

　契約前においてはまず本人の判断能力や健康状態、経済状態を確認し、緊急連絡先や連帯保証人等の確保を行います。特に、判断能力については契約の大前提となりますので非常に重要です。

　契約時には、通常の建物賃貸借のほか、終身建物賃貸借契約や定期借家契約、サービス付き高齢者向け住宅賃貸借契約（サ高住）などの類型を選択し、バリアフリー化、高齢者生活支援サービス等も考慮して契約書を作成し、上記のほかに費用の点に留意しながら重要事項説明を行います。

　（2）　入居中

　見守りサービスを導入している場合には、各種サービスを実施するとともに、必要な場合は緊急連絡先や親族、行政機関と連携をとるなどして対応します。

　また、苦情があった場合、賃料滞納があった場合、火災等が発生した場合等についても、苦情の内容や滞納・火災に至った原因を確認し、緊急連絡先や親族、行政機関と連携をとるなどして対応します。

　（3）　終了時

　賃料不払等による解除については、高齢者であるため、親族や行政機関等と連携して対応しないと明渡しが容易でないケースがままあります。

　一方、賃借人が死亡した場合には速やかに相続人を調査し、賃貸借を継続するのか終了させるのか、終了させる場合明渡しをどう行うのか相続人と協議します。相続人が協議に協力しない場合は訴訟の提起を検討します。相続人全員が相続放棄を行った場合、相続財産管理人の選任申立てを検討します。

　(4)　終了後

　賃借人の再募集に当たって、物件に心理的瑕疵が生じていないかを検討します。また、心理的瑕疵が生じている場合、重要事項説明にどこまで反映させるかを検討します。また、場合によっては、心理的瑕疵につき相続人等に損害賠償請求を行うことも検討せざるを得ない場合もあります。

　なお、心理的瑕疵の告知に関しては、令和3年10月8日に「宅地建物取引業者による人の死の告知に関するガイドライン」が国土交通省より公表されています（内容については第5章参照）。

第 2 章

入居前・入居時の対応

12

第1　募　集

＜フローチャート～募　集＞

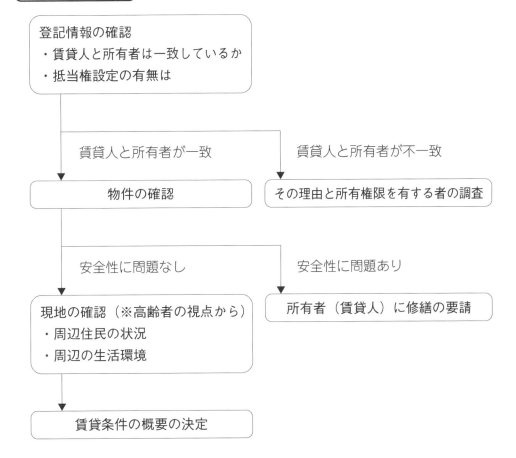

2 入居者の募集

入居申込書の確認
・本人が記入しているか
・記入漏れ、不明点はないか
・連帯保証人予定者の意思確認

不足・不明点がある場合

入居希望者への補正・補充の要請

入居申込書の受領

入居審査
・本人の判断能力の確認
・本人の健康状態の確認
・本人の経済状態の確認

判断能力に問題があると思われる場合

登記されていないことの証明書の確認

賃貸借契約の締結

1 物件の調査

(1)　登記情報の確認
(2)　物件の確認
(3)　現地の確認
(4)　賃貸条件の概要の決定

(1)　登記情報の確認 ■■■■■■■■■■■■■■■■■■■■■■■■■■■

◆登記簿の確認の必要性

　例えば、建物を賃貸するに際し不動産管理会社が、建物管理委託契約を締結する場合、そもそも管理の対象となる物件の所有者は誰であるのかをきちんと確認しておくことが必要となります。管理の対象となる物件について所有権限のない者と契約をしても、実際には管理をすることができなくなってしまうからです。そこで、まずは管理の対象となる物件の登記事項証明書を取り寄せて、所有者が誰であるかを事前に確認しておくことが重要です。また、賃貸人が所有者ではなく転貸人にすぎない場合は、原契約を確認し、転貸人に転貸権限があるのかについても調査しておく必要があります。なお、建物の底地は借地のこともありますので、土地と建物の両方を調べておきましょう。

◆登記簿の構成と内容について

　既に完成している建物であれば不動産登記が行われているはずですので、登記簿で、物件の所在、床面積（区分所有の場合は、専有部分の床面積）、所有者、担保物権の設定の有無やその内容について確認しておきます。登記簿は、不動産の所在地の法務局（支局、出張所を含みます。）に存在し、請求をすれば、誰でも登記簿の内容が記載された登記事項証明書の交付を受けることができます。登記事項証明書の交付申請はオンラインでも行うことができますので、詳細は、登記・供託オンライン申請システムのウェブサイトを参照してください。

　登記簿は「表題部」と「権利部」の二部で構成されています。「権利部」は、更に「甲区」と「乙区」に分かれています。

　表題部には、土地の場合、所在、地番、地目、地積等が、建物の場合、所在、家屋番号、種類、構造、床面積等が記載されています。

　権利部の甲区には、当該物件の所有権に関する事項が記載されています。現在の所有者はもちろんのこと、これまで所有権の移転がどのような原因（売買や相続等）で発生してきたのかも確認することができます。まずは、賃貸人と登記簿上の所有権者が一致していない場合、若しくは、賃貸人が　人であるにもかかわらず、登記簿上の所有権者が複数人いる場合には、その理由を調査しなければなりません。

　権利部の乙区には、当該物件の所有権以外の権利に関する事項が記載されています。代表的なものとしては、金融機関からの借入れに伴う抵当権の設定の有無やその内容を確認することができます。

◆相続が発生している場合の留意事項

　相続が発生していても、相続による所有権移転登記については登記がなされていないことがよくあります（なお、令和3年4月21日に「民法等の一部を改正する法律」（令和3年法律24号）が成立し、これに伴い不動産登記法が改正され、相続等を知った日から3年以内の相続登記が義務化されます（改正後の不動産登記法76条の2）。改正法の施行は令和6年4月1日です。ただし、施行日前に登記名義人が死亡している場合については、改正法附則5条6項を参照してください。）。登記簿上の所有者が亡くなっているのに登記がそのままになっている場合は、賃貸人に当該物件についての所有又は管理の権限があるのか、他の方法で確認しなければならなくなってきます。例えば、賃貸人が単独で管理をしている物件であっても、戸籍で確認すると、実は複数人いる相続人の一人が事実上管理をしているだけ、ということがあります。このような場合、遺産分割が未了の場合は、相続人間で、賃貸人に当該物件の管理権限を認める旨の特段の合意が存在するのか等を確認する必要があります。

◆転貸の場合の留意事項

　賃貸人が、登記簿上の所有権者と一致しない場合、上述のように賃貸人は所有者から当該物件を賃借している転貸人である可能性もあります。この場合、所有者と転貸人との間の原契約において、転貸する権限が認められているのかを確認する必要があります。しかし、原契約の内容は、登記簿から確認することはできませんので、賃貸人に対し、原契約書の開示を求める必要があるでしょう。

```
┌────────────────────────────────────────────────┐
│                      アドバイス                    │
└────────────────────────────────────────────────┘
```

○登記簿で抵当権の存在を確認しておくことの重要性

　　なぜ、抵当権の存在を確認しておくことが重要かというと、そもそも抵当権の存在は重要事項説明書に入れておかなければならないからです（宅建業35①一）。抵当権が設定される前に建物の引渡しを既に受けていた賃借人は、抵当権が実行されても、抵当権者に優先し、追い出されることはありません（借地借家31）。しかし、抵当権の設定後に建物の引渡しを受けた賃借人は、抵当権に劣後します。

　　したがって、抵当権の実行により明渡しを求められた場合は、建物の競売による売却から6か月間は明渡しが猶予されるものの（民395①）、最終的には退去しなければならなくなります（もちろん、競売の買受人の意向として、収益物件であることを重視して、賃借人はそのままとなることもあります。）。そのため、抵当権の存在は、あらかじめ重要事項説明書に盛り込んで、賃借人に説明をしておく必要があるのです。

(2)　物件の確認 ■■■■■■■■■■■■■■■■■■■■■■■■■■■■■■■■■■

　上記の転貸のケースだけでなく、登記簿だけでは確認できない事項が他にもあります。不動産の場合、実際、物件を検分して初めて分かることが多いのも事実です。特に高齢者の入居を予定している建物について重要な確認事項は物件の安全性です。

　賃貸対象物件が通常有すべき安全性を有しておらず事故が起こってしまった場合、賃貸人が安全配慮義務違反による債務不履行責任や工作物責任等の重大な責任を負わされる可能性があります。特に高齢者の入居を予定している建物については、不動産管理会社はその観点から、管理開始前に管理対象物件の安全性について個別・具体的に検討する必要があります。

◆賃貸借契約、施設利用契約上の安全配慮義務違反による債務不履行責任

　特に高齢者向け賃貸住宅については、賃貸借契約上、若しくは施設の利用契約上、賃貸人やサービス提供者等に対し、高齢者である入居者に対応した安全配慮義務が求められると考えられます。具体的には、階段、段差や手すりの設置等についても、高齢者に対応した安全性を有しているか否かという観点からの確認が必要です。ガスコンロが設置されている場合は、消し忘れ消火機能の有無、水道については、高齢者でも容易に閉めることのできる蛇口栓になっているか等も確認しておくべきでしょう。もちろん、これらの対応がなされていないからといって、事故があった際、直ちに賃

貸人やサービス提供者等が責任を負うとは限りませんが、入居後のクレームや入居者同士のトラブル（例えば、水道の出しっぱなしによる階下への漏水事故など）に発展する可能性もあります。

　契約が、単なる賃貸借契約なのか、介護サービスの提供等も含む施設利用契約なのか、当該契約の内容によっても、物件に求められる安全性の程度や種類が異なってくるものと考えられます。当然、後者の場合は、通常の住居以上に、高齢者に配慮した安全性が求められるといえます。物件の安全性が不十分であり、その結果、入居者が受傷等の損害を被った場合、賃貸人、サービス提供者等は、債務不履行責任に基づく損害賠償義務（民415）を負う可能性があります。

◆工作物責任

　賃貸される建物が通常有すべき安全性を有していないと判断された場合には、土地の工作物の設置又は保存に瑕疵があるとして、賃貸人は、土地工作物の所有者として損害賠償義務を負う可能性もあります。すなわち、民法717条1項は、「土地の工作物の設置又は保存に瑕疵があることによって他人に損害を生じたときは、その工作物の占有者は、被害者に対してその損害を賠償する責任を負う。ただし、占有者が損害の発生を防止するのに必要な注意をしたときは、所有者がその損害を賠償しなければならない。」と定めています。

　債務不履行責任であっても、工作物責任であっても、建物が通常有すべき安全性を有していない場合に責任を問われる点は同じです。裁判例でも、「本件窓に手すり等が設置されていなかったことをもって、土地の工作物の設置又は保存に瑕疵がある（民法717条）というべきなのか、または賃貸人としての安全配慮義務違反となるのか・・・両者は、法律構成は相違するものの、その核心部分は、入居者の安全性確保という観点から、本件窓に手すり等が設置されていなかったことをどう評価するかという点においては共通するもの」（福岡高判平19・3・20判時1986・58）としたものがあります。

◆通常有すべき安全性

　そこで、建物が「通常有すべき安全性」とは何かが問題となります。この点、判例は、どういう場合に「通常有すべき安全性を欠いている」といえるかについて広く解する傾向にあり、「当該営造物の構造、用法、場所的環境及び利用状況等諸般の事情を総合考慮して具体的個別的に判断すべき」（最判昭53・7・4判時904・52）などと述べています。

　したがって、一般的には安全と考えられる措置がとられていても、高齢者の入居を

想定している当該建物においてはまだ安全であるといえない場合には、「通常有すべき安全性」を有していないと評価される可能性が考えられます。そのため当該建物について個別具体的に安全といえるかどうかを検討する必要があります。

◆建物の修繕

　もし危険な箇所が発見された場合は、修繕を前提に管理を開始すべきで、修繕費用等についても賃貸人とよく協議しておく必要があります。修繕の必要性を認識していながら修繕をせずに管理を開始し、実際に事故が生じたときには、不動産管理会社としても責任を問われかねないことには留意すべきでしょう。

　建物の修繕については、民法606条1項本文が「賃貸人は、賃貸物の使用及び収益に必要な修繕をする義務を負う。」と定めています。これは、賃貸人が建物を賃借人に使用・収益させる義務を負っていることから当然のことですが、平成29年法律44号の民法（債権法）改正により「ただし、賃借人の責めに帰すべき事由によってその修繕が必要となったときは、この限りでない。」とのただし書きが追加されました。これは、改正前から通説とされていたことを明文化したものです。

　また、同改正により民法607条の2が新設され、修繕が必要である場合に、①賃借人が賃貸人に修繕が必要である旨を通知し、又は賃貸人がその旨を知ったにもかかわらず、賃貸人が相当の期間内に必要な修繕をしないとき、②急迫の事情があるときには、賃借人がその修繕をすることができると定められました。賃貸人としては、必要な修繕を怠ると、自ら修繕をした賃借人から必要費償還請求を受けることになりますので、速やかな対応が必要です。

◆心理的瑕疵

　当該物件で自殺や事件、孤独死などがあった場合、心理的瑕疵が問題となる可能性があります。心理的瑕疵に当たるかどうかはケースバイケースの判断が必要となりますが（国土交通省から「宅地建物取引業者による人の死の告知に関するガイドライン」（令和3年10月）が公表され参考になります。）、例えば、自殺があった部屋を新たに賃貸する場合などは特に注意が必要です。心理的瑕疵があると考えられる場合は、賃借人に事前に告知していないと、後になって損害賠償請求をされるおそれがあります。このような点も登記簿の記載からは判別できませんので、事前に、オーナーなどからの聴き取り調査が必要となることもあります（第5章 1 参照）。

(3)　現地の確認 ■■■■■■■■■■■■■■■■■■■■■■■■■■■■■■■■

◆周辺住民の状況

　周辺住民とのトラブルを防ぐためには、周辺住民の状況について事前に確認しておき、管理上の支障が生じないように留意しておく必要があります。また、後になって賃借人から周辺の生活環境について思わぬクレームを付けられることがないよう、生活環境上の重要な問題点がないかについてもあらかじめ調査しておき、場合によっては重要事項説明書に盛り込んでおく必要があります。

　例えば、集合住宅や町内で、住民間であらかじめ取決めや慣習が存在している場合があり、事前の調査でこれらを把握しておくことが重要です。管理組合・町内会などの役員や、廃品回収等の当番の持ち回りの慣例がある場合もあります。しかし、高齢入居者の場合、これらの役職・当番を担当できないようなことも考えられます。また、特に集合住宅の場合は、ペットが厳禁となっている物件もあります。

　これらは周辺住民とのいわば約束のようなものですから、もし取決めがあるのであれば、それが守られるよう管理上の前提として把握しておく必要があります。そうでなければ、約束の不履行として賃貸人や不動産管理会社が周辺住民から責任を問われるおそれがあります。また、周辺住民との関係で賃貸人から守るように要請されていた事項については、管理上賃借人に遵守させるようにしないと、賃貸人からも建物管理委託契約の不履行として責任を問われかねません。

◆物件周辺の生活環境

　物件周辺の生活環境についても、問題点がある場合は事前に把握しておく必要があります。特に高齢者の入居を予定している物件の場合は、生活に必要な各種施設、例えばスーパーや駅・バス停、診療所などへの道程についても念のため、事前に現地を確認しておくことが望ましいでしょう。例えば、距離としては数百メートルであったとしても、急な坂や長い階段、交通量が多いにもかかわらず歩道のない道路を通らなければならないような場合に、特段の断りなく積極的にこれらの施設が当該物件から近いことをアピールすると、後々トラブルに発展する可能性もあります。また、近隣に騒音の激しい工場がある、悪臭がする、など高齢の入居者に限らず、生活上明らかに問題となる点がある場合についても、事前に把握し、場合によっては重要事項説明書にも入れておく必要があります。これらの問題は、現地案内の際に明らかになるのではないかとも考えられますが、必ずしも現地案内の際に生活環境上の問題点に入居予定者が気付くものとは限りません。後になって、賃借人から思わぬクレームが付けられ、賃貸人にとどまらず、説明不足などを理由に当該物件を紹介した管理会社も責

任を問われるおそれがあります。

　以上のように、周辺住民の状況や、物件周辺の生活環境については、賃貸人から事前によくヒアリングしておくだけでなく、物件周辺を実際に検分するなどして、事前に把握しておくことが重要です。

（4）賃貸条件の概要の決定 ■■■■■■■■■■■■■■■■■■■■■■■

　賃貸建物の管理を引き受ける場合、賃貸人からどのような条件で入居者を募集するのか、あらかじめ適切に聴取しておくべきです（【参考書式1】参照）。最も基本的な入居条件である賃料の額はもちろんのこと、権利金、礼金、敷金、保証金、償却費等の要否・金額、管理費・維持費の要否・金額、更新料の要否・金額等について聴取しておくべきです。もっとも、宅建業者として賃貸建物の媒介を引き受ける場合は、貸主の希望をストレートに募集条件に反映させるのではなく、物件の内容、近隣の相場や取引通念、実績や経験に照らし、適切な助言を行うべきことは言うまでもありません。

　特に高齢者の入居が予定されている物件の場合は、高齢者ならではの賃貸条件についても検討する必要があるでしょう。例えば、生活の自立度が低い賃借人、介護度の高い賃借人の場合、当該物件の設備等では十分に対応できない、場合によっては賃借人自身や（失火・漏水などで）他の入居者の安全を十分に確保できないような事態も考えられます。このような場合は、賃借人の介護レベルが、「自立～軽度の要介護」であることに限定するなどの条件設定を検討しなければなりません。

　賃借人本人が高齢で、特に単身で入居の場合は、本人が急病等になったときに備え、確実に連絡の取れる緊急連絡先の登録を求めるべきです。また、賃料の不払等にも備えて連帯保証人をつけることを契約締結の条件にすべきかについて検討する必要性が高いといえるでしょう（本章第2参照）。

　賃貸人の希望の中には、人の属性に着目した入居条件を定めたいというものがあり得ます。例えば、特定の国籍、宗教の持ち主であること、特定の職業に就いていること（又はこれらに該当しないこと）、一定の年齢以下（若しくは以上）であることを入居条件（又は入居拒否条件）とすることができるでしょうか。

　この点、取引社会に妥当する契約自由の原則は、誰を契約の相手方とするかについても自由に選択できるということもその内容としていますから（相手方選択の自由）、賃貸人が希望する限り、人の属性に着目して入居条件（又は入居拒否条件）を定めることも原則として許容されると考えてよいでしょう。もっとも、マンションの賃貸借につき相手方が在日韓国人であることを理由に契約締結を拒否したことにつき、契約

準備段階における信義則上の義務に違反しているとして損害賠償義務を認めた事例があります（大阪地判平5・6・18判時1468・122）。

　このように容易に変更し難い人の属性に着目した差別に関しては、裁判所は厳しい態度を示していることから、そのような入居条件を設けてほしいという希望を聞いた場合、宅建業者としては、賃貸人に対してできる限りの説得を行う必要があります。

アドバイス

○生活保護利用者と契約する場合の賃料設定

　　高齢の入居希望者においては、年金や就労収入がない（少ない）ため、生活保護を利用しているケースが多々あります。

　　生活保護利用者の場合、自宅の賃料（家賃）は住宅扶助費として実額が生活扶助費に上乗せされて支給されますが、居住している地域や世帯人数により上限が決められています（例えば、大阪市内に居住する単身者世帯の場合は4万円が上限となっています。）。

　　賃料が上限を超える場合、福祉事務所は転居先として認めませんので、生活保護利用者と契約する場合には、あらかじめ当該入居希望者に認められる賃料の上限を確認した上で、その範囲内で賃料を設定する必要があります。なお、ここにいう賃料には共益費は含まれません。

2　入居者の募集

> (1)　入居申込書の確認
> (2)　成年被後見人・被保佐人・被補助人であるかどうかの確認
> (3)　本人の判断能力・健康状態の確認
> (4)　本人の経済状態の確認

---

(1)　入居申込書の確認 ■■■■■■■■■■■■■■■■■■■■■■■■■■

　入居希望者には、入居申込書（【参考書式2】参照）の提出を求めます。入居申込書には、入居希望者の現住所、氏名、生年月日、勤務先に関する情報、連帯保証人予定者、同居予定者の情報等を記載してもらうことになります。賃貸人としては、入居申

込書に記載された内容を元に、賃貸条件に合致した入居者か否かなどを検討し、入居審査をすることになります。

　入居申込書の提出があった際は、入居申込書の全ての項目について記入がされているか、また、不明点はないか確認し、未記入の箇所がある場合は、その場で記入を求めるか、追って、電話等で必ず確認をとるようにします。

　その際、入居申込書に本人の署名・押印があるか確認することも重要です。もし、本人以外の者、例えば高齢者の入居申込書を、その子どもが記入し提出してきたような場合、親族とはいえ委任状の提出を求め、当該記入者の免許証など身分証明書の提示を求めておくことが望ましいでしょう。

　また、入居申込書の連帯保証人欄は、連帯保証人予定者本人が記載しているケースはまれだと思われますので、連帯保証人予定者に対し、直接意思確認をしておくべきです。連帯保証人予定者が一切事情を知らない場合や、非協力的であった場合は、その旨入居希望者に伝え、連帯保証人予定者に説明をしてもらうか、他の連帯保証人予定者を探すよう求めます。当初記入された連帯保証人予定者が、協力的態度であったか否かも、入居審査の判断材料の一つといえるでしょう。

　上述のとおり、入居申込書の提出は、入居審査の前提となるものですので、入居希望者に対しては、入居申込書の受領がすなわち入居の許可ではないことを説明しておきます。また、実際の賃貸借契約書の締結までには、入居申込書以外にも必要な書類（例えば住民票、印鑑登録証明書、所得証明書等）の提出を求めることがあることの説明もすべきです。入居希望者に対しては、入居審査にはおおむねどの程度の日数がかかるかを伝え、結果を連絡するため、確実に連絡の取れる電話番号や住所を確認しておかなければなりません。

　賃貸借契約の媒介をする業者としては、入居希望者や連帯保証人予定者とのやり取り、そのほか、入居申込書記載事項等を総合判断して、業者としての入居の可否に関する意見を、書面等で賃貸人に報告します。仮に、入居の可否が業者の判断に完全に任されている場合でも、賃貸人に報告の上、入居可否の判断について了解を得ておくべきでしょう。

　入居審査の結果、入居は不可であると判断した場合、速やかに入居希望者に対し、書面や電話で入居不可の通知を行い、入居申込書も返還しておくことが望ましいといえます。

(2)　成年被後見人・被保佐人・被補助人であるかどうかの確認 ■ ■ ■ ■

◆法定後見等の確認の必要性

　入居希望者が高齢者である場合、その入居希望者の判断能力が十分か否か、慎重な

検討を要します。判断能力が不十分な場合、そもそも毎月の賃料の支払が滞りなく行われるか、建物を毀損・汚損させることがないか、共同住宅の場合は特に近隣の入居者との関係が構築できるか否か等、特段の考慮が必要なケースも出てくると思われます。また、入居を許可する場合は、緊急連絡先や連帯保証人予定者の確保が重要となってきます。

　入居希望者の判断能力を検討するに当たり、入居希望者が成年被後見人・被保佐人・被補助人であるかどうかの確認が必要です。仮に入居者がこれらに該当する場合、賃貸借契約を締結したとしても、後日取り消されてしまう可能性もあります。

　では、成年被後見人・被保佐人・被補助人とは、一体どのような法的地位にあるのでしょうか。民法では、成年者であっても判断能力が不十分であると判断される場合、その者の保護を図る制度を設けています。例えば、認知症、知的障害、精神障害などが理由で、判断能力の不十分な方は、預貯金などの財産管理や介護施設への入所に関する契約締結を自ら行うことが困難な場合があります。また、不必要なサービスの契約を締結してしまったり、悪徳商法の被害に遭うおそれもあります。このように判断能力が不十分な方を保護し、支援する制度が成年後見制度と呼ばれるものです。

◆後見・保佐・補助

　成年後見制度は、大きく分けると、法定後見制度と任意後見制度の二つがあります。法定後見制度は、「後見」「保佐」「補助」の三つに分かれており、判断能力の程度など本人の事情に応じて制度を選べるようになっています。法定後見制度においては、家庭裁判所によって選ばれた成年後見人等（成年後見人・保佐人・補助人）が、本人の利益を考えながら、本人を代理して契約締結等の法律行為をしたり、本人が自分で法律行為をするときに同意を与えたり、本人が同意を得ないでした不利益な法律行為を後から取り消したりすることによって、本人を保護・支援します。この成年後見人等による保護・支援を受ける立場にあるのが、成年被後見人・被保佐人・被補助人です。

◆任意後見

　一方で、任意後見制度は、本人が十分な判断能力があるうちに、将来、判断能力が不十分な状態になった場合に備えて、あらかじめ自らが選んだ代理人（任意後見人）に、自分の生活、療養看護や財産管理に関する事務について代理権を与える任意後見契約を締結しておくものです。この任意後見契約は、公正証書で締結しなければなりません。実際に本人の判断能力が低下した後に、任意後見人が、家庭裁判所が選任する「任意後見監督人」の監督下で、任意後見契約で決めた事務を、本人に代理してすることになります。

◆法定後見・任意後見の対象となっているかの見分け方

後見等開始の審判がされたときや、任意後見契約の公正証書が作成されたときは、家庭裁判所又は公証人の嘱託によって、成年後見人の権限や任意後見契約の内容等が登記されます（任意後見の場合、実際に本人の判断能力が低下し、家庭裁判所が任意後見監督人を選任したとき、更にその旨が登記されます。）（後見登記4・5）。つまり、登記を確認することによって、入居希望者が、法定後見や任意後見の対象となっているか否か、任意後見については、実際に効力が生じて任意後見監督人が選任されているか判別することができます。ただし、プライバシーへの配慮の観点から、取引の相手方であるからという理由で賃貸人側が当該登記を直接確認することはできません。

したがって、判断能力に問題があると思われる場合、入居希望者より「登記されていないことの証明書」を提出してもらうよう要請するべきでしょう（申請書については【参考書式3】参照）。「登記されていないことの証明書」が提出された場合、証明書の発行日から契約締結日までに若干のタイムラグがあると思われますが、本人の判断能力・健康状態を確認して特段の問題がなければ（後記(3)参照）、法律的には入居希望者と賃貸借契約を締結しても問題ないと考えられます。

◆入居希望者に対して「成年被後見人の登記」が行われている場合

この場合、入居希望者と賃貸借契約を締結しても、後で法定代理人である成年後見人より取り消される可能性があります（民9）。また、成年被後見人たる入居希望者が単身での入居を希望している場合には、見守りサービスや必要な介護サービスを利用しているか（利用する予定はあるか）など、安全面等の問題についても検討が必要となるでしょう。もし、受け入れる場合は、必ず成年後見人を代理人として賃貸借契約を締結する必要があります。

◆入居希望者に対して「被保佐人の登記」が行われている場合

成年被後見人の場合と同様、被保佐人たる入居希望者が単身での入居を希望している場合は安全面等の問題について検討が必要となるでしょう。もし、受け入れるとした場合、賃貸借契約の契約期間が3年を超えると、保佐人の同意を得て賃貸借契約を締結する必要があります（民13①九・602三）。なお、契約期間が3年以内であれば原則的に保佐人の同意を得る必要はありませんが、家庭裁判所が審判において別途同意を要する事項を定めている場合には、保佐人の同意を要する場合があります（民13②）。なお、保佐人に対し賃貸借契約の締結につき代理権付与審判が出されている場合、保佐人が代理して賃貸借契約を締結できる場合があります（民876の4）。

◆入居希望者に対して「被補助人の登記」が行われている場合

　成年被後見人、被保佐人を受け入れる場合と同様、被補助人を単身で受け入れる場合は、本人や他の入居者にとって、安全面等で問題がないか、慎重に判断しましょう。受入れを決断した場合、家庭裁判所の審判において補助人の同意を要する旨定められている事項の中に賃貸借契約の締結が含まれているかを確認し、含まれているのであれば、補助人の同意を得てから入居希望者と賃貸借契約を締結することとなります（民17①）。なお、補助人に対し賃貸借契約の締結につき代理権付与審判が出されている場合、補助人が代理して賃貸借契約を締結できる場合があります（民876の9）。

◆入居希望者に対して「任意後見契約の本人とする登記」が行われている場合

　この場合、任意後見監督人が家庭裁判所から選任される前か後かを確認する必要があります。任意後見監督人が選任される前は、任意後見人に就任する予定の者が「任意後見受任者」として記載されていますが、任意後見監督人が選任された後は、「任意後見受任者」の記載が、「任意後見人」となり、「任意後見監督人」に関する情報も付記されています。任意後見監督人が選任されたということは、本人の判断能力が低下し、任意後見人が任意後見契約で定めた範囲について代理権を有することになります。賃貸借契約の締結も任意後見人との間で行う必要がありますので、登記に記載されている任意後見人と連絡を取りましょう。

　仮に任意後見監督人がいまだ選任されていない段階であっても、入居申込み時点での入居希望者の判断能力・健康状態を確認（後記(3)参照）し、入居の可否を検討するべきでしょう。任意後見契約が締結されている場合、入居希望者が、何らかの事情で自身の将来の判断能力に不安を持っていることが考えられるからです。入居した後も、賃借人の判断能力・健康状態を見守り、問題があると判断したときには任意後見受任者に相談することも考えましょう（その前提として、緊急連絡先として任意後見受任者を入れておくべきでしょう。）。

アドバイス

〇一般的な賃貸住宅で高齢者等を受け入れる場合の留意点

　　高齢者を専門的に取り扱っている物件については、法定後見等を受けている高齢者を受け入れることも想定されていると思われますが、一般的な賃貸住宅において、何の手当もすることなく、法定後見等を受けている高齢者や、法定後見ではなくても明らかに意思能力に問題がある高齢者をあえて受け入れることは、現実的には非常に難しいと思われます。特に、後見の場合は、ご自身で生活することが非常に困難であり、事故等が

発生する可能性も高まりますから、一人暮らしなのであれば支援を受けられる物件を紹介すべきですし、同居して介護に当たっている方がいるのであれば、むしろその方を賃借人とすべきでしょう。後見以外のケースでも、安全面から問題が生じることがないか、ケースバイケースで判断すべきです。

（3）　本人の判断能力・健康状態の確認 ■■■■■■■■■■■■■■■

◆入居希望者の判断能力が不十分な場合の対応

　入居希望者に、後見人又は代理権の付与された保佐人・補助人、ないし任意後見人（以下「後見人等」といいます。）が就任している場合は、後見人等を代理人として賃貸借契約書を交わすことになりますが、入居希望者が高齢者の場合、いまだ後見の適用がなかったとしても本人の判断能力が不十分であることがあります。特に、自己の行為の結果を理解する能力（「意思能力」といいます。）がない場合は、後見等の適用がない段階であっても、意思表示が無効となります。

　つまり、登記によって後見等の対象となっていないことが分かった入居希望者であっても、面談の際、明らかに判断能力が不十分であると感じた場合には、賃貸借契約の締結をそのまま進めると、後々、契約自体無効となる可能性がありますし、そもそも、入居希望者自身やその他の入居者の安全上問題が発生する可能性も高いといえます。この場合、入居希望者の家族とも連絡を取り、入居希望者の判断能力に問題がないか事情を聴き取ることが重要です。家族の話からも、入居希望者の判断能力に疑問がある場合は、家族から家庭裁判所に対し、成年後見（保佐、補助を含みます。）の申立てをしてもらうことを検討すべきです。

◆介護支援専門員（ケアマネジャー）への相談

　入居希望者が要介護者や要支援者で、既に居宅サービス等を受けている場合は、入居希望者の判断能力について介護支援専門員（ケアマネジャー）の意見も参考にしましょう。

　介護支援専門員は、高齢者やその家族の相談に応じ、その心身の状況に応じた適切な介護サービスが利用できるよう、介護サービス計画（ケアプラン）を作成し、市町村や居宅サービス事業者、介護保険施設との連絡・調整を行うという役割を担った専門家です。当然のことながら、要介護者や要支援者である入居希望者の判断能力や、身体能力・健康状態等についても把握しています。成年後見の申立てをすべきか否か

だけでなく、当該入居希望者に適切な物理的条件、例えば建物がバリアフリーか否か、地階か2階以上か、周辺の道路は当該入居希望者の生活状況に適しているか等を判断する際にも、介護支援専門員の意見を参考にすべきです。健康状態に問題がある方が単独での入居希望をされる場合は、近親者が近隣に住んでいるか否かも含め、入居審査において介護支援専門員の意見が特に重要となります。

　したがって、介護支援専門員がついている場合は、入居希望の物件を選定する段階から、介護支援専門員に同伴してもらうなど、その意見を事前に聞いておくべきでしょう。

(4)　本人の経済状態の確認 ■■■■■■■■■■■■■■■■■■■■■■■■

　一般の給与所得者の場合は、源泉徴収票で収入を確認することができますが、入居希望者が高齢者で、無職の場合は、課税証明書（所得証明書）や年金通知書等の提出により収入を確認します。年金収入だけの入居希望者等で、提出された資料からは、毎月の家賃を支払う余裕がないと判断される場合は、相当額の預貯金があるかを確認することになります。収入金額や連帯保証人との関係にもよりますが、通帳の提示を求め（写しだけでは容易に改ざんが可能であるため注意が必要です。）、相当期間分の家賃が支払えるだけの預貯金の存在を確認しておきたいところです。それでも経済状態に不安が残る場合は、入居を断るか、経済状態の良好な連帯保証人を求めることを検討すべきでしょう。

```
┌─────────── アドバイス ───────────┐
```

○生活福祉資金貸付制度

　生活福祉資金貸付制度は、低所得者や高齢者、障がい者の生活を経済的に支えるとともに、その住宅福祉及び社会参加の促進を図ることを目的とした貸付制度です。実施主体は、都道府県社会福祉協議会で、市区町村社会福祉協議会が窓口となっています。65歳以上の高齢者が属する世帯については、要件を満たせば、敷金、礼金等住宅の賃貸契約を結ぶために必要な費用の貸付けを受けることができる可能性があります。敷金、礼金等、入居に当たって必要な費用の工面に困っている入居希望者に対しては、最終的に貸付けが受けられるか否かはともかく、当該制度の利用を案内することも検討しましょう。詳しくは、厚生労働省や各社会福祉協議会のウェブサイト上の生活福祉資金貸付制度案内ページをご参照ください。

【参考書式1】 募集依頼書

令和○年○月○日

募集依頼書

氏　名　　○○○○	住　所　　○○県○○市○○○－○－○
	電　話　　○○－○○○○－○○○○
	ＦＡＸ　　○○－○○○○－○○○○

名　　　称	○○マンション
建物概要	○○○○造 　　○階建て 　　○戸 　　○年築
所在地	○○県○○市○○○－○－○
部　　屋	位　置　　○階 部　屋　　○○ 設　備　　〔省略〕
間取図	〔省略〕
交　　通	最寄駅　　○○駅 徒　歩　　○分
別紙物件までの案内図	〔省略〕
賃貸借条件	賃料月額　　　○○○○○円 共益費月額　　○○○○○円 礼　金　　　　　　　円（賃料の　　　か月分） 敷　金　　　○○○○○円（賃料の　　○か月分） 保証金　　　○○○○○円（賃料の　　○か月分） 更新料　　　　　　　円（更新後賃料の　か月分） 居住定員　　　　　　○名 駐車場　　　　　　　円（賃料とは別途）
その他ご希望	

【参考書式2】 入居申込書

入居申込書

物件名	○○マンション　○階　○号室
賃料月額	○○○○○円
共益費月額	○○○○○円
敷　金	○○○○○円
礼　金	な　し
更新料	な　し
使用目的	主たる住居・その他（　　　　　　）
移転動機	○○○○
会社等の補助	な　し

借主のお名前	●●●●
生年月日	昭和○年○月○日
性　別	○
住　所	○○県○○市○○○−○−○
前住居の形態	賃借・自己所有・家族所有・その他（　　　　　）
勤務先	無職
連帯保証人	名　前：△△△△ 生年月日：昭和○年○月○日 性　別：○ 続　柄：親戚（借主の弟） 住　所：○○県○○市○○○−○−○ 電話番号：○○−○○○○−○○○○ 職　業：○○業
同居予定者	な　し
搬入物品	な　し

　上記事項に相違ありません。上記事項に虚偽の内容があったときは、賃貸借契約の締結を拒まれること、賃貸借契約後に発覚したときは、賃貸借契約を解除されても一切異議を述べません。
　なお、本申込書へ記載したのは、「借主のお名前」欄に記載した本人です。

令和○年○月○日　　○○○○　㊞

【参考書式3】登記されていないことの証明申請書

「登記されていないことの証明申請書」
(後見登記等ファイル用)

03　請求できるのは，本人，本人の配偶者または四親等内の親族です。
なお，代理の方が請求する場合は，該当する方からの委任状が必要です。

○○　　法務局
令和○年　○月　○日申請

●請求される方（代理請求の場合は代理人）の本人確認書類が必要です。（裏面注4参照）

請求される方（請求権者）	住　所	○○県○○市○○○－○－○	収入印紙を貼るところ
	（フリガナ）	○○○○	
	氏　名	○○○○　　※本人確認のため，御本人に連絡する場合があります。　㊞　連絡先（電話番号○○-○○○○-○○○○ ）	収入印紙　必ず貼ってください。
	証明を受ける方との関係	☑本人 □配偶者 □四親等内の親族 □その他（　　　）	
代理人（上記の方から頼まれた方）	住　所		
	（フリガナ）		
	氏　名	連絡先（電話番号　　　　）	1通につき300円※割印はしないでください。
返送先（上記以外に証明書の返信先を指定される場合に記入）	住　所	○○県○○市○○○－○－○	
	宛　先	○○○○　※返信用封筒にも同一事項を必ず記入　※本人確認のため，御本人に連絡する場合があります。	※印紙は申請書ごとに必要な通数分を貼ってください。
添付書類下記注参照	□委任状（代理人が請求するときに必要。また，会社等法人の代表者が社員等の分を請求する時に社員等から代表者への委任状も必要）□戸籍謄抄本等親族関係を証する書面（本人の配偶者・四親等内の親族が請求するときに必要）□法人の代表者の資格を証する書面（法人が代理人として請求するときに必要）		
証明事項（いずれかの□にチェックしてください）	□成年被後見人，被保佐人とする記録がない。（後見・保佐を受けていないことの証明が必要な方）□成年被後見人，被保佐人，被補助人とする記録がない。（後見・保佐・補助を受けていないことの証明が必要な方）☑成年被後見人，被保佐人，被補助人，任意後見契約の本人とする記録がない。（後見・保佐・補助・任意後見を受けていないことの証明が必要な方）□その他（　　　　　　　　）とする記録がない。（上記以外の証明を必要とする場合）		
請求通数	○通　※請求通数は右詰めで記入してください。	証明を受ける方の氏名のフリガナ　●●● ●●●	

◎証明を受ける方　この部分を複写して証明書を作成するため，字画をはっきりと，住所または本籍は番号，地番まで正確に記入してください。

①氏　名	●●●●		
②生年月日	明治 大正 昭和 平成 令和 □□□☑□または 西暦 □	○○年	○月 ○日
③住　所	都道府県名 ○○県　市区郡町村名 ○○市○○　丁目 大字 地番 ○-○-○		
④本　籍 □国籍	都道府県名　市区郡町村名 同上　丁目 大字 地番（外国人は国籍を記入）		

提出先から特に指定がない場合は，住所または本籍（外国人の場合は④に☑し，正しい国籍名）のいずれかを記入してください。

注　請求される方（代理請求の場合は代理人）の本人確認書類は必ず提示または添付してください（裏面注4参照）。

記入方法：1．証明を受ける方の氏名のフリガナ欄は，例えば，ヤ マ ダ タ ロ ウ と左詰め（氏と名の間1字空き）でカタカナで記入してください。
2．外国人は氏名欄に本国名（漢字を使用しない外国人はカタカナ）を記入してください。
3．生年月日欄は，例えば，昭和に☑し 4 0 年 1 月 1 日と右詰めで記入。
4．郵送請求の場合は，返信用封筒（あて名を書いて，切手を貼ったもの）を同封し下記のあて先に送付してください。

○本申請書は拡大縮小せずに使用してください。

本人確認書類
□請求権者 □代理人
□運転免許証
□健康保険証
□マイナンバーカード
□パスポート
□（　　）
□封筒

申請書送付先：〒102-8226　東京都千代田区九段南1-1-15　九段第2合同庁舎　東京法務局民事行政部後見登録課

（登記所が記載します）	交付通数	交付枚数	手数料	受付	年 月 日
				交付	年 月 日

「登記されていないことの証明申請書」法務省ウェブサイト（https://www.moj.go.jp/content/001343093.pdf（2022.2.1））を加工して作成

第2　保証人等

＜フローチャート～保証人等＞

1 緊急連絡先等の確認

親族・知人　　　行　政　　　社会福祉協議会・デイサービス担当者ら

※定期的に緊急連絡先の情報を更新

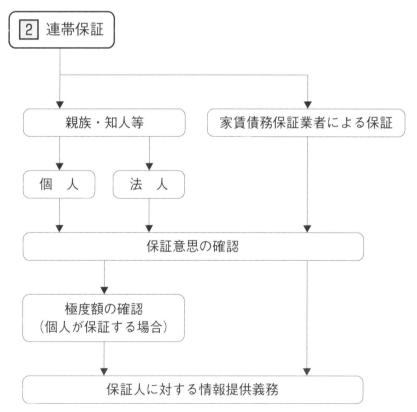

2 連帯保証

親族・知人等　　　家賃債務保証業者による保証

個　人　　　法　人

保証意思の確認

極度額の確認
（個人が保証する場合）

保証人に対する情報提供義務

・賃借人（主債務者）からの情報提供義務（事業のための債務で連帯保証人
　が個人の場合）
・賃貸人（債権者）からの情報提供義務

1　緊急連絡先等の確認

> (1)　親族・知人等への確認
> (2)　行政等への確認

(1)　親族・知人等への確認 ■■■■■■■■■■■■■■■■■■■■■■■■■

　賃貸借契約を締結するに当たって、特に、一人暮らしの高齢者などの場合には、体調を崩され入院を余儀なくされるといったことも考えられるため、緊急時の連絡先を確認しておく必要性が通常に比べて一層高いといえます。

　そこで、緊急連絡先としてまず確認しておくものとして、親族・知人等の確認が挙げられます。

　親族・知人等は、賃借人に問題が生じた際の最初の連絡先として極めて重要です。また、賃借人本人の状態を知るための情報を提供してもらったり、本人の状態に問題が生じた場合にその後どのように対処すべきかを協議しなければならない場面で、親族・知人等は不可欠な存在です。

　したがって、配偶者、子ども、兄弟姉妹、甥姪などの親族がいないかどうか、また、親しい知人等がいないかを確認します。その際、その方の名前、住所、電話番号、メールアドレスなどを聞いておきます。

　緊急連絡先の情報を集める際は、現実に賃借人に問題が生じた場合を想定して行う必要があります。賃借人と、もともと疎遠であるとか、賃借人以上に高齢であるとか、あまり実効性のない人が緊急連絡先として登録されていても、いざというときに意味がありません。特に高齢者の場合は、そのような事態がいつ起きてもおかしくないということには留意する必要があります。

　また、賃貸借契約締結後長期間が経過し、緊急連絡先として登録されている人と連絡がつかないというケースもよく見られます。したがって、賃貸借契約継続中も定期的に緊急連絡先の情報を更新しておく方がよいでしょう。

(2)　行政等への確認 ■■■■■■■■■■■■■■■■■■■■■■■■■■■■

　高齢者の場合は、支援を受けている行政等とも連携しておくことが有用です。その

ためにも、高齢者に対しどのような支援がなされているのかを具体的に知っておく必要があります。

◆行政への確認

　高齢者の場合には、行政サービスなどを受けていることも考えられるため、担当のケースワーカーの有無や連絡先などを確認しておくことがまずは重要です。

◆社会福祉協議会、デイサービス担当者らとの連携

　高齢者の場合には、社会福祉協議会や高齢者支援に取り組むNPO法人などの支援を受けていることも多いと思われます。なお、社会福祉協議会とは、社会福祉法に基づき全ての都道府県・市町村に設置され、地域住民や社会福祉関係者の参加により、地域の福祉推進の中核としての役割を担う非営利の民間組織であり、日常生活自立支援事業や行政からの委託により生活困窮者に対する相談業務などを行っています。

　また、高齢者の方には、デイサービスなどを利用している方もいると考えられ、本人の了解の上で、そのデイサービス先から緊急連絡先を把握することも考えられます。

アドバイス

○日常生活自立支援事業

　日常生活自立支援事業（大阪市などでは「あんしんさぽーと事業」の愛称が使われています。）とは、高齢や障がい等により判断能力が不十分な方が地域において自立した生活が送れるよう、利用者との契約に基づき、福祉サービスの利用援助等を行うものです。具体的には、福祉サービスの利用に関する相談及び利用申込みの援助、公共料金や各種利用料などの支払手続や行政手続の援助、預貯金の出し入れ等日常的な金銭管理の援助、通帳や証書の保管等のサービスを受けることができます。

　各市町村の社会福祉協議会で実施しており、一人暮らしの高齢者においてよく利用されています。

2 | 連帯保証

> (1) 保証人の意思確認
> (2) 極度額の確認等
> (3) 保証人に対する情報提供義務
> (4) 家賃債務保証業者による保証

　賃借人と賃貸借契約を締結する場合、多くのケースで保証人を求めるのが通常です（しかも、催告・検索の抗弁権（民452・453）のある単純保証ではなく連帯保証（民454）とするのが通常です。）。

　保証契約を行う場合、個人若しくは法人（いわゆる家賃債務保証業者による保証を含みます。）のいずれと保証契約を締結するかによって、保証人との契約時に要求される内容が違ってくるため注意が必要です。特に、民法の改正（平成29年法律44号）により、個人保証の場合には、極度額の確認、保証人に対する情報提供義務など、より厳格な要件等が定められているため注意が必要です。

(1)　保証人の意思確認 ■■■■■■■■■■■■■■■■■■■■■■■■■■■

　まず、保証契約を行うに当たっては、賃借人、保証人予定者に対する意思確認が必要となります。特に、保証人予定者が個人の場合には、賃借人との関係、保証意思を確認するとともに、保証人予定者の適格性（支払能力の有無、判断能力の有無など）を確認する必要があります。

　また、高齢者が賃借人の場合には、保証債務が現実化する場合にそなえて、より確実な保証人を確保することが必要になると考えられます。

(2)　極度額の確認等 ■■■■■■■■■■■■■■■■■■■■■■■■■■■■■

　改正民法（平成29年法律44号による民法の改正。以下同じ。）では、賃貸人が賃借人の債務を担保するために、個人と保証契約を締結する場合には、その保証契約は個人根保証契約として取り扱われることになっています（民465の2①）。

　この点、平成16年に民法が改正された際、個人保証人保護の点から、貸金債務等を

個人が根保証する場合（貸金等個人根保証）には極度額を定めなければ無効とされることになっていましたが、改正民法により、賃借人の債務保証についても個人根保証として取り扱われることになり、個人保証人の保護が強化されることになりました。

　そのため、改正民法下では、賃貸人は、個人保証人との間で、極度額を定めかつ書面等で保証契約を締結しなければ保証契約は無効となるため（民465の2）、注意が必要です。

◆極度額とは

　極度額とは、主たる債務の元本、主たる債務に関する利息、違約金、損害賠償その他その債務に従たる全てのもの、及び、その保証債務について約定された違約金、損害賠償の額に対する限度額をいいます（民465の2①）。

◆極度額の定め方等

　賃貸借契約における保証人との間での極度額の具体的な定め方としては、具体的な金額を定めることのほか、「家賃○年分」、「家賃○か月分」といった定め方でも、当該家賃の額が具体的に決まり上限額が明確になるのであれば有効な定めとされています。

　極度額の大きさに関して明文による規制はないものの、賃料、保証の目的や保証人の資力などと比較して著しく過大な場合には、公序良俗に反し無効になる可能性も考えられるため注意が必要です。なお、筆者の調査では、不動産賃貸管理会社において、「共益費を除いた家賃の24か月分」と定めているケースが多く見られました。

　また、保証契約締結後に、賃料が増減額された場合であっても、極度額は、増減額前の賃料を前提に定まることになると解されています。

　改正前の民法下では、保証人との間で、「保証人は、賃借人と連帯して、本契約から生じる賃借人の債務の一切を負担するものとする。」といった合意がされることが多かったと思われます。この点、例えば、賃借人による長期間の家賃滞納の場合、賃貸人が原状回復費用を立て替えた場合、賃貸物件内での自殺等による損害が生じた場合などのケースでは、賃借人が負担する債務が高額になる可能性もあるところ、改正前の民法下では、原則として、賃貸人の請求が信義則違反や権利濫用に当たらない限り、これらの債務についても保証人に対して請求ができましたが、改正民法下では、極度額を上回る債務の負担を保証人に求めることはできないので注意が必要です。

◆元本額が確定する場合

　極度額を定めた場合でも、以下の事情があれば元本額が確定します。

　保証人が破産手続開始決定を受けたときは主たる債務の元本が確定するため（民465の4①二）、それ以降、保証すべき元本は増額されなくなるので、遅延損害金及び確定した元本と合わせて極度額の範囲でしか請求できません。一方、賃借人が破産しても賃貸借契約は継続するため元本は確定しません（民465の4②二参照）。

　また、改正民法によって、賃借人又は保証人のいずれかが死亡したときには元本が確定すると定められました（民465の4①三）。なお、賃借人が死亡してもその相続人との間で賃貸借契約は継続するため、破産の場合と同じく元本を確定させるべきではないといった議論もありましたが、相続人と保証人の間には信頼関係がないと考えられ、元本確定事由になっています（第5章 2 (1)ケーススタディも参照）。

　さらに、保証人の財産に強制執行又は担保権の実行がされたときも元本が確定します（民465の4①一）。他方、賃借人に強制執行等がなされても元本確定しません（民465の4②一参照）。これは、賃借人の財産状況が悪化しても、賃料不払などによって信頼関係が破壊されない限り賃貸借契約は続くからです。

　極度額に関する定めとしては、例えば【参考書式4】のような条項を定めておくことが考えられます。

(3)　保証人に対する情報提供義務 ■

◆賃借人（主債務者）からの情報提供義務（事業用物件の場合）

　改正民法下では、事業のために生じる債務の個人保証を依頼するときは、主債務者は保証人になる者に対し、債務者の財産や収支の状況、主たる債務以外の債務の状況や履行状況、主たる債務の担保として他に提供するものがあるかなどの情報を提供することが義務付けられています（民465の10①）。そして、主債務者がこれらの情報を提供せず又は事実と異なる情報を提供した場合に、保証人が誤認したまま保証契約を締結した場合で、債権者が保証人に対して誤った情報が提供されたことを知り又は知り得たときは、保証人は債権者との保証契約を取り消すことができるとされています（民465の10②）。

　したがって、改正民法下では、賃借人は、保証人になってもらう者が個人の場合には、主たる債務以外の債務の状況や履行状況、主たる債務の担保として他に提供するものがあるかなどの情報を提供する義務があります。なお、当該情報提供義務が必要になるのは、賃借人が事業のために賃貸人に対して債務を負担する場合であるため、事業に関わらない住居のために使用する賃貸借の保証をする場合には、賃借人に当該情報提供義務はありません。

　そして、賃借人から保証人に対して情報が提供されていなかったり、事実と異なった情報が提供されていたことを、賃貸人が知っていた場合や賃貸人がそのことを知り得た場合には、保証人によって保証契約が後日取り消される可能性があります。

　そのため、賃貸人としては、保証人から後日になって取消しの主張がされないように、保証人との保証契約締結時に、賃借人から上記のような情報の提供を受けている旨の確認書などをもらっておく方法が考えられます。

　高齢賃借人の場合には、保証人になろうとする者に対して説明することは難しいため、賃貸人側や仲介業者は、高齢賃借人に情報提供の必要性を伝えて、保証人に情報提供するようにサポートすることも考えられます。

　例えば、賃貸借契約及び保証契約締結の際に、【参考書式5】のような条項を定めておくことが考えられます。

◆賃貸人（債権者）からの情報提供義務

　改正民法下では、主債務者の委託を受けた保証人から請求があれば、債権者は保証人に対して、主債務の元本、主債務に関する利息、違約金、損害賠償その他その債務に従たる全てのものについての不履行の有無、残額、弁済期が到来しているものの額を知らせることが義務付けられています（民458の2）。

　そのため、賃貸人は、保証人から賃借人の主債務の状況などを質問された場合には、その情報を提供しなければなりません。かかる情報提供義務は、保証人が個人か法人かは問いません。かかる趣旨は、保証人が長期間主債務の不履行を知らなかったことにより、多額の債務や遅延損害金の支払義務を負担することになる事態を防止するためです。そのため、保証人が情報提供を求めていたにもかかわらず、賃貸人による情報提供がされなかった場合には、賃貸人は損害賠償責任を負うことも考えられるため、情報提供には積極的に応じる必要があります。

　また、賃借人が継続的に支払を怠っているにもかかわらず、賃貸人が保証人に何ら通知することなく、いたずらに契約を更新させている場合には保証債務の履行請求が信義則に反して否定されることがあるため（最判平9・11・13裁判集民186・105）、保証人からの開示請求がない場合でも、保証人に対して積極的に情報提供することが望ましいと考えられます。

　この点、国土交通省「賃貸住宅標準契約書　平成30年3月版・連帯保証人型」の解説コメントの中では、「保証契約締結時に、借主の滞納が○か月続いた場合には貸主は保証人に通知するといった特約を結ぶことも考えられる」とされており、参考になります。

<賃貸借契約における保証に対する情報提供義務に関するまとめ>

	保証契約締結時の情報提供義務 （民465の10）	保証契約締結中の情報提供義務 （民458の2）
主　体	賃借人（主債務者）	賃貸人（債権者）
時　期	保証契約締結時	保証人請求時（契約成立後）
保証人の範囲	委託を受けた個人	委託を受けた個人、法人
対象となる債務の範囲	事業のために負担する場合等に限定	限定なし
提供すべき情報の範囲	・財産及び収支の状況 ・主債務以外の債務 ・その他の担保内容等	主債務（元本、利息等）の不履行の有無と残額等
違反の効果	賃貸人（債権者）が悪意・有過失の場合には取消し	定めなし

(4)　家賃債務保証業者による保証 ■■■■■■■■■■■■■■■■■■■

　保証契約を個人ではなく、家賃債務保証業者との間で締結する場合も考えられます。

　家賃債務保証業者に関しては、平成29年10月に、国土交通省の告示（平29・10・2国交告898）によって家賃債務保証の業務の適正化を図るために登録制度が創設されています。営業範囲や保証範囲などが登録内容として列挙されており、賃貸人や賃借人が家賃債務保証業者を選択する際の参考にすることができます。

　なお、家賃債務保証業者が法人である場合は、極度額の設定、保証人への情報提供義務などは法律上要求されていません。

アドバイス

○身元引受人

　賃貸人や不動産管理会社によっては、賃借人が高齢者等である場合に、契約に当たって身元引受人を賃借人につけるように要求するケースが見受けられます。

　この「身元引受人」ですが、法律上明確な定義がなされているものではありません。実際には、高齢者等の賃借人に病気や認知症等の何かの事象が発生した際に身柄を引き受ける（単に引き受けるという意味だけでなく、病院に入院させる等のしかるべき措置をとるという意味も含まれます。）、という趣旨で要求されていることが多いと思われますが、意味としては緊急連絡先とあまり違いがないケースもあれば、（近時は少ないと思

われますが）保証人的な責任まで負わせているケースなど、様々です。

　ただ、誰かが「身元引受人」になっているからといって、その人に対して当然に保証人と同様の責任を追及できるかというとそうではありません。「身元引受人」といっても、契約等においてどのような定めがなされているかによって、身元引受人の負うべき義務や責任は全く変わってくるからです。

　したがって、身元引受人をつけるということを求めたり、あるいは求められたりする場合は、賃貸人側においても、賃借人側においても、「身元引受人」の定めがその人にどういった範囲で責任を負担させる趣旨であるのかを事前に十分に確認し、それを書面上明確にしておく必要があります。

　仮に、賃貸人において、身元引受人に保証人と同様の責任を負わせようと考えているのであれば、身元引受人といった定義の明確でない表現は使わずに、端的に保証人の定めを置くべきです。

　身元引受人については、第3章 1 (1)でも説明していますので、ご参照ください。

ケーススタディ

Q　家賃債務保証業者が保証人になっていますが、賃借人から賃料が支払われないため、家賃債務保証業者に滞納家賃分を支払ってもらいました。このような状況が度々続くため、賃借人との賃貸借契約を解除しようと考えていますが、解除は認められますか。

A　大阪高裁平成25年11月22日判決（判時2234・40）は、「本件保証委託契約のような賃貸借保証委託契約は、保証会社が賃借人の賃貸人に対する賃料支払債務を保証し、賃借人が賃料の支払を怠った場合に、保証会社が保証限度額内で賃貸人にこれを支払うこととするものであり、これにより、賃貸人にとっては安定確実な賃料収受を可能とし、賃借人にとっても容易に賃借が可能になるという利益をもたらすものであると考えられる。しかし、賃貸借保証委託契約に基づく保証会社の支払は代位弁済であって、賃借人による賃料の支払ではないから、賃貸借契約の債務不履行の有無を判断するに当たり、保証会社による代位弁済の事実を考慮することは相当でない。」としています。

　このように、家賃債務保証業者が保証人として賃料を支払っても、滞納していた期間や金額によっては信頼関係の破壊により解除することができるといえます。

【参考書式4】極度額に関する定め

（連帯保証人）

第○条　丙（連帯保証人）は、乙（賃借人）と連帯して、本契約から生じる乙の債務を負担するものとする。本契約が更新された場合においても同様とする。

2　前項の丙の負担は、○○○○○円を限度とする。

3　丙が負担する債務の元本は、乙又は丙が死亡したときに確定するものとする。

4　丙の請求があったときは、甲（賃貸人）は、丙に対し、遅滞なく、賃料及び共益費等の支払状況や滞納金の額、損害賠償の額等、乙の全ての債務の額等に関する情報を提供しなければならない。

【参考書式5】情報提供の受領確認の定め（事業用物件の場合）

（情報提供の受領確認）

第○条　丙（連帯保証人）は、乙（賃借人）から、乙の財産や収支の状況、主たる債務以外の債務の状況や履行状況、主たる債務の担保として他に提供するものがあるかなどの状況（以下「財産の状況等」という。）について説明を受けたことを確認する。

2　乙は、乙から丙に説明した財産の状況等の内容が事実であることを確認する。

第3　契　約

＜フローチャート～契　約＞

1 契約書の作成

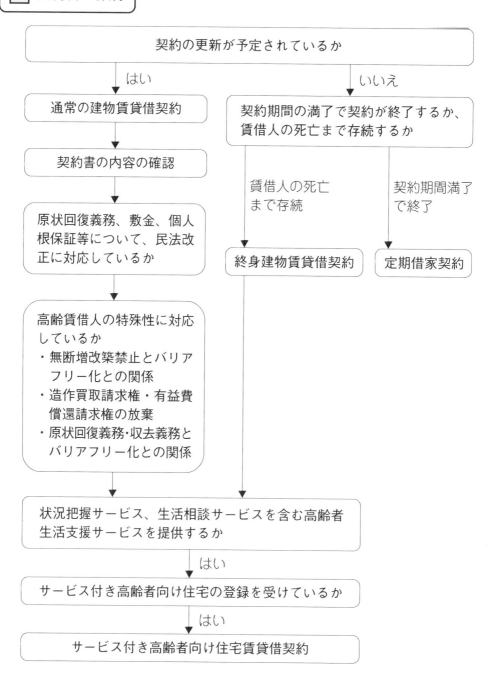

契約の更新が予定されているか

はい → 通常の建物賃貸借契約

いいえ → 契約期間の満了で契約が終了するか、賃借人の死亡まで存続するか

契約書の内容の確認

原状回復義務、敷金、個人根保証等について、民法改正に対応しているか

賃借人の死亡まで存続 → 終身建物賃貸借契約

契約期間満了で終了 → 定期借家契約

高齢賃借人の特殊性に対応しているか
・無断増改築禁止とバリアフリー化との関係
・造作買取請求権・有益費償還請求権の放棄
・原状回復義務・収去義務とバリアフリー化との関係

状況把握サービス、生活相談サービスを含む高齢者生活支援サービスを提供するか

はい

サービス付き高齢者向け住宅の登録を受けているか

はい

サービス付き高齢者向け住宅賃貸借契約

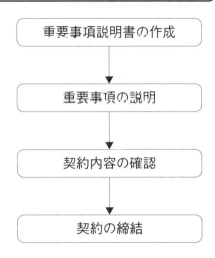

1　契約書の作成

---

(1)　契約書の内容の確認

(2)　連帯保証人

(3)　敷金・更新料等

(4)　禁止・制限事項

(5)　造作買取請求権・有益費償還請求権の放棄

(6)　原状回復義務の範囲

(7)　保険加入

(8)　定期借家契約

(9)　終身建物賃貸借契約

(10)　サービス付き高齢者向け住宅賃貸借契約

（1）　契約書の内容の確認 ■■■■■■■■■■■■■■■■■■■■■■■■■

　建物賃貸借契約書を作成するに当たっては、契約関係者（賃貸人、賃借人、連帯保証人等）、物件の特定（建物の名称・所在地等）、用途・目的、契約期間、賃料・共益費、賃料の改定、敷金・更新料等、禁止・制限事項、修繕義務の範囲、原状回復義務の範囲、解除・解約、特約事項等の必要事項が漏れなく契約条項に盛り込まれていることだけでなく、その内容が法令や判例法理に適合しているか、特に令和2年4月施行の民法改正（平成29年法律44号による改正。以下同じ。）に対応しているかどうかも確認する必要があります。

　また、賃借人が高齢者である場合には、高齢者特有の事情にも配慮した内容になっているかどうかを確認する必要があります。

　国土交通省から、上記の民法改正や近年の家賃債務保証業者を利用した契約の増加等に対応すべく、新たに「家賃債務保証業者型」や「極度額の記載欄」を設けた「連帯保証人型」の賃貸住宅標準契約書（平成30年3月版）（【参考書式6】参照）が公表されていますので、これを参考にしつつ、必要に応じて契約条項を修正するとよいでしょう。

(2)　連帯保証人 ■■■■■■■■■■■■■■■■■■■■■■■■■■■■■■

　賃借人が高齢の場合、既に定年退職していて年金収入のみであることや、健康状態の悪化や認知症の進行等により、賃料の滞納が発生するリスクが通常よりも高くなることがあり得ます。また、注意力の低下により水漏れや失火等による損害発生のリスクも高くなります。そのため、高齢賃借人の場合には、契約に当たって連帯保証人をつけておくことがより重要となります。

◆極度額の定め

　多くの賃貸借契約において賃借人の債務につき連帯保証人がつけられていますが、賃借人の賃料未払が長期化したり明渡し時の原状回復費が多額になることにより、個人の保証人が予想を超える多額の保証債務の履行を求められるというケースがしばしば生じていました。

　そこで、改正民法では、一定の範囲に属する不特定の債務を主たる債務とする保証契約であって保証人が法人でないもの（個人根保証契約）については、極度額の定めがなければ効力を生じないものとされました（民465の2）。

　また、保証会社が賃貸借契約の保証人となり、賃借人に対する求償権につき個人の保証人をつける場合も極度額の定めがなければ求償権保証契約の効力は生じないものとされました（民465の5）。

　したがって、改正民法施行後の建物賃貸借契約において、個人の保証人をつける場合は、極度額の定めがあるか必ず確認する必要があります。詳細は、本章第2 2 (2)をご参照ください。

(3)　敷金・更新料等 ■■■■■■■■■■■■■■■■■■■■■■■■■■■■

　改正前民法には敷金に関する基本的な規定がなく、判例法理によって敷金に関するルールが形成されてきましたが、改正民法では、以下のとおり、敷金の定義、敷金返還債務の発生要件、敷金の充当関係について明文化されました。

　まず、敷金について、「いかなる名目によるかを問わず、賃料債務その他の賃貸借に基づいて生ずる賃借人の賃貸人に対する金銭の給付を目的とする債務を担保する目的で、賃借人が賃貸人に交付する金銭をいう」と定義されました（民622の2①）。

　また、敷金返還債務は、①賃貸借が終了し、かつ、賃貸物の返還を受けたとき、又は、②賃借人が適法に賃借権を譲り渡したとき、に発生することが明文化されました（民622の2①一・二）。

　さらに、敷金の充当について、敷金返還債務が生じる前であっても、賃借人の賃貸人に対する債務の不履行が生じた場合は、賃貸人の意思表示によって敷金をその債務の弁済に充当することができること、この場合に賃借人から賃貸人に対して敷金の充当を請求することができないことも明記されました（民622の2②）。

　民法改正による敷金に関する明文化は、従前の判例法理を変更するものではありませんが、契約時に様々な名目で賃借人から交付される金銭の性質について、契約書上明確にしておく必要があります。特に関西地方で多く見受けられる「保証金」名目の金銭には、①建設協力金の性質を持つもの、②貸金の性質を持つもの、③敷金の性質を持つもの、④権利金の性質を持つもの、⑤以上の性格を併せ持つものがあるといわれていますので、その性質を契約書上明確にしておかないと、後々賃借人が返還請求できるものなのかどうかについて争いとなるおそれがあります。

◆敷引き

　敷引きとは、賃貸建物の明渡しの際に、当然に敷金のうち一定金額ないし一定割合を返還しない旨の特約をいいます。特に関西地方で多く見られる傾向にあります。この敷引特約については、消費者の利益を一方的に害する条項を無効とする消費者契約法10条に違反し無効ではないかという争いがあります。

　この点につき、下級審判決の結論は分かれていましたが、最高裁平成23年3月24日判決（判時2128・33）は、賃料1か月9万6,000円の建物賃貸借契約の契約書に、①賃借人は、契約締結時に、保証金40万円を賃貸人に支払う、②賃貸人は、賃借人が本件建物を明け渡した後、契約経過年数に応じて定められた一定額の金員（18〜34万円）を控除し、その残額を賃借人に返還する旨の特約が記載されていたという事案において、「消費者契約である居住用建物の賃貸借契約に付された敷引特約は、当該建物に生ずる通常損耗等の補修費用として通常想定される額、賃料の額、礼金等他の一時金の授受の有無及びその額等に照らし、敷引金の額が高額に過ぎると評価すべきものである場合には、当該賃料が近傍同種の建物の賃料相場に比して大幅に低額であるなど特段の事情のない限り、信義則に反して消費者である賃借人の利益を一方的に害するものであって、消費者契約法10条により無効となると解するのが相当である。」と判示した上で、本件敷引金の額が高額に過ぎると評価することはできず、消費者契約法10条により無効であるということはできないと認定しました。

　また、最高裁平成23年7月12日判決（判時2128・33）は、賃料1か月17万5,000円の建物賃貸借契約の契約書に、①賃借人は、契約締結時に、保証金として100万円（預託分40万円、敷引分60万円）を賃貸人に預託する、②同契約が終了して賃借人が本件建物の

明渡しを完了したときは、賃貸人は保証金のうち敷引分60万円を取得し、預託分の40万円を賃借人に返還する旨の特約が記載されていたという事案において、「賃貸借契約においては、本件特約のように、賃料のほかに、賃借人が賃貸人に権利金、礼金等様々な一時金を支払う旨の特約がされることが多いが、賃貸人は、通常、賃料のほか種々の名目で授受される金員を含め、これらを総合的に考慮して契約条件を定め、また、賃借人も、賃料のほかに賃借人が支払うべき一時金の額や、その全部ないし一部が建物の明渡し後も返還されない旨の契約条件が契約書に明記されていれば、賃貸借契約の締結に当たって、当該契約によって自らが負うこととなる金銭的な負担を明確に認識した上、複数の賃貸物件の契約条件を比較検討して、自らにとってより有利な物件を選択することができるものと考えられる。そうすると、賃貸人が契約条件の一つとしていわゆる敷引特約を定め、賃借人がこれを明確に認識した上で賃貸借契約の締結に至ったのであれば、それは賃貸人、賃借人双方の経済的合理性を有する行為と評価すべきものであるから、消費者契約である居住用建物の賃貸借契約に付された敷引特約は、敷引金の額が賃料の額等に照らし高額に過ぎるなどの事情があれば格別、そうでない限り、これが信義則に反して消費者である賃借人の利益を一方的に害するものということはできない。」と判示した上で、本件敷引金の額は高額に過ぎるとはいい難く、消費者契約法10条により無効であるということはできないと認定しました。

　このように、敷引特約が一律に無効となるものではないことがこれらの最高裁判決によって示されたものの、今後も敷引特約の有効性はケースバイケースで判断されることになりますので、契約書の作成に際しては、敷引金の額が高額になりすぎていないか、よく検討しておく必要があります。また、上記最高裁平成23年7月12日判決によれば、敷引特約が有効とされるためには、「賃借人がこれを明確に認識した上で賃貸借契約の締結に至った」といえることも重要なポイントとなります。特に高齢者の賃借人の場合、理解力や判断力の低下により、契約内容を十分に理解しないまま賃貸借契約の締結に至るおそれがありますので、敷引特約の内容について、契約書上に明確かつ平易な表現で記載するとともに、口頭でも十分に説明をして、賃借人に明確に認識してもらうよう努めることが必要でしょう。

◆更新料

　更新料とは、賃貸借契約の更新に際して、賃借人から賃貸人に支払われる金員のことをいいます。

　この更新料の定め（更新料特約）についても、消費者契約法10条に違反し無効ではないかということが争われていましたが、最高裁平成23年7月15日判決（民集65・5・2269）

によって、更新料特約が一律に無効とされるものではないことが明らかとなりました（第4章第1　1参照）。もっとも、「更新料の額が賃料の額、賃貸借契約が更新される期間等に照らし高額に過ぎるなどの特段の事情」が認められる場合には、消費者契約法10条に違反すると判断される余地もありますので、契約書の作成に際しては、更新料の額が高額になりすぎないように注意する必要があります。

更新料については、第1章第1　1 4 (1)もご参照ください。

(4)　禁止・制限事項 ■■■■■■■■■■■■■■■■■■■■■■■■■■■■■

建物賃貸借契約書では、通常、「賃借人は、賃貸人の書面による承諾を得ることなく、本物件の増築、改築、移転、改造若しくは模様替又は本物件の敷地内における工作物の設置を行ってはならない。」といった無断増改築禁止の定めが設けられています（【参考書式6】第8条2項参照）。

高齢賃借人の場合、入居後に、手すりやスロープの設置、間取りの変更等のバリアフリー化を相談されることもあります。もちろん、賃貸人がこれらの改装に応じる義務はないのですが、高齢賃借人に安心して入居してもらうためには、賃借人によるバリアフリー化の要望に対応することも検討する必要があります。もっとも、バリアフリー化としての改造があまりに大掛かりであったり、特殊な内容であったりすると、建物の価値を下げてしまうおそれもあります。そこで、このように入居後のバリアフリー化があらかじめ想定される場合には、無断増改築禁止の定めに加えて、許容される改装工事の内容、範囲や指定施工業者等の条件について定めておくことも検討すべきでしょう。

(5)　造作買取請求権・有益費償還請求権の放棄 ■■■■■■■■■■■■■■

法律上、賃貸人の同意を得て建物に付加した畳、建具、その他の造作がある場合には、賃借人は、建物の賃貸借が期間の満了又は解約の申入れによって終了するときに、賃貸人に対し、その造作を時価で買い取るべきことを請求することができます（借地借家33）。これを造作買取請求権といいます。

また、賃借人が賃借物について有益費を支出したときに、目的物の価格の増加が現存している時に限り、賃貸借の終了の際に、支出した費用又は増価額のどちらかの償還を請求することができます（民608②・196②）。

もっとも、これらの規定は任意規定とされていますので、賃借人による造作買取請求権や有益費償還請求権が行使されて思わぬ負担が生じることを契約上排除しておく

ために、契約書上、造作買取請求権及び有益費償還請求権を放棄する旨の特約を設けておくのが通常です。

　特に、高齢賃借人の場合は、上記(4)でも述べたように、入居後にバリアフリー化の相談を受けることがあります。造作買取請求権及び有益費償還請求権を放棄する旨の特約がないまま、賃貸人がバリアフリー化を承諾してしまうと、バリアフリー化で設置された物が造作に該当する、あるいはバリアフリー化によって建物の価値が増加したとして、契約終了時に造作買取請求権や有益費償還請求権を行使され、賃貸人にとって大きな負担となるおそれがあります。したがって、賃貸人としては、このようなリスクを回避するため、賃貸借契約書に賃借人の造作買取請求権及び有益費償還請求権を放棄する旨の特約を盛り込んでおくべきでしょう。

(6)　原状回復義務の範囲 ■■■■■■■■■■■■■■■■■■■■■■■■

　改正前民法では、賃借人が賃借物を原状に復し、これに附属させた物を収去する権利について定めた規定はありました（改正前民616が準用する改正前民598）が、賃借人の原状回復義務や収去義務について定めた規定がなく、これらの義務は解釈により導かれていました。

　そこで、改正民法では、賃借人の原状回復義務が明文化され、原状回復義務の範囲についても、①賃借物を受け取った後に生じたものであること、②通常の使用及び収益によって生じた賃借物の損耗（通常損耗）や賃借物の経年変化は含まれないこと、③賃借人の責に帰することができない事由による損傷は含まれないことが明記されました（民621）。

　また、賃借人の収去義務についても明文化され、①賃借人が賃借物を受け取った後にこれに附属させた物については賃借人が収去義務を負うこと、②附属物を分離することができない場合や、附属物の分離に過分な費用を要する場合については収去義務を負わないことが明記されました（民622が準用する民599①）。

◆通常損耗特約

　賃借人の原状回復義務を定めた民法621条は任意規定であり、契約自由の原則から、賃貸借契約において、通常損耗についての原状回復義務を賃借人に負わせる旨の特約を定めることも可能です。もっとも、上述のように、原則として、通常損耗や経年変化は賃借人が負う原状回復義務の対象から外されていますので、これらについても賃借人に原状回復義務を負わせるとなると、賃借人に予期しない特別の負担を課すこと

になります。したがって、特約がある場合であっても、その有効性には慎重な検討が必要です。

　この点、最高裁は、賃借人が費用負担をすべき通常損耗の範囲が賃貸借契約書に明記されているか、賃貸人が口頭で説明し賃借人がそれを明確に認識して合意の内容としたと認められるなど、明確に合意されていることが必要としています（最判平17・12・16判時1921・01）。また、国土交通省の「原状回復をめぐるトラブルとガイドライン（再改訂版）」（平成23年8月）では、通常損耗特約が有効となる要件として、①特約の必要性があり、かつ暴利的でないなどの客観的、合理的理由が存在すること、②賃借人が特約によって通常の原状回復義務を超えた修繕等の義務を負うことについて認識していること、③賃借人が特約による義務負担の意思表示をしていることを満たす必要があるとされています。

　したがって、契約書に通常損耗特約を定める場合は、通常損耗の修繕費を賃借人に負担させる理由と賃借人が費用負担をすべき通常損耗の範囲を具体的に示すとともに、賃借人が、通常の原状回復義務の範囲を超える修繕義務を負うことを認識し、特約に従って費用負担する旨を表示してもらう必要があります（【参考書式6】別表第5「Ⅱ　例外としての特約」参照）。

◆原状回復義務・収去義務とバリアフリー化との関係

　上述のとおり、高齢賃借人の場合は、入居後にバリアフリー化のために間取り等を変更したり手すりやスロープ等の設備を設置したりすることが想定されることもあります。これらの入居後のバリアフリー化のための建物の改造や附属物の設置等については、原則として、契約終了時に賃借人が原状回復義務ないし収去義務を負います（民621・622が準用する民599①）が、賃貸人が賃借人の原状回復義務ないし収去義務を免除することも考えられます。契約書に入居後のバリアフリー化についての定めを設ける場合は、念のため、契約終了時の原状回復義務や収去義務についても定めておく方がよいでしょう。

（7）　保険加入 ■■■■■■■■■■■■■■■■■■■■■■■■■■■■■■■■

　高齢賃借人の場合、身体機能や認知機能の低下により、水漏れ、火災、爆発事故等を起こしてしまい、賃貸物件を破損又は汚損したり、他の入居者等に損害を与えたりするリスクが高くなることが想定されます。そこで、これらのリスクに備えるために、賃借人に借家人賠償責任保険や個人賠償責任保険等の保険への加入を義務付けること

も検討すべきでしょう。

　本来、賃借人には保険に加入しなければならない法律上の義務はありませんので、保険加入を賃貸借契約の条件とするのであれば、必ず賃貸借契約書にこれを明記する必要があります。さらに、保険といってもその補償内容は保険会社やプランによって様々ですので、賃貸人の指定する保険に加入しなければならないことまで賃貸借契約書に明記することが望ましいでしょう。

（8）　定期借家契約 ■■■■■■■■■■■■■■■■■■■■■■■■■■■■

　高齢賃借人の場合、家賃の滞納、室内での事故、認知症の進行、孤独死といったリスクは、契約期間が長期間化するほど高まります。しかし、通常の建物賃貸借契約は、契約期間が満了した場合であっても、賃貸人の側からは正当事由がなければ契約の更新を拒否することができず、しかも、正当事由は容易に認められません。そのため、契約更新により建物賃貸借契約が長期間継続し、契約を終了させることは容易ではありません。

　このような契約更新による契約長期化のリスクを回避する方法として、定期借家契約を締結するということが考えられます。

　定期借家契約とは、契約更新を予定せず、契約期間の満了により終了する建物賃貸借契約をいいます（借地借家38）。平成11年に制定された「良質な賃貸住宅等の供給の促進に関する特別措置法」（平成11年法律153号）による借地借家法の改正により創設された制度です（平成12年3月1日施行）。

　この定期借家契約であれば、あらかじめ定めておいた契約期間の満了により契約を終了させることができます。

　ただし、賃借人本人の能力から居住の継続が十分に可能であるにもかかわらず、高齢賃借人に退去の負担を強いることは望ましいことではありません。定期借家契約にするとしても、後述する再契約等、状況に合わせた柔軟な対応が必要と考えます。

◆通常の建物賃貸借契約との相違点

① 契約期間

　通常の建物賃貸借契約では、契約期間を1年未満とすると期間の定めのないものとみなされますが（借地借家29①）、定期借家契約では、契約期間を1年未満とすることも有効です（借地借家38①）。

② 賃料増減額請求権

　通常の建物賃貸借契約では、当事者に賃料増減額請求権が認められていますが（借

地借家32）、定期借家契約では、特約により賃料増減額請求権の適用を排除すること
ができます（借地借家38⑨。なお、令和3年の改正（令和3年法律37号）により、2項及び4項が追加されたことから項数が繰り下がっています。以下同じ。）。

③　賃借人の申出による期間内解約

　期間の定めのある通常の建物賃貸借契約では、特約がない限り、契約期間中に中途解約はできませんが（民618の反対解釈）、床面積が200m²未満の居住用建物の定期借家契約では、契約期間中の中途解約の特約がなくても、賃借人が転勤、療養、親族の介護などやむを得ない事情により、その住宅に住み続けることが困難となった場合には、賃借人から解約の申入れをすることができ、この場合、解約の申入れの日から1か月を経過すれば契約が終了します（借地借家38⑦）。

　なお、賃貸人に中途解約権の留保を認める旨の特約の有効性については、無効説と有効説の対立があります（**第4章第1　2**1(1)参照）。

④　契約の更新

　通常の建物賃貸借契約では、契約期間満了時に賃貸人から更新を拒絶するには、正当な事由が必要とされ、正当な事由が認められない場合は、契約が更新されますが（借地借家26）、定期借家契約は、契約期間の満了により終了し、契約の更新はありません（借地借家38①）（ただし、賃借人と賃貸人の合意に基づき、再契約を結ぶことはできます。）。

◆書面による契約と説明書面の交付

　定期借家契約の締結に当たっては、以下の要件を満たす必要があります。これらの要件を満たさない場合は、契約更新のある通常の建物賃貸借契約とされます。

①　書面による契約

　定期借家契約は、公正証書による等書面によって契約することが必要です（借地借家38①）。書面であれば、公正証書でなくても構いません（**【参考書式7】**参照）。

　なお、令和3年のデジタル改革関連法（令和3年法律37号）による法改正により、定期借家契約がその内容を記録した電磁的記録によってなされた場合は、その契約は書面によるものとみなされることとなりました（借地借家38②。なお、本書執筆時点では改正法は未施行ですのでご注意ください。施行日は、令和3年5月19日から起算して1年を超えない範囲内において政令で定める日とされています。以下同じ。）。

②　事前の説明書面の交付

　定期借家契約を締結する際には、賃貸人は、あらかじめ、賃借人に対し、契約の更新はなく、期間の満了により契約が終了することを記載した書面を交付して説明

しなければなりません（借地借家38③）（【参考書式8】参照）。この説明書面は、契約書とは別個独立の書面でなければならないと解されています（最判平24・9・13民集66・9・3263）。

　なお、前述の令和3年法改正により、この説明書面の交付に代えて、賃借人の承諾を得て、説明書面に記載すべき内容を電磁的方法（電子情報処理組織を使用する方法その他の情報通信の技術を利用する方法であって法務省令で定めるものといいます。）により提供することができ、この場合、説明書面を交付したものとみなされることとなりました（借地借家38④）。

③　賃借人に対する説明

　上記②の説明（以下「事前説明」といいます。）は、賃貸人本人又は賃貸人から依頼を受けた代理人が、賃借人本人又は賃借人から依頼を受けた代理人に対して行います。

　事前説明は、口頭でも書面でもよいとされていますが、その説明の程度としては、当該賃借人を基準として、十分理解させる程度のものであることが必要とされます。したがって、判断能力が低下している高齢賃借人に対しては、より慎重に説明する必要があります。賃借人が契約締結に当たって代理人を依頼している場合には、その代理人を基準に事前説明の有無を判断することになります（東京地判平26・10・8（平25（ワ）8214））。

　なお、一定の要件を満たした場合には、事前説明を、宅建業法35条の規定に基づく重要事項説明と併せて実施することも可能とされています（平30・2・28国土動133・国住賃23、平30・7・12事務連絡）。

◆定期借家契約満了の通知期間

　定期借家契約において、契約期間が1年以上の場合、賃貸人は、賃借人に対し、契約期間満了の1年前から6か月前までの間（この期間を「通知期間」といいます。）に、期間満了により契約が終了する旨を通知する必要があり、通知期間に通知をしないと、賃貸人は、賃借人に対し、契約の終了を対抗することができません（借地借家38⑥）。

　ただし、通知期間経過後に賃貸人が賃借人に対し通知をした場合は、通知をした日から6か月を経過した後は契約終了を対抗できます（借地借家38⑥ただし書）。

◆再契約時の注意点

　前述のとおり、定期借家契約には、契約更新はありませんが、賃借人と賃貸人の合意に基づき、再契約を締結することはできます。その際、新たな契約も定期借家契約

として締結するためには、当初の契約と同様に、①公正証書等の書面（又は電磁的記録）によって契約すること、②更新がないと定めること、③事前に説明書面を交付して（又は電磁的方法により提供して）説明することが必要です（借地借家38）。これらの要件を一つでも欠くと、通常の建物賃貸借契約とみなされ、契約期間の満了により契約を終了させることが困難となります。

　再契約は、契約更新と異なり、新たな契約ですので、以下の点に注意する必要があります。

① 　賃貸人・連帯保証人間の連帯保証契約

　　賃借人の連帯保証人がいる場合、改めて、賃貸人と連帯保証人との間で連帯保証契約を締結しない限り、連帯保証人は、再契約後に発生した賃借人の債務について連帯保証責任を負いません。

② 　原状回復義務、明渡義務、敷金

　　再契約の場合、賃借人が対象物件を継続して使用していることが予定されていますので、当初の契約の終了時に、賃借人に原状回復義務及び明渡義務を履行させることは適切ではありません。そこで、新たな契約では、原状回復義務及び明渡義務の履行時期を「再契約が終了するまで」に延期するとともに、当初の契約に基づく義務も併せて履行すべきことを、賃貸人・賃借人間で合意することになります。

　　他方、敷金は、当初の契約の終了時に一旦精算するのが契約当事者の合理的意思に適うと思われますので、この場合、当初の契約の終了時に、物件の明渡しがあったものと取り扱った上、精算、返還することになります。もっとも、賃貸人・賃借人間で合意をすれば、精算後の敷金は返還せずに、再契約に伴う敷金に充当することもできます。

③ 　契約内容の見直し

　　定期借家契約の再契約は、新たな契約ですので、これを機に賃貸条件を見直すことも可能です。例えば、賃貸建物や給排水設備等の経年劣化、地域の賃料相場を考慮して賃料を改定したり、賃借人の高齢化を考慮して契約期間を当初の契約よりも短くしたりすることが考えられます。

　　ただし、定期借家契約である以上、借地借家法に定められた定期借家の枠内での見直しとなります。例えば、賃借人の申出による期間内解約について、床面積200㎡未満の居住用建物では、解約予告期間を1か月より長くすることはできません（借地借家38⑦）。

(9)　終身建物賃貸借契約 ■■■■■■■■■■■■■■■■■■■■■■■

　通常の建物賃貸借契約では、賃借人が死亡した場合、契約は当然には終了せず、借家権が相続されます。この場合、賃貸人には、①残置物の処理に手間がかかる、②相続人の有無が不明な場合、相続人を調査する必要が生じる、③相続人が複数名存在し、その相続関係が確定していない場合は、全員に対して解除の意思表示を行う必要が生じる、といった負担が生じます。このような負担を軽減する方法として、終身建物賃貸借契約を用いることが考えられます。

　終身建物賃貸借契約とは、高齢者居住安定確保法の定める要件を満たす契約であり、賃借人の死亡に至るまで存続し、かつ賃借人が死亡した時に、相続人が契約を承継することなく終了する建物賃貸借契約です（高齢居住安定52①・54二）。

　これにより、賃貸人にとっては、「賃借人が死亡した場合に契約は終了せず相続人に相続される」という通常の建物賃貸借契約の原則が修正されるので、安心して賃貸することができ、他方、賃借人である高齢者にとっても、生涯安心して同じ物件に居住することができるというメリットがあります。

　ただし、高齢者居住安定確保法62条は、賃借人が死亡した後において同居配偶者等を保護するため、同居配偶者等が継続して居住することができる制度を定めていますので、賃貸借契約の終了については、基本的には世帯単位で考える必要があります。

◆終身建物賃貸借契約を締結できる条件
① 　賃貸人の要件
　　終身賃貸事業者として都道府県知事から認可を受けること（高齢居住安定52①）。
② 　賃借人の要件（高齢居住安定52①）
　㋐　60歳以上の単身者
　㋑　60歳以上であって、配偶者と同居する者
　㋒　60歳以上であって、60歳以上の親族と同居する者
　　なお、60歳以上の者は同居する配偶者と共に賃借人になることもできます。
③ 　物件の要件
　㋐　物件の規模・設備が国土交通省令で定める基準に適合するものであること（高齢居住安定54一イ、高齢居住安定則33）
　　　（規模：一戸当たり床面積原則25m²以上、設備：各戸が台所、水洗便所、浴室等を具備していること）

　　ロ　物件の加齢対応構造等が、高齢者が日常生活を支障なく営むために必要な構造及び設備の基準として国土交通省令に定める基準に適合するものであること（高齢居住安定54一ロ、高齢居住安定則34）

　　　（原則として床に段差がないこと、便所・浴室・住戸内の階段に手すりを設けること等）

④　書面による契約

　　公正証書等の書面によって契約をすること（高齢居住安定52①）

　　なお、令和3年のデジタル改革関連法（令和3年法律37号）による法改正により、終身建物賃貸借契約がその内容を記録した電磁的記録によってなされた場合は、その契約は書面によるものとみなされることとなりました（高齢居住安定52②。なお、本書執筆時点では改正後の52条、54条等は未施行ですのでご注意ください。施行日は、令和3年5月19日から起算して1年を超えない範囲内において政令で定める日とされています。以下同じ。）。

◆終身建物賃貸借契約の特徴

①　仮入居

　　終身建物賃貸借契約の賃借人になろうとする者は、終身建物賃貸借に先立ち、1年以内の期間を定めた定期建物賃貸借により当該物件に仮入居することが認められています（高齢居住安定54二・三）。

②　契約の存続

　　賃借人の死亡に至るまで存続し、かつ、賃借人が死亡した時に終了します（高齢居住安定52①・54二）。

　　ただし、賃借人になろうとする者から特に申出があった場合は、期間の定めがあり契約の更新がなく、当該期間内に賃借人が死亡した時に契約が終了する内容の「期間付死亡時終了建物賃貸借契約」をすることができます（高齢居住安定57）。

③　同居配偶者等の保護

　　㋐　短期居住

　　　　賃借人（2人以上いるときは全ての賃借人）が死亡したとき、同居者が賃借人の死亡を知った日から1か月を経過する日までの間は、居住を継続することができます（高齢居住安定61）。

　　㋑　継続居住

　　　　賃借人（2人以上いるときは全ての賃借人）が死亡したとき、同居していた配偶者・60歳以上の親族（同居配偶者等）は、賃借人の死亡を知った日から1か月を経過する日までの間に、賃貸人に対し当該物件に引き続き居住する旨の申出を行えば、終身建物賃貸借契約を締結することができます（高齢居住安定62）。

④　賃料の支払

　　㋐　賃料の支払方法

　　　　①毎月支払う方法、②終身にわたる賃料全部前払の方法、③終身にわたる賃料一部の前払の方法の3種類があります（高齢居住安定54五・六）。

　　㋑　権利金等の受領の禁止

　　　　賃貸人は、賃借人から権利金その他借家権設定の対価を受領することができません（高齢居住安定54四）。

⑤　賃貸人による中途解約

　　　賃貸人は、次の㋐又は㋑の場合に限り、都道府県知事の承認を受けて、契約を中途解約することができます（高齢居住安定58）。

　　㋐　認可住宅の老朽、損傷、一部の滅失その他の事由により、家賃の価額その他の事情に照らし、当該認可住宅を、高齢者居住安定確保法54条1号に掲げる基準等を勘案して適切な規模、構造及び設備を有する賃貸住宅として維持し、又は当該賃貸住宅に回復するのに過分の費用を要するに至ったとき

　　㋑　賃借人（一戸の認可住宅に賃借人が2人以上いるときは、当該賃借人の全て）が認可住宅に長期間にわたって居住せず、かつ、当面居住する見込みがないことにより、当該認可住宅を適正に管理することが困難となったとき

⑥　賃借人による中途解約

　　　賃借人は、次の㋐～㋓のいずれかの場合に契約を中途解約することが認められ、㋐～㋒の場合は解約申入れの日から1か月経過後に、㋓の場合は解約申入れから6か月以上経過後のその日に契約が終了します（高齢居住安定59）。

　　㋐　療養、老人ホームへの入所その他のやむを得ない事情により、賃借人が認可住宅に居住することが困難となったとき

　　㋑　親族と同居するため、賃借人が認可住宅に居住する必要がなくなったとき

　　㋒　認可事業者が、高齢者居住安定確保法68条の規定による命令（改善命令）に違反したとき

　　㋓　解約期日が解約申入れの日から6か月以上経過する日に設定されているとき

⑦　賃料増減請求権

　　　賃料改定に係る特約により、借地借家法32条の規定（賃料増減請求権）の適用を排除することができます（高齢居住安定63）。

◆終身建物賃貸借契約書の内容

　　終身建物賃貸借契約書の内容は、高齢者居住安定確保法の定める終身建物賃貸借の規定に適合することが必要です。

　国土交通省が、終身建物賃貸借契約書のひな型として、「終身建物賃貸借標準契約書　令和3年6月版・家賃債務保証業者型」、「終身建物賃貸借標準契約書　令和3年6月版・連帯保証人型」、「定期建物賃貸借及び終身建物賃貸借標準契約書　令和3年6月版・家賃債務保証業者型」、「定期建物賃貸借及び終身建物賃貸借標準契約書　令和3年6月版・連帯保証人型」を公表していますので、参考にするとよいでしょう。

（10）　サービス付き高齢者向け住宅賃貸借契約 ■■■■■■■■■■■■■■

　高齢者にやさしい物件と介護・医療サービスを一体として提供することにより、高齢者が安心して生活できる住居を十分に確保することを目的として、高齢者居住安定確保法が平成23年に改正され、介護及び医療と連携して、高齢者を支援するサービス（状況把握サービス、生活相談サービス）を提供する「サービス付き高齢者向け住宅」の登録制度が創設されました（高齢居住安定3章）。

　サービス付き高齢者向け住宅制度では、登録事業者は、少なくとも高齢者生活支援サービスとして、状況把握サービスと生活相談サービスを入居者に提供することが義務付けられています（高齢居住安定7①五・18）。

　状況把握サービスとは、入居者の心身の状況を把握し、その状況に応じた一時的な便宜を供与するサービスをいい、生活相談サービスとは、入居者が日常生活を支障なく営むことができるようにするために入居者からの相談に応じ必要な助言を行うサービスをいいます（高齢居住安定5①）。

　このように、サービス付き高齢者向け住宅賃貸借契約には、高齢者生活支援サービスに関する契約が付随するという点に最大の特徴があるといえます。

◆サービス付き高齢者向け住宅の登録制度

　サービス付き高齢者向け住宅制度では、物件の規模、構造・設備、入居者の資格、高齢者生活支援サービスの内容、入居契約の内容等について、登録制度を採用しています（高齢居住安定6）。

　サービス付き高齢者向け住宅事業を行う者は、当該事業に係る賃貸住宅又は有料老人ホームを構成する建築物ごとに、都道府県知事の登録を受けることができます（高齢居住安定7）。

　登録基準の主な内容は、以下のとおりです。

① 　物件の規模、構造・設備について

　　終身建物賃貸借の場合（上記(9)◆終身建物賃貸借契約を締結できる条件の③）と

ほぼ同じ基準が設けられています（高齢居住安定7①一～三、国交省・厚労省高齢居住安定則8～10）。

② 入居者の資格

　　自ら居住するため賃貸住宅又は有料老人ホームを必要とする高齢者又は当該高齢者と同居する配偶者（内縁関係を含みます。）とするものであること（高齢居住安定7①四）

③ 高齢者生活支援サービスの内容

　　入居者に国土交通省令・厚生労働省令（国交省・厚労省高齢居住安定則11）に定める基準（物件の敷地内又は当該敷地に隣接、若しくは近接する土地上の建物に資格者が常駐すること、状況把握サービスを毎日1回以上提供することなど）に適合する状況把握サービス及び生活相談サービスを提供するものであること（高齢居住安定7①五）

④ 入居契約の内容

　　入居契約は、高齢者居住安定確保法7条1項6号に掲げる基準に適合していることが必要です。その主な内容は以下のとおりです。

　㋐　書面による契約であること（書面の作成に代えて電磁的記録を作成する場合における当該電磁的記録を含みます。）

　㋑　居住部分が明示されていること

　㋒　事業者が敷金、家賃、家賃等の前払金を除くほか、権利金その他の金銭を受領しない契約であること

　㋓　家賃等の前払金の算定の基礎及び事業者がその返還を行う場合の返還金の算定方法が明示されていること

　㋔　入居後一定期間内に契約が解除され、又は入居者の死亡により終了した場合に、事業者が家賃等の前払金を返還する定めがあること

　㋕　事業者が、入居者の病院への入院や心身の状況の変化を理由として、一方的に居住部分を変更し、又は契約を解除することができないものであること

◆登録事業者の業務

　サービス付き高齢者向け住宅の登録事業者には、以下の義務が課されています。

① 誤解を招くような広告の禁止（高齢居住安定15）

② 登録事項の情報開示（高齢居住安定16）

③ 契約締結前に、サービス内容や費用について書面を交付して説明すること（高齢居住安定17）（令和3年改正法（令和3年法律37号）施行後は、入居しようとする者の承諾があれば、この書面の交付に代えて、電磁的方法により提供することも認められま

す。なお、本書執筆時点では改正法は未施行ですのでご注意ください。施行日は、令和3年5月19日から起算して1年を超えない範囲内において政令で定める日とされています。）

④　入居契約に従って高齢者生活支援サービスを提供すること（高齢居住安定18）

◆サービス付き高齢者向け住宅賃貸借契約の契約書に盛り込む内容

　サービス付き高齢者向け住宅賃貸借契約（入居契約）の契約書には、上述の登録基準に適合する内容を盛り込む必要があります。

　なお、住居の利用に関する契約と高齢者生活支援サービスに関する契約とを別の契約書にすることも可能ですが、サービス付き高齢者向け住宅賃貸借契約の一体性からは、同一の契約書によることも考えられます。「サービス付き高齢者向け住宅情報提供システム」のウェブサイトに、契約形態に応じて4種類の参考契約書が掲載されていますので、ご参照ください。

2　重要事項説明・契約の締結

```
(1)　重要事項説明書の作成
(2)　重要事項の説明
(3)　契約内容の確認
(4)　契約の締結
```

(1)　重要事項説明書の作成 ■■■■■■■■■■■■■■■■■■■■■■■

　建物の賃貸借契約を媒介する宅建業者は、賃貸借契約が成立するまでの間に、宅地建物取引士をして、賃借人に対し、重要事項説明書を交付して説明をさせる義務があります（宅建業35）。重要事項説明書には、以下の事項を記載します（【参考書式9】参照）。

①　建物に関する重要事項
　・登記事項・建物の敷地の権利
　・法令に基づく制限の概要
　・飲用水・電気・ガスの供給施設及び排水施設の整備の状況
　・建物建築の工事完了時における建物の形状、構造等（未完成物件の場合）

　　　・建物状況調査の結果の概要

　　　・台所、浴室、便所その他の当該建物の設備の整備の状況

　　　・当該建物が造成宅地防災区域内か否か

　　　・当該建物が土砂災害警戒区域内か否か

　　　・当該建物が津波災害警戒区域内か否か

　　　・水害ハザードマップにおける当該建物の所在地

　　　・石綿使用調査の内容

　　　・耐震診断の内容

②　取引条件に関する重要事項

　　　・賃料と賃料以外に授受される金銭の額及びその目的

　　　・契約の解除に関する事項

　　　・損害賠償額の予定又は違約金に関する事項

　　　・支払金又は預り金の保全措置の概要

　　　・契約期間及び更新に関する事項

　　　・用途その他の利用制限等に関する事項

　　　・敷金等の精算に関する事項

　　　・管理の委託先

③　その他の重要事項

　　　・供託所等

　　　・その他の重要事項

　なお、令和3年のデジタル改革関連法（令和3年法律37号）による法改正により、上記の重要事項説明書の交付に代えて、賃借人の承諾を得て、当該書面に記載すべき内容を電磁的方法により提供させることができ、この場合、当該書面を交付させたものとみなされることとなりました（宅建業35⑧。なお、本書執筆時点では改正法は未施行ですのでご注意ください。施行日は、令和3年5月19日から起算して1年を超えない範囲内において政令で定める日とされています。）。

◆定期借家契約の場合の説明書面

　定期借家契約を締結する際には、賃貸人は賃借人に対し、借地借家法38条3項の規定に基づく事前説明に係る書面を交付する必要があります（前記 1 (8)参照）。

　この借地借家法38条3項の説明書面の交付・説明は、①重要事項説明書において、当該賃貸借契約が借地借家法38条1項の規定に基づく定期建物賃貸借契約であり、契約の更新がなく、期間の満了により終了する旨が記載されており、②当該重要事項説明書を賃借人に交付し、③賃貸人から代理権を授与された宅地建物取引士が重要事項説

明を行うことにより、宅地建物取引士として行う重要事項説明書の交付・説明と兼ねることも可能とされています（平30・2・28国土動133・国住賃23、平30・7・12事務連絡）。

この場合、重要事項説明書の「更新に関する事項」欄に、「本件住宅の賃貸借契約は、借地借家法第38条第1項の規定に基づく定期建物賃貸借契約であり、契約の更新がなく、期間の満了により賃貸借は終了しますので、期間の満了の日の翌日を始期とする新たな賃貸借契約（再契約）を締結する場合を除き、期間の満了の日までに、本件住宅を明け渡さなければなりません。」と記載します。

また、賃貸人の代理として行う説明書面の交付・説明と、宅地建物取引士として行う重要事項説明を合わせて実施することについて賃借人との間で誤解が生じないように措置をとるべきとされています。例えば、重要事項説明書に、本重要事項説明書の交付をもって、借地借家法38条3項の規定に基づく事前説明に係る書面の交付を兼ねること及び賃貸人から代理権を授与された宅地建物取引士が行う重要事項説明は借地借家法38条3項の規定に基づき賃貸人が行う事前説明を兼ねることを記載した上で交付するなどの方法が考えられます。

なお、前述の令和3年法改正により、借地借家法38条3項の規定に基づく説明書面の交付に代えて、賃借人の承諾を得て、説明書面に記載すべき内容を電磁的方法により提供することができ、この場合、説明書面を交付したものとみなされることとなりました（借地借家38④。なお、本書執筆時点では改正法は未施行ですのでご注意ください。施行日は、令和3年5月19日から起算して1年を超えない範囲内において政令で定める日とされています。）。

(2)　重要事項の説明 ■■■■■■■■■■■■■■■■■■■■■■■■■■■■

重要事項の説明は、必ず宅地建物取引士が行わなければなりません（宅建業35①柱書）。その際、説明の相手方に対し宅地建物取引士証を提示することが義務付けられています（宅建業35④）。

重要事項の説明は、必ず重要事項説明書を交付した上、頭書も含めて全文を朗読して、入居希望者が十分理解できるように丁寧に説明します。特に入居希望者が高齢者である場合、理解力が低下していることもありますので、単に重要事項説明書を朗読するだけでなく、平易な言葉に置き換えるなどして、丁寧な説明を心掛けましょう。入居希望者本人の理解力に不安がある場合は、できるだけ、普段身の回りの世話をしている人などにも同席してもらって、本人が十分に理解しているかどうかを確認しながらより丁寧に説明するのが望ましいでしょう。

```
┌─────────────────────────────────────────────────────────┐
│                      アドバイス                          │
│                                                          │
```

○IT重説

　宅地建物取引士による重要事項説明はこれまで対面によることが要求されてきました。しかし、IT技術の進歩に伴い、平成29年10月1日より、不動産の賃貸取引において一定の条件の下でITを活用した重要事項説明（IT重説）が解禁されています。

　国土交通省における宅建業法の解釈及び運用の考え方を示している「宅地建物取引業法の解釈・運用の考え方」（平成13年1月6日国総動発第3号　令和3年3月改正、以下「不動産業課長通知」といいます。）では、IT重説を対面による宅建業法35条の重要事項説明と同様に取り扱うものとしています。この不動産業課長通知では、対面の重要事項説明と同様とみなすための四つの要件を以下のとおり定めています。

① 宅地建物取引士及び重要事項の説明を受けようとする者が、図面等の書類及び説明の内容について十分に理解できる程度に映像を視認でき、かつ、双方が発する音声を十分に聞き取ることができるとともに、双方向でやりとりできる環境において実施していること

② 宅地建物取引士により記名押印された重要事項説明書及び添付書類を、重要事項の説明を受けようとする者にあらかじめ送付していること

③ 重要事項の説明を受けようとする者が、重要事項説明書及び添付書類を確認しながら説明を受けることができる状態にあること並びに映像及び音声の状況について、宅地建物取引士が重要事項の説明を開始する前に確認していること

④ 宅地建物取引士が、宅地建物取引士証を提示し、重要事項の説明を受けようとする者が、当該宅地建物取引士証を画面上で視認できたことを確認していること

　IT重説については、国土交通省より実施マニュアルが公表されていますので（「ITを活用した重要事項説明実施マニュアル」令和3年3月、国土交通省不動産・建設経済局不動産業課）、こちらも参考にしてください。

（3）　契約内容の確認 ■■■■■■■■■■■■■■■■■■■■■■■■■■■

　建物賃貸借契約を締結する前に、契約当事者間で契約の内容について確認します。

　賃料や共益費等の支払方法については、高齢賃借人は、銀行での振込手続が困難な場合もありますので、そのような場合には、自動引落しの手続を案内するなどの配慮も必要となります。年金受給者の場合は、なるべく年金の振込口座を賃料等の引落口座にしてもらうのが望ましいでしょう。生活保護受給者の場合は、福祉事務所から貸主に直接、住宅扶助費（共益費を含みます。）が支払われる代理納付制度（生活保護37の2）を利用することも検討すべきでしょう。

┌─────────────────────────────┐
　　　　　　　　　　　　アドバイス
└─────────────────────────────┘

○代理納付制度

　　代理納付制度は、住宅扶助費が家賃支払に的確に充てられるようにするため、平成17年の生活保護法改正により創設された制度です。平成26年7月以降は共益費（生活扶助費に含まれます。）についても代理納付が可能となっています。

　　令和2年3月31日、厚生労働省は、通知（平18・3・31社援保発0331008）を改正し、高齢単身者又は高齢者のみの世帯や低所得者世帯等が安心して地域で暮らしていくため、大家が抱える不安に対する対策が必要であるとして、各自治体に対し住宅扶助の代理納付の活用を求めるとともに、「家賃等を滞納している者」「公営住宅の入居者」及び「住宅確保要配慮者に対する賃貸住宅の供給の促進に関する法律（住宅セーフティネット法）による登録事業者が提供する登録住宅に新たに入居する者」については住宅扶助の代理納付を原則化するよう求めています。

　　代理納付制度の実施状況は、各自治体によって異なり、特に民営の賃貸住宅についての活用は全国的に低調ですが（令和元年7月の調査で18.4％）、上記厚生労働省の通知の改正もあり、今後は活用が広がっていく可能性もあると思われます。

(4)　契約の締結 ■■■■■■■■■■■■■■■■■■■■■■■■■■■■■■■■■■■

　賃貸借契約を締結する際には、契約当事者が一堂に会し、宅建業者の立会いの下で契約を締結するのが原則ですが、連帯保証人は契約に立ち会わないことも多いでしょう。連帯保証人が立ち会わない場合には、事前に賃貸借契約書上に連帯保証人の署名・押印をしてもらうとともに、印鑑証明書等の身分証明書類も提出してもらう必要があります。

◆賃借人となる人が法定後見制度を利用している場合の注意点

　賃借人となる人が高齢の場合は、法定後見制度（成年後見、保佐、補助）を利用しているケースも珍しくありません（本章第1②(2)参照）。その場合、契約締結の際には以下の点に注意する必要があります。

① 成年被後見人の場合

　成年被後見人を賃借人とする場合は、法定代理人である成年後見人（民859①）との間で賃貸借契約を締結する必要があります。この場合、成年後見人選任の証明として後見の登記事項証明書、成年後見人の身分証明として印鑑登録証明書等を提出してもらいます。

② 被保佐人の場合

　被保佐人が3年を超える建物賃貸借契約を締結する場合（民13①九・602三）や、3年を超えない建物賃貸借契約であっても、審判で保佐人の同意を得なければならない旨定められている場合（民13②）には、保佐人の同意を得る必要があります。この場合、保佐人選任の証明として保佐の登記事項証明書を提出してもらうとともに、保佐人の署名・押印のある同意書を提出してもらうか、賃貸借契約書上に保佐人の同意がある旨を明示し、保佐人に署名・押印をしてもらいます。

　なお、保佐人には原則として代理権はありません。したがって、保佐人の同意を要しない場合や保佐人の同意を得た場合は、原則として被保佐人自身が賃貸借契約を締結します。ただし、賃貸借契約の締結について保佐人に代理権を付与する旨の審判（民876の4）がある場合は、保佐人が代理人として賃貸借契約を締結することもできます。この場合、登記事項証明書の代理行為目録で代理権の有無を確認します。

③ 被補助人の場合

　被補助人の場合、3年を超える建物賃貸借契約について、審判で同意を要する旨定められた場合のみ、補助人の同意が必要となります（民17①ただし書・602三）。したがって、3年を超える建物賃貸借契約の場合は、補助の登記事項証明書の同意行為目録を確認する必要があります。

　補助人の代理権については、保佐人の場合と同様です（民876の9）。

【参考書式6】賃貸住宅標準契約書

賃貸住宅標準契約書

頭書

(1)　賃貸借の目的物

建物の名称・所在地等	名　　　称	○○○○				
	所　在　地	○○県○○市○○○－○－○				
	建　て　方	共　同　建 長　屋　建 一　戸　建 そ　の　他	構　造	木造 非木造（鉄筋コンクリート造） ○　階建	工事完了年 平成○　年 大規模修繕を （　　　）年 実　　施
			戸　数	○　戸	
住戸部分	住戸番号	○　号室	間取り	（　○　）LDK・DK・K／ワンルーム／		
	面　　積	○　m²	（それ以外に、バルコニー＿＿＿＿m²）			
	設備等	トイレ	専用（水洗・非水洗）・共用（水洗・非水洗）			
		浴室	有・無			
		シャワー	有・無			
		洗面台	有・無			
		洗濯機置場	有・無			
		給湯設備	有・無			
		ガスコンロ・電気コンロ・IH調理器	有・無			
		冷暖房設備	有・無			
		備え付け照明設備	有・無			
		オートロック	有・無			
		地デジ対応・CATV対応	有・無			
		インターネット対応	有・無			
		メールボックス	有・無			
		宅配ボックス	有・無			
		鍵	有・無　（鍵No.　○○○○　・　○　本）			
			有・無			
			有・無			
		使用可能電気容量	（　　○　　）アンペア			
		ガス	有（都市ガス・プロパンガス）・無			
		上水道	水道本管より直結・受水槽・井戸水			
		下水道	有（公共下水道・浄化槽）・無			
附属施設		駐車場	含む・含まない	＿＿＿台分（位置番号：＿＿＿＿＿）		
		バイク置場	含む・含まない	＿＿＿台分（位置番号：＿＿＿＿＿）		
		自転車置場	含む・含まない	＿＿＿台分（位置番号：＿＿＿＿＿）		
		物置	含む・含まない			
		専用庭	含む・含まない			
			含む・含まない			
			含む・含まない			

(2)　契約期間

始　期	令和○　年　　○　月　　○　日から	○　年　　　月間
終　期	令和○　年　　○　月　　○　日まで	

(3)　賃料等

賃料・共益費		支払期限	支払方法	
賃　料	○○○○○　円	当月分・翌月分を 毎月　○　日まで	振込、 口座 振替 又は 持参	振込先金融機関名：○○銀行 　　　　　　　　　　　○○支店 預金：普通・当座 口座番号：○○○○○○○○ 口座名義人：○○○○ 振込手数料負担者：貸主・借主
共益費	○○○○○　円	当月分・翌月分を 毎月　○　日まで		持参先：
敷　金	賃料　○　か月相当分 ○○○○○円	その他 一時金		
附属施設使用料				
そ　の　他				

(4)　貸主及び管理業者

貸　主 （社名・代表者）	住　所　〒○○○－○○○○　　○○県○○市○○○－○－○ 氏　名　○○○○　　　　　　　電話番号　○○－○○○○－○○○○
管理業者 （社名・代表者）	所在地　〒○○○－○○○○　　○○県○○市○○○－○－○ 商号（名称）○○○○　　　　　電話番号　○○－○○○○－○○○○ 賃貸住宅管理業者登録番号　国土交通大臣（○）第　○○○○○　号

＊貸主と建物の所有者が異なる場合は、次の欄も記載すること。

建物の所有者	住　所　〒 氏　名　　　　　　　　　　　電話番号

(5)　借主及び同居人

氏　名	借　　主	同　居　人
	（氏名）●●●● （年齢）　　　○　歳 （電話番号） 　○○－○○○○－○○○○	（氏名）　　　　　　　　　（年齢）　　歳 （氏名）　　　　　　　　　（年齢）　　歳 （氏名）　　　　　　　　　（年齢）　　歳 　　　　　　　　　　　　　合計　　　人
緊急時の連絡先	住　所　〒○○○－○○○○　　○○県○○市○○○－○－○ 氏　名　□□□□　　電話番号　○○－○○○○－○○○○　借主との関係　弟	

(6)　連帯保証人及び極度額

連帯保証人	住　所　〒○○○－○○○○　　○○県○○市○○○－○－○ 氏　名　□□□□　　電話番号　○○－○○○○－○○○○
極　度　額	契約時の月額賃料の○か月相当分

（契約の締結）

第1条　貸主（以下「甲」という。）及び借主（以下「乙」という。）は、頭書(1)に記載する
　　賃貸借の目的物（以下「本物件」という。）について、以下の条項により賃貸借契約（以下
　　「本契約」という。）を締結した。

（契約期間及び更新）

第2条　契約期間は、頭書(2)に記載するとおりとする。

2　甲及び乙は、協議の上、本契約を更新することができる。

（使用目的）

第3条　乙は、居住のみを目的として本物件を使用しなければならない。

（賃料）

第4条　乙は、頭書(3)の記載に従い、賃料を甲に支払わなければならない。

2　1か月に満たない期間の賃料は、1か月を30日として日割計算した額とする。

3　甲及び乙は、次の各号の一に該当する場合には、協議の上、賃料を改定することができ
　　る。

　　一　土地又は建物に対する租税その他の負担の増減により賃料が不相当となった場合

　　二　土地又は建物の価格の上昇又は低下その他の経済事情の変動により賃料が不相当と
　　　　なった場合

　　三　近傍同種の建物の賃料に比較して賃料が不相当となった場合

（共益費）

第5条　乙は、階段、廊下等の共用部分の維持管理に必要な光熱費、上下水道使用料、清掃
　　費等（以下この条において「維持管理費」という。）に充てるため、共益費を甲に支払うも
　　のとする。

2　前項の共益費は、頭書(3)の記載に従い、支払わなければならない。

3　1か月に満たない期間の共益費は、1か月を30日として日割計算した額とする。

4　甲及び乙は、維持管理費の増減により共益費が不相当となったときは、協議の上、共益
　　費を改定することができる。

（敷金）

第6条　乙は、本契約から生じる債務の担保として、頭書(3)に記載する敷金を甲に交付す
　　るものとする。

2　甲は、乙が本契約から生じる債務を履行しないときは、敷金をその債務の弁済に充てる
　　ことができる。この場合において、乙は、本物件を明け渡すまでの間、敷金をもって当該
　　債務の弁済に充てることを請求することができない。

3　甲は、本物件の明渡しがあったときは、遅滞なく、敷金の全額を乙に返還しなければな
　　らない。ただし、本物件の明渡し時に、賃料の滞納、第15条に規定する原状回復に要する
　　費用の未払いその他の本契約から生じる乙の債務の不履行が存在する場合には、甲は、当
　　該債務の額を敷金から差し引いた額を返還するものとする。

4　前項ただし書の場合には、甲は、敷金から差し引く債務の額の内訳を乙に明示しなければならない。

（反社会的勢力の排除）

第7条　甲及び乙は、それぞれ相手方に対し、次の各号の事項を確約する。

一　自らが、暴力団、暴力団関係企業、総会屋若しくはこれらに準ずる者又はその構成員（以下総称して「反社会的勢力」という。）ではないこと。

二　自らの役員（業務を執行する社員、取締役、執行役又はこれらに準ずる者をいう。）が反社会的勢力ではないこと。

三　反社会的勢力に自己の名義を利用させ、この契約を締結するものでないこと。

四　自ら又は第三者を利用して、次の行為をしないこと。

ア　相手方に対する脅迫的な言動又は暴力を用いる行為

イ　偽計又は威力を用いて相手方の業務を妨害し、又は信用を毀損する行為

2　乙は、甲の承諾の有無にかかわらず、本物件の全部又は一部につき、反社会的勢力に賃借権を譲渡し、又は転貸してはならない。

（禁止又は制限される行為）

第8条　乙は、甲の書面による承諾を得ることなく、本物件の全部又は一部につき、賃借権を譲渡し、又は転貸してはならない。

2　乙は、甲の書面による承諾を得ることなく、本物件の増築、改築、移転、改造若しくは模様替又は本物件の敷地内における工作物の設置を行ってはならない。

3　乙は、本物件の使用に当たり、別表第1に掲げる行為を行ってはならない。

4　乙は、本物件の使用に当たり、甲の書面による承諾を得ることなく、別表第2に掲げる行為を行ってはならない。

5　乙は、本物件の使用に当たり、別表第3に掲げる行為を行う場合には、甲に通知しなければならない。

（契約期間中の修繕）

第9条　甲は、乙が本物件を使用するために必要な修繕を行わなければならない。この場合の修繕に要する費用については、乙の責めに帰すべき事由により必要となったものは乙が負担し、その他のものは甲が負担するものとする。

2　前項の規定に基づき甲が修繕を行う場合は、甲は、あらかじめ、その旨を乙に通知しなければならない。この場合において、乙は、正当な理由がある場合を除き、当該修繕の実施を拒否することができない。

3　乙は、本物件内に修繕を要する箇所を発見したときは、甲にその旨を通知し修繕の必要について協議するものとする。

4　前項の規定による通知が行われた場合において、修繕の必要が認められるにもかかわらず、甲が正当な理由なく修繕を実施しないときは、乙は自ら修繕を行うことができる。この場合の修繕に要する費用については、第1項に準ずるものとする。

5　乙は、別表第4に掲げる修繕について、第1項に基づき甲に修繕を請求するほか、自ら行

うことができる。乙が自ら修繕を行う場合においては、修繕に要する費用は乙が負担するものとし、甲への通知及び甲の承諾を要しない。

（契約の解除）

第10条　甲は、乙が次に掲げる義務に違反した場合において、甲が相当の期間を定めて当該義務の履行を催告したにもかかわらず、その期間内に当該義務が履行されないときは、本契約を解除することができる。

　　一　第4条第1項に規定する賃料支払義務

　　二　第5条第2項に規定する共益費支払義務

　　三　前条第1項後段に規定する乙の費用負担義務

2　甲は、乙が次に掲げる義務に違反した場合において、甲が相当の期間を定めて当該義務の履行を催告したにもかかわらず、その期間内に当該義務が履行されずに当該義務違反により本契約を継続することが困難であると認められるに至ったときは、本契約を解除することができる。

　　一　第3条に規定する本物件の使用目的遵守義務

　　二　第8条各項に規定する義務（同条第3項に規定する義務のうち、別表第1第六号から第八号に掲げる行為に係るものを除く。）

　　三　その他本契約書に規定する乙の義務

3　甲又は乙の一方について、次のいずれかに該当した場合には、その相手方は、何らの催告も要せずして、本契約を解除することができる。

　　一　第7条第1項各号の確約に反する事実が判明した場合

　　二　契約締結後に自ら又は役員が反社会的勢力に該当した場合

4　甲は、乙が第7条第2項に規定する義務に違反した場合又は別表第1第六号から第八号に掲げる行為を行った場合には、何らの催告も要せずして、本契約を解除することができる。

（乙からの解約）

第11条　乙は、甲に対して少なくとも30日前に解約の申入れを行うことにより、本契約を解約することができる。

2　前項の規定にかかわらず、乙は、解約申入れの日から30日分の賃料（本契約の解約後の賃料相当額を含む。）を甲に支払うことにより、解約申入れの日から起算して30日を経過する日までの間、随時に本契約を解約することができる。

（一部滅失等による賃料の減額等）

第12条　本物件の一部が滅失その他の事由により使用できなくなった場合において、それが乙の責めに帰することができない事由によるものであるときは、賃料は、その使用できなくなった部分の割合に応じて、減額されるものとする。この場合において、甲及び乙は、減額の程度、期間その他必要な事項について協議するものとする。

2　本物件の一部が滅失その他の事由により使用できなくなった場合において、残存する部分のみでは乙が賃借をした目的を達することができないときは、乙は、本契約を解除することができる。

（契約の終了）

第13条　本契約は、本物件の全部が滅失その他の事由により使用できなくなった場合には、これによって終了する。

（明渡し）

第14条　乙は、本契約が終了する日までに（第10条の規定に基づき本契約が解除された場合にあっては、直ちに）、本物件を明け渡さなければならない。

2　乙は、前項の明渡しをするときには、明渡し日を事前に甲に通知しなければならない。

（明渡し時の原状回復）

第15条　乙は、通常の使用に伴い生じた本物件の損耗及び本物件の経年変化を除き、本物件を原状回復しなければならない。ただし、乙の責めに帰することができない事由により生じたものについては、原状回復を要しない。

2　甲及び乙は、本物件の明渡し時において、契約時に特約を定めた場合は当該特約を含め、別表第5の規定に基づき乙が行う原状回復の内容及び方法について協議するものとする。

（立入り）

第16条　甲は、本物件の防火、本物件の構造の保全その他の本物件の管理上特に必要があるときは、あらかじめ乙の承諾を得て、本物件内に立ち入ることができる。

2　乙は、正当な理由がある場合を除き、前項の規定に基づく甲の立入りを拒否することはできない。

3　本契約終了後において本物件を賃借しようとする者又は本物件を譲り受けようとする者が下見をするときは、甲及び下見をする者は、あらかじめ乙の承諾を得て、本物件内に立ち入ることができる。

4　甲は、火災による延焼を防止する必要がある場合その他の緊急の必要がある場合においては、あらかじめ乙の承諾を得ることなく、本物件内に立ち入ることができる。この場合において、甲は、乙の不在時に立ち入ったときは、立入り後その旨を乙に通知しなければならない。

（連帯保証人）

第17条　連帯保証人（以下「丙」という。）は、乙と連帯して、本契約から生じる乙の債務を負担するものとする。本契約が更新された場合においても、同様とする。

2　前項の丙の負担は、頭書(6)及び記名押印欄に記載する極度額を限度とする。

3　丙が負担する債務の元本は、乙又は丙が死亡したときに、確定するものとする。

4　丙の請求があったときは、甲は、丙に対し、遅滞なく、賃料及び共益費等の支払状況や滞納金の額、損害賠償の額等、乙の全ての債務の額等に関する情報を提供しなければならない。

（協議）

第18条　甲及び乙は、本契約書に定めがない事項及び本契約書の条項の解釈について疑義が生じた場合は、民法その他の法令及び慣行に従い、誠意をもって協議し、解決するものとする。

（特約条項）

第19条　第18条までの規定以外に、本契約の特約については、下記のとおりとする。

甲：〇〇〇〇　　　　　印

乙：●●●●　　　　　印

別表第1（第8条第3項関係）

一	銃砲、刀剣類又は爆発性、発火性を有する危険な物品等を製造又は保管すること。
二	大型の金庫その他の重量の大きな物品等を搬入し、又は備え付けること。
三	排水管を腐食させるおそれのある液体を流すこと。
四	大音量でテレビ、ステレオ等の操作、ピアノ等の演奏を行うこと。
五	猛獣、毒蛇等の明らかに近隣に迷惑をかける動物を飼育すること。
六	本物件を、反社会的勢力の事務所その他の活動の拠点に供すること。
七	本物件又は本物件の周辺において、著しく粗野若しくは乱暴な言動を行い、又は威勢を示すことにより、付近の住民又は通行人に不安を覚えさせること。
八	本物件に反社会的勢力を居住させ、又は反復継続して反社会的勢力を出入りさせること。

別表第2（第8条第4項関係）

一	階段、廊下等の共用部分に物品を置くこと。
二	階段、廊下等の共用部分に看板、ポスター等の広告物を掲示すること。
三	観賞用の小鳥、魚等であって明らかに近隣に迷惑をかけるおそれのない動物以外の犬、猫等の動物（別表第1第五号に掲げる動物を除く。）を飼育すること。

別表第3（第8条第5項関係）

一	頭書(5)に記載する同居人に新たな同居人を追加（出生を除く。）すること。
二	1か月以上継続して本物件を留守にすること。

別表第4（第9条第5項関係）

ヒューズの取替え	蛇口のパッキン、コマの取替え
風呂場等のゴム栓、鎖の取替え	電球、蛍光灯の取替え
その他費用が軽微な修繕	

別表第5（第15条関係）

【原状回復の条件について】
　本物件の原状回復条件は、下記Ⅱの「例外としての特約」による以外は、賃貸住宅の原状回復に関する費用負担の一般原則の考え方によります。すなわち、
・　借主の故意・過失、善管注意義務違反、その他通常の使用方法を超えるような使用による損耗等については、借主が負担すべき費用となる。なお、震災等の不可抗力による損耗、上階の居住者など借主と無関係な第三者がもたらした損耗等については、借主が負担すべきものではない。
・　建物・設備等の自然的な劣化・損耗等（経年変化）及び借主の通常の使用により生ずる損耗等（通常損耗）については、貸主が負担すべき費用となる
ものとします。
　その具体的な内容は、国土交通省の「原状回復をめぐるトラブルとガイドライン（再改訂版）」において定められた別表1及び別表2のとおりですが、その概要は、下記Ⅰのとおりです。

Ⅰ　本物件の原状回復条件
（ただし、民法第90条並びに消費者契約法第8条、第8条の2、第9条及び第10条に反しない内容に関して、下記Ⅱの「例外としての特約」の合意がある場合は、その内容によります。）

　1　貸主・借主の修繕分担表

貸主の負担となるもの	借主の負担となるもの
【床（畳・フローリング・カーペットなど）】	
1．畳の裏返し、表替え（特に破損してないが、次の入居者確保のために行うもの） 2．フローリングのワックスがけ 3．家具の設置による床、カーペットのへこみ、設置跡 4．畳の変色、フローリングの色落ち（日照、建物構造欠陥による雨漏りなどで発生したもの）	1．カーペットに飲み物等をこぼしたことによるシミ、カビ（こぼした後の手入れ不足等の場合） 2．冷蔵庫下のサビ跡（サビを放置し、床に汚損等の損害を与えた場合） 3．引越作業等で生じた引っかきキズ 4．フローリングの色落ち（借主の不注意で雨が吹き込んだことなどによるもの）
【壁、天井（クロスなど）】	
1．テレビ、冷蔵庫等の後部壁面の黒ずみ（いわゆる電気ヤケ） 2．壁に貼ったポスターや絵画の跡 3．壁等の画鋲、ピン等の穴（下地ボードの張替えは不要な程度のもの） 4．エアコン（借主所有）設置による壁のビス穴、跡 5．クロスの変色（日照などの自然現象によるもの）	1．借主が日常の清掃を怠ったための台所の油汚れ（使用後の手入れが悪く、ススや油が付着している場合） 2．借主が結露を放置したことで拡大したカビ、シミ（貸主に通知もせず、かつ、拭き取るなどの手入れを怠り、壁等を腐食させた場合） 3．クーラーから水漏れし、借主が放置したため壁が腐食 4．タバコ等のヤニ、臭い（喫煙等によりクロス等が変色したり、臭いが付着している場合） 5．壁等のくぎ穴、ネジ穴（重量物をかけるためにあけたもので、下地ボードの張替えが必要な程度のもの） 6．借主が天井に直接つけた照明器具の跡 7．落書き等の故意による毀損
【建具等、襖、柱等】	
1．網戸の張替え（特に破損はしてないが、次の入居者確保のために行うもの） 2．地震で破損したガラス 3．網入りガラスの亀裂（構造により自然に発生したもの）	1．飼育ペットによる柱等のキズ、臭い（ペットによる柱、クロス等にキズが付いたり、臭いが付着している場合） 2．落書き等の故意による毀損
【設備、その他】	
1．専門業者による全体のハウスクリーニング（借主が通常の清掃を実施している場合） 2．エアコンの内部洗浄（喫煙等の臭いなどが付着していない場合） 3．消毒（台所・トイレ） 4．浴槽、風呂釜等の取替え（破損等はしてないが、次の入居者確保のために行う場合） 5．鍵の取替え（破損、鍵紛失のない場合） 6．設備機器の故障、使用不能（機器の寿命によるもの）	1．ガスコンロ置き場、換気扇等の油汚れ、すす（借主が清掃・手入れを怠った結果汚損が生じた場合） 2．風呂、トイレ、洗面台の水垢、カビ等（借主が清掃・手入れを怠った結果汚損が生じた場合） 3．日常の不適切な手入れ又は用法違反による設備の毀損 4．鍵の紛失又は破損による取替え 5．戸建賃貸住宅の庭に生い茂った雑草

2　借主の負担単位

負担内容			借主の負担単位	経過年数等の考慮
床	毀損部分の補修	畳	原則一枚単位 毀損部分が複数枚の場合はその枚数分（裏返しか表替えかは、毀損の程度による）	（畳表） 経過年数は考慮しない。
		カーペット クッションフロア	毀損等が複数箇所の場合は、居室全体	（畳床・カーペット・クッションフロア） 6年で残存価値1円となるような負担割合を算定する。
		フローリング	原則m²単位 毀損等が複数箇所の場合は、居室全体	（フローリング） 補修は経過年数を考慮しない。 （フローリング全体にわたる毀損等があり、張り替える場合は、当該建物の耐用年数で残存価値1円となるような負担割合を算定する。）
壁・天井（クロス）	毀損部分の補修	壁（クロス）	m²単位が望ましいが、借主が毀損した箇所を含む一面分までは張替え費用を借主負担としてもやむをえないとする。	（壁〔クロス〕） 6年で残存価値1円となるような負担割合を算定する。
		タバコ等のヤニ、臭い	喫煙等により当該居室全体においてクロス等がヤニで変色したり臭いが付着した場合のみ、居室全体のクリーニング又は張替え費用を借主負担とすることが妥当と考えられる。	
建具・柱	毀損部分の補修	襖	1枚単位	（襖紙、障子紙） 経過年数は考慮しない。
		柱	1本単位	（襖、障子等の建具部分、柱） 経過年数は考慮しない。
設備・その他	設備の補修	設備機器	補修部分、交換相当費用	（設備機器） 耐用年数経過時点で残存価値1円となるような直線（又は曲線）を想定し、負担割合を算定する。
	返鍵の返却	鍵	補修部分 紛失の場合は、シリンダーの交換も含む。	鍵の紛失の場合は、経過年数は考慮しない。交換費用相当分を借主負担とする。
	通常の清掃※	クリーニング ※通常の清掃や退去時の清掃を怠った場合のみ	部位ごと、又は住戸全体	経過年数は考慮しない。借主負担となるのは、通常の清掃を実施していない場合で、部位又は住戸全体の清掃費用相当分を借主負担とする。

設備等の経過年数と借主負担割合（耐用年数6年及び8年、定額法の場合）
借主負担割合（原状回復義務がある場合）

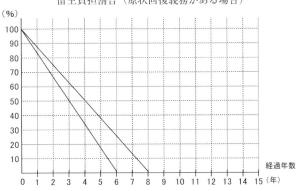

3　原状回復工事施工目安単価
　　（物件に応じて、空欄に「対象箇所」、「単位」、「単価（円）」を記入して使用してください。）

対象箇所		単位	単価（円）
床			
天井・壁			
建具・柱			
設備・その他	共通			
	玄関・廊下			
	台所・キッチン			
	浴室・洗面所・トイレ			
その他			

※この単価は、あくまでも目安であり、入居時における借主・貸主双方で負担の概算額を認識するためのものです。

※従って、退去時においては、資材の価格や在庫状況の変動、毀損の程度や原状回復施工方法等を考慮して、借主・貸主双方で協議した施工単価で原状回復工事を実施することとなります。

Ⅱ　例外としての特約
　原状回復に関する費用の一般原則は上記のとおりですが、借主は、例外として、下記の費用については、借主の負担とすることに合意します（ただし、民法第90条並びに消費者契約法第8条、第8条の2、第9条及び第10条に反しない内容に限ります）。
　（括弧内は、本来は貸主が負担すべきものである費用を、特別に借主が負担することとする理由。）

・

甲：　　　　　　　　印
乙：　　　　　　　　印

記名押印欄

　下記貸主（甲）と借主（乙）は、本物件について上記のとおり賃貸借契約を締結し、また甲と連帯保証人（丙）は、上記のとおり乙の債務について保証契約を締結したことを証するため、本契約書3通を作成し、甲乙丙記名押印の上、各自その1通を保有する。

　　　令和○　年　　　○　月　　　○　日

貸主（甲）　　住所　〒○○○−○○○○　　○○県○○市○○○−○−○
　　　　　　　氏名　○○○○　　　　　　　　　　　　　　　　　　　　　㊞
　　　　　　　電話番号　○○−○○○○−○○○○

借主（乙）　　住所　〒○○○−○○○○　　○○県○○市○○○−○−○
　　　　　　　氏名　●●●●　　　　　　　　　　　　　　　　　　　　　㊞
　　　　　　　電話番号　○○−○○○○−○○○○

連帯保証人　　住所　〒○○○−○○○○　　○○県○○市○○○−○−○
（丙）　　　　氏名　□□□□　　　　　　　　　　　　　　　　　　　　　㊞
　　　　　　　電話番号　○○−○○○○−○○○○
　　　　　　　極度額　契約時の月額賃料の○か月相当分

媒介
　　業者　　　免許証番号〔　　　　　〕知事・国土交通大臣（　　　　　）第　　　　　号
代理

　　　　　　　事務所所在地

　　　　　　　商号（名称）

　　　　　　　代表者氏名　　　　　　　　　　　　　　　　印

　　　　　　　宅地建物取引士　　　　　登録番号〔　　　　　〕知事　第　　　　　号

　　　　　　　　　　　　　　　　　　　氏名　　　　　　　　　　　　印

「賃貸住宅標準契約書 平成30年3月版・連帯保証人型」（国土交通省）（https://www.mlit.go.jp/common/001230366.pdf（2022.2.1））を加工して作成

【参考書式7】定期賃貸住宅標準契約書

定期賃貸住宅標準契約書

頭書

(1)　賃貸借の目的物

建物の名称・所在地等	名　　称	○○○○			
	所 在 地	○○県○○市○○○-○-○			
	建 て 方	⑤共 同 建 長 屋 建 一 戸 建 そ の 他	構 造	木造 ⑪非木造（鉄筋コンクリート造） 　　　　　　　　　　○　階建	工事完了年 平成○　年 （大規模修繕を （　　　）年 実　　施）
			戸 数	○　戸	
住戸部分	住 戸 番 号	○　号室	間取り	（ ○ ）⑤LDK・DK・K／ワンルーム／	
	面　　積	○　m²　　（それ以外に、バルコニー＿＿＿＿＿m²）			
	設備等	トイレ 浴室 シャワー 洗面台 洗濯機置場 給湯設備 ガスコンロ・電気コンロ・IH調理器 冷暖房設備 備え付け照明設備 オートロック 地デジ対応・CATV対応 インターネット対応 メールボックス 宅配ボックス 鍵	⑤専用（⑤水洗・非水洗）・共用（水洗・非水洗） ⑥・無 ⑥・無 ⑥・無 ⑥・無 ⑥・無 ⑥・無 ⑥・無 ⑥・無 ⑥・無 ⑥・無 ⑥・無 ⑥・無 ⑥・無 ⑥・無　　（鍵 No.　○○○○　・　　○　本） 有・無 有・無		
		使用可能電気容量 ガス 上水道 下水道	（　　○　　）アンペア ⑥（⑤都市ガス・プロパンガス）・無 水道本管より直結・⑤受水槽・井戸水 ⑥（⑤公共下水道・浄化槽）・無		
附 属 施 設		駐車場 バイク置場 自転車置場 物置 専用庭	含む・⑤含まない 含む・⑤含まない 含む・⑤含まない 含む・⑤含まない 含む・⑤含まない 含む・含まない 含む・含まない	台分（位置番号：＿＿＿＿＿） 台分（位置番号：＿＿＿＿＿） 台分（位置番号：＿＿＿＿＿）	

(2)　契約期間

始　期	令和○　年　　　○　月　　○　日から	○　年　　　月間
終　期	令和○　年　　　○　月　　○　日まで	

（契約終了の通知をすべき期間　令和○　年　○　月　○　日から　令和○　年　○　月　○　日まで）

(3)　賃料等

賃料・共益費		支払期限	支払方法	
賃　料	○○○○○　円	当月分・翌月分を 毎月　○　日まで	振込 口　座 振　替 又　は 持　参	振込先金融機関名：○○銀行 　　　　　　　　　　○○支店 預金：普通・当座 口座番号：○○○○○○○ 口座名義人：○○○○ 振込手数料負担者：貸主・借主
共益費	○○○○○　円	当月分・翌月分を 毎月　○　日まで		持参先：
敷　金	賃料　○　か月相当分 　　　○○○○○円			
附属施設使用料				
そ　の　他				

(4)　貸主及び管理業者

貸　主 （社名・代表者）	住　所　〒○○○－○○○○　　○○県○○市○○○－○－○ 氏　名　○○○○　　　　　　　電話番号　○○－○○○○－○○○○
管理業者 （社名・代表者）	所在地　〒○○○－○○○○　　○○県○○市○○○－○－○ 商号（名称）○○○○　　　　　電話番号　○○－○○○○－○○○○ 賃貸住宅管理業者登録番号　国土交通大臣（○）第　○○○○○　号

＊貸主と建物の所有者が異なる場合は、次の欄も記載すること。

建物の所有者	住　所　〒 氏　名　　　　　　　　　　　電話番号

(5)　借主及び同居人

	借　　　主	同　居　人	
氏　名	（氏名）●●●●	（氏名） （氏名） （氏名）	（年齢）　　　歳 （年齢）　　　歳 （年齢）　　　歳
	（年齢）　　　○　歳		
	（電話番号） ○○－○○○○－○○○○	合計　　　　人	
緊急時の連絡先	住　所　〒○○○－○○○○　　○○県○○市○○○－○－○ 氏　名　□□□□　　電話番号　○○－○○○○－○○○○　借主との関係　弟		

(6)　連帯保証人及び極度額

連帯保証人	住　所　〒○○○－○○○○　　○○県○○市○○○－○－○ 氏　名　□□□□　　電話番号　○○－○○○○－○○○○
極　度　額	契約時の月額賃料の○か月相当分

（契約の締結）

第1条　貸主（以下「甲」という。）及び借主（以下「乙」という。）は、頭書(1)に記載する賃貸借の目的物（以下「本物件」という。）について、以下の条項により借地借家法（以下「法」という。）第38条に規定する定期建物賃貸借契約（以下「本契約」という。）を締結した。

（契約期間）

第2条　契約期間は、頭書(2)に記載するとおりとする。

2　本契約は、前項に規定する期間の満了により終了し、更新がない。ただし、甲及び乙は、協議の上、本契約の期間の満了の日の翌日を始期とする新たな賃貸借契約（以下「再契約」という。）をすることができる。

3　甲は、第1項に規定する期間の満了の1年前から6月前までの間（以下「通知期間」という。）に乙に対し、期間の満了により賃貸借が終了する旨を書面によって通知するものとする。

4　甲は、前項に規定する通知をしなければ、賃貸借の終了を乙に主張することができず、乙は、第1項に規定する期間の満了後においても、本物件を引き続き賃借することができる。ただし、甲が通知期間の経過後乙に対し期間の満了により賃貸借が終了する旨の通知をした場合においては、その通知の日から6月を経過した日に賃貸借は終了する。

（使用目的）

第3条　乙は、居住のみを目的として本物件を使用しなければならない。

（賃料）

第4条　乙は、頭書(3)の記載に従い、賃料を甲に支払わなければならない。

2　1か月に満たない期間の賃料は、1か月を30日として日割計算した額とする。

3　甲及び乙は、次の各号の一に該当する場合には、協議の上、賃料を改定することができる。

　一　土地又は建物に対する租税その他の負担の増減により賃料が不相当となった場合

　二　土地又は建物の価格の上昇又は低下その他の経済事情の変動により賃料が不相当となった場合

　三　近傍同種の建物の賃料に比較して賃料が不相当となった場合

（共益費）

第5条　乙は、階段、廊下等の共用部分の維持管理に必要な光熱費、上下水道使用料、清掃費等（以下この条において「維持管理費」という。）に充てるため、共益費を甲に支払うものとする。

2　前項の共益費は、頭書(3)の記載に従い、支払わなければならない。

3　1か月に満たない期間の共益費は、1か月を30日として日割計算した額とする。

4　甲及び乙は、維持管理費の増減により共益費が不相当となったときは、協議の上、共益費を改定することができる。

（敷金）

第6条　乙は、本契約から生じる債務の担保として、頭書(3)に記載する敷金を甲に交付す

るものとする。

2　甲は、乙が本契約から生じる債務を履行しないときは、敷金をその債務の弁済に充てることができる。この場合において、乙は、本物件を明け渡すまでの間、敷金をもって当該債務の弁済に充てることを請求することができない。

3　甲は、本物件の明渡しがあったときは、遅滞なく、敷金の全額を乙に返還しなければならない。ただし、本物件の明渡し時に、賃料の滞納、第15条に規定する原状回復に要する費用の未払いその他の本契約から生じる乙の債務の不履行が存在する場合には、甲は、当該債務の額を敷金から差し引いた額を返還するものとする。

4　前項ただし書の場合には、甲は、敷金から差し引く債務の額の内訳を乙に明示しなければならない。

（反社会的勢力の排除）

第7条　甲及び乙は、それぞれ相手方に対し、次の各号の事項を確約する。

　一　自らが、暴力団、暴力団関係企業、総会屋若しくはこれらに準ずる者又はその構成員（以下総称して「反社会的勢力」という。）ではないこと。

　二　自らの役員（業務を執行する社員、取締役、執行役又はこれらに準ずる者をいう。）が反社会的勢力ではないこと。

　三　反社会的勢力に自己の名義を利用させ、この契約を締結するものでないこと。

　四　自ら又は第三者を利用して、次の行為をしないこと。

　　ア　相手方に対する脅迫的な言動又は暴力を用いる行為

　　イ　偽計又は威力を用いて相手方の業務を妨害し、又は信用を毀損する行為

2　乙は、甲の承諾の有無にかかわらず、本物件の全部又は一部につき、反社会的勢力に賃借権を譲渡し、又は転貸してはならない。

（禁止又は制限される行為）

第8条　乙は、甲の書面による承諾を得ることなく、本物件の全部又は一部につき、賃借権を譲渡し、又は転貸してはならない。

2　乙は、甲の書面による承諾を得ることなく、本物件の増築、改築、移転、改造若しくは模様替又は本物件の敷地内における工作物の設置を行ってはならない。

3　乙は、本物件の使用に当たり、別表第1に掲げる行為を行ってはならない。

4　乙は、本物件の使用に当たり、甲の書面による承諾を得ることなく、別表第2に掲げる行為を行ってはならない。

5　乙は、本物件の使用に当たり、別表第3に掲げる行為を行う場合には、甲に通知しなければならない。

（契約期間中の修繕）

第9条　甲は、乙が本物件を使用するために必要な修繕を行わなければならない。この場合の修繕に要する費用については、乙の責めに帰すべき事由により必要となったものは乙が負担し、その他のものは甲が負担するものとする。

2　前項の規定に基づき甲が修繕を行う場合は、甲は、あらかじめ、その旨を乙に通知しな

けなければならない。この場合において、乙は、正当な理由がある場合を除き、当該修繕の実施を拒否することができない。

3　乙は、本物件内に修繕を要する箇所を発見したときは、甲にその旨を通知し修繕の必要について協議するものとする。

4　前項の規定による通知が行われた場合において、修繕の必要が認められるにもかかわらず、甲が正当な理由なく修繕を実施しないときは、乙は自ら修繕を行うことができる。この場合の修繕に要する費用については、第1項に準ずるものとする。

5　乙は、別表第4に掲げる修繕について、第1項に基づき甲に修繕を請求するほか、自ら行うことができる。乙が自ら修繕を行う場合においては、修繕に要する費用は乙が負担するものとし、甲への通知及び甲の承諾を要しない。

（契約の解除）

第10条　甲は、乙が次に掲げる義務に違反した場合において、甲が相当の期間を定めて当該義務の履行を催告したにもかかわらず、その期間内に当該義務が履行されないときは、本契約を解除することができる。

一　第4条第1項に規定する賃料支払義務

二　第5条第2項に規定する共益費支払義務

三　前条第1項後段に規定する乙の費用負担義務

2　甲は、乙が次に掲げる義務に違反した場合において、甲が相当の期間を定めて当該義務の履行を催告したにもかかわらず、その期間内に当該義務が履行されずに当該義務違反により本契約を継続することが困難であると認められるに至ったときは、本契約を解除することができる。

一　第3条に規定する本物件の使用目的遵守義務

二　第8条各項に規定する義務（同条第3項に規定する義務のうち、別表第1第六号から第八号に掲げる行為に係るものを除く。）

三　その他本契約書に規定する乙の義務

3　甲又は乙の一方について、次のいずれかに該当した場合には、その相手方は、何らの催告も要せずして、本契約を解除することができる。

一　第7条第1項各号の確約に反する事実が判明した場合

二　契約締結後に自ら又は役員が反社会的勢力に該当した場合

4　甲は、乙が第7条第2項に規定する義務に違反した場合又は別表第1第六号から第八号に掲げる行為を行った場合には、何らの催告も要せずして、本契約を解除することができる。

（乙からの解約）

第11条　乙は、甲に対して少なくとも1月前に解約の申入れを行うことにより、本契約を解約することができる。

2　前項の規定にかかわらず、乙は、解約申入れの日から1月分の賃料（本契約の解約後の賃料相当額を含む。）を甲に支払うことにより、解約申入れの日から起算して1月を経過する日までの間、随時に本契約を解約することができる。

（一部滅失等による賃料の減額等）

第12条　本物件の一部が滅失その他の事由により使用できなくなった場合において、それが乙の責めに帰することができない事由によるものであるときは、賃料は、その使用できなくなった部分の割合に応じて、減額されるものとする。この場合において、甲及び乙は、減額の程度、期間その他必要な事項について協議するものとする。

2　本物件の一部が滅失その他の事由により使用できなくなった場合において、残存する部分のみでは乙が賃借をした目的を達することができないときは、乙は、本契約を解除することができる。

（契約の終了）

第13条　本契約は、本物件の全部が滅失その他の事由により使用できなくなった場合には、これによって終了する。

（明渡し）

第14条　乙は、本契約が終了する日（甲が第2条第3項に規定する通知をしなかった場合においては、同条第4項ただし書に規定する通知をした日から6月を経過した日）までに（第10条の規定に基づき本契約が解除された場合にあっては、直ちに）、本物件を明け渡さなければならない。

2　乙は、前項の明渡しをするときには、明渡し日を事前に甲に通知しなければならない。

（明渡し時の原状回復）

第15条　乙は、通常の使用に伴い生じた本物件の損耗及び本物件の経年変化を除き、本物件を原状回復しなければならない。ただし、乙の責めに帰することができない事由により生じたものについては、原状回復を要しない。

2　甲及び乙は、本物件の明渡し時において、契約時に特約を定めた場合は当該特約を含め、別表第5の規定に基づき乙が行う原状回復の内容及び方法について協議するものとする。

（立入り）

第16条　甲は、本物件の防火、本物件の構造の保全その他の本物件の管理上特に必要があるときは、あらかじめ乙の承諾を得て、本物件内に立ち入ることができる。

2　乙は、正当な理由がある場合を除き、前項の規定に基づく甲の立入りを拒否することはできない。

3　本契約終了後において本物件を賃借しようとする者又は本物件を譲り受けようとする者が下見をするときは、甲及び下見をする者は、あらかじめ乙の承諾を得て、本物件内に立ち入ることができる。

4　甲は、火災による延焼を防止する必要がある場合その他の緊急の必要がある場合においては、あらかじめ乙の承諾を得ることなく、本物件内に立ち入ることができる。この場合において、甲は、乙の不在時に立ち入ったときは、立入り後その旨を乙に通知しなければならない。

（連帯保証人）

第17条　連帯保証人（以下「丙」という。）は、乙と連帯して、本契約から生じる乙の債務（甲が第2条第3項に規定する通知をしなかった場合においては、同条第1項に規定する期間内のものに限る。）を負担するものとする。

2　前項の丙の負担は、頭書(6)及び記名押印欄に記載する極度額を限度とする。

3　丙が負担する債務の元本は、乙又は丙が死亡したときに、確定するものとする。

4　丙の請求があったときは、甲は、丙に対し、遅滞なく、賃料及び共益費等の支払状況や滞納金の額、損害賠償の額等、乙の全ての債務の額等に関する情報を提供しなければならない。

（再契約）

第18条　甲は、再契約の意向があるときは、第2条第3項に規定する通知の書面に、その旨を付記するものとする。

2　再契約をした場合は、第14条の規定は適用しない。この場合において、本契約における原状回復の債務の履行については、再契約に係る賃貸借が終了する日までに行うこととし、敷金の返還については、明渡しがあったものとして第6条第3項に規定するところによる。

（協議）

第19条　甲及び乙は、本契約書に定めがない事項及び本契約書の条項の解釈について疑義が生じた場合は、民法その他の法令及び慣行に従い、誠意をもって協議し、解決するものとする。

（特約条項）

第20条　第19条までの規定以外に、本契約の特約については、下記のとおりとする。

　　　　　　　甲：○○○○　　　　　㊞

　　　　　　　乙：●●●●　　　　　㊞

※別表　〔省略〕

記名押印欄

　　下記貸主（甲）と借主（乙）は、本物件について上記のとおり賃貸借契約を締結し、また甲と連帯保証人（丙）は、上記のとおり乙の債務について保証契約を締結したことを証するため、本契約書3通を作成し、甲乙丙記名押印の上、各自その1通を保有する。

　　　　　令和〇　年　　　　〇　月　　　〇　日

貸主（甲）　　住所　〒〇〇〇－〇〇〇〇　〇〇県〇〇市〇〇〇－〇－〇
　　　　　　　氏名　〇〇〇〇　　　　　　　　　　　　　　　　　㊞
　　　　　　　電話番号　〇〇－〇〇〇〇－〇〇〇〇

借主（乙）　　住所　〒〇〇〇－〇〇〇〇　〇〇県〇〇市〇〇〇－〇－〇
　　　　　　　氏名　●●●●　　　　　　　　　　　　　　　　　㊞
　　　　　　　電話番号　〇〇－〇〇〇〇－〇〇〇〇

連帯保証人　　住所　〒〇〇〇－〇〇〇〇　〇〇県〇〇市〇〇〇－〇－〇
　（丙）　　　氏名　□□□□　　　　　　　　　　　　　　　　　㊞
　　　　　　　電話番号　〇〇－〇〇〇〇－〇〇〇〇
　　　　　　　極度額　契約時の月額賃料の〇か月相当分

媒介
　　　業者　　免許証番号〔　　　　　〕知事・国土交通大臣（　　　　）第　　　　　号
代理

　　　　　　　事務所所在地

　　　　　　　商号（名称)

　　　　　　　代表者氏名　　　　　　　　　　　　　　印

　　　　　　　宅地建物取引士　　　　　登録番号〔　　　　〕知事　第　　　　　号

　　　　　　　　　　　　　　　　　　氏名　　　　　　　　　　　印

「定期賃貸住宅標準契約書 平成30年3月版・連帯保証人型」（国土交通省）（https://www.mlit.go.jp/common/001240518.pdf（2022.2.1））を加工して作成

【参考書式8】定期賃貸住宅契約についての説明（借地借家法第38条第3項関係）

令和○年○月○日

定期賃貸住宅契約についての説明

貸　主（甲）　住所　○○県○○市○○○　○　○
　　　　　　　氏名　○○○○　　　　　　　　㊞

代理人　　　　住所　○○県○○市○○○－○－○
　　　　　　　氏名　△△△△　　　　　　　　㊞

　下記住宅について定期建物賃貸借契約を締結するに当たり、借地借家法第38条第3項に基づき、次のとおり説明します。

　　下記住宅の賃貸借契約は、更新がなく、期間の満了により賃貸借は終了しますので、期間の満了の日の翌日を始期とする新たな賃貸借契約（再契約）を締結する場合を除き、期間の満了の日までに、下記住宅を明け渡さなければなりません。

記

(1)　住　宅	名　　称	○○○○	
	所 在 地	○○県○○市○○○－○－○	
	住戸番号	○○	
(2)　契約期間	始　　期	令和○年　○月　○日から	○年　　○月間
	終　　期	令和○年　○月　○日まで	

　上記住宅につきまして、借地借家法第38条第3項に基づく説明を受けました。
　　　　　令和○年○月○日
　　　　　　　借　主（乙）　住所　○○県○○市○○○－○－○
　　　　　　　　　　　　　　氏名　●●●●　　　　　　　㊞

「定期賃貸住宅標準契約書 平成30年3月版・連帯保証人型」（国土交通省）（https://www.mlit.go.jp/common/001240518.pdf（2022.2.1））を加工して作成

【参考書式9】重要事項説明書（建物の貸借）

重要事項説明書

（建物の貸借）

（第一面）

令和○ 年 ○ 月 ○ 日

●●●● 殿

　下記の不動産について、宅地建物取引業法（以下「法」という。）第35条の規定に基づき、次のとおり説明します。この内容は重要ですから、十分理解されるようお願いします。

商 号 又 は 名 称　　○○○○株式会社

代 表 者 の 氏 名　　○○○○　　　　　　　　　　　　　　　　　　㊞

主 た る 事 務 所　　○○県○○市○○○－○－○

免 許 証 番 号　　国土交通大臣（○）第○○○○号

免 許 年 月 日　　平成○年○月○日

説 明 を す る 宅 地 建 物 取 引 士	氏　　　　名	△△△△　　　　　　　　　　　㊞
	登 録 番 号	（　○○　）第　○○○○　号
	業務に従事する事務所	○○営業所 電話番号（　○○　）○○○○ － ○○○○

取引の態様（法第34条第2項）	代 理 ・ 媒 介

建 物	名　　　　称	○○マンション
	所 在 地	○○県○○市○○○－○－○
	室 番 号	○号室
	床 面 積	○○　　　　　　　　　　　m²（登記簿面積　　　○○m²）
	種類及び構造	鉄骨鉄筋コンクリート
貸 主 氏 名 ・ 住 所		○○○○・○○県○○市○○○－○－○

（第二面）

I　対象となる建物に直接関係する事項

1　登記記録に記録された事項

所有権に関する事項 （権利部（甲区））		所有権に係る権利 に関する事項	所有権以外の権利 に関する事項（権 利部（乙区））
名義人　氏　名　〇〇〇〇 　　　　住　所　〇〇県〇〇市〇〇〇－〇－〇			

2　法令に基づく制限の概要

法　令　名	
制限の概要	

3　飲用水・電気・ガスの供給施設及び排水施設の整備状況

直ちに利用可能な施設		施設の整備予定	備　　　考
飲用水	公営・私営・井戸	年　　月　　日　　公営・私営・井戸	
電　気	〇〇電力㈱	年　　月　　日	
ガ　ス	都市・プロパン	年　　月　　日　　都市・プロパン	
排　水	公共下水	年　　月　　日	

4　建物建築の工事完了時における形状、構造等（未完成物件のとき）

建物の形状及び構造	
主要構造部、内装及 び外装の構造・仕上 げ	
設備の設置及び構造	

5　建物状況調査の結果の概要（既存の建物のとき）

建物状況調査の実施の有無	有	無
建物状況調査の結果の概要		

（第三面）

6　建物の設備の整備の状況（完成物件のとき）

建物の設備	有無	型式	その他
台　　　所	有	○○	
便　　　所	有	○○	
浴　　　室	有	○○	
給 湯 設 備	有	○○	
ガスこんろ	有	○○	
冷 暖 房 設 備	有	○○	

7　当該建物が造成宅地防災区域内か否か

造成宅地防災区域内	造成宅地防災区域外

8　当該建物が土砂災害警戒区域内か否か

土砂災害警戒区域内	土砂災害警戒区域外

9　当該建物が津波災害警戒区域内か否か

津波災害警戒区域内	津波災害警戒区域外

10　水防法の規定により市町村の長が提供する図面（水害ハザードマップ）における当該建物の所在地

水害ハザードマップの有無	洪水		雨水出水（内水）		高潮	
	有	無	有	無	有	無
水害ハザードマップにおける建物の所在地						

11　石綿使用調査の内容

石綿使用調査結果の記録の有無	有	無
石綿使用調査の内容	調査の実施機関：株式会社○○ 調査の実施日：平成○年○月○日 調査結果：別添の調査報告書を参照	

12　耐震診断の内容

耐震診断の有無	㊲	無
耐震診断の内容	調査の実施機関：株式会社○○ 診断の実施日：平成○年○月○日 診断結果：別添の報告書を参照	

（第四面）

Ⅱ　取引条件に関する事項
　　1　借賃以外に授受される金額

	金　　　額	授　　受　　の　　目　　的
1	○○○○○円	手付金
2		
3		
4		

　　2　契約の解除に関する事項

賃貸借契約書第○条に記載のとおり

　　3　損害賠償額の予定又は違約金に関する事項

賃貸借契約書第○条に記載のとおり

　　4　支払金又は預り金の保全措置の概要

保全措置を講ずるかどうか	講　ず　る　　・　　講じない
保 全 措 置 を 行 う 機 関	

（第五面）

5 契約期間及び更新に関する事項

契 約 期 間	（始 期）令和○ 年 ○ 月 ○ 日 （終 期）令和○ 年 ○ 月 ○ 日	○ 年 月間	~~一般借家契約~~ 定期借家契約 終身建物賃貸借契約
更新に関する事項	賃貸借契約書第○条に記載のとおり		

6 用途その他の利用の制限に関する事項

	区分所有建物の場合における専有部分の制限に関する規約等	そ の 他
用 途 制 限	賃貸借契約書第○条に記載のとおり	
利用の制限	賃貸借契約書第○条に記載のとおり	

7 敷金等の精算に関する事項

賃貸借契約書第○条に記載のとおり

8 管理の委託先

氏 名（商号又は名称） （マンションの管理の適正化の推進に関する法律第46条第1項第2号の登録番号又は賃貸住宅の管理業者等の適正化に関する法律第5条第1項第2号の登録番号）	○○管理株式会社 （国土交通大臣（○）○○○○）
住所（主たる事務所の所在地）	○○県○○市○○○－○－○

（第六面）

Ⅲ　その他の事項
　1　供託所等に関する説明（法第35条の2）
　(1)　宅地建物取引業保証協会の社員でない場合

営業保証金を供託した供託所及びその所在地	

　(2)　宅地建物取引業保証協会の社員の場合

宅地建物取引業保証協会	名　　　　　称	（公社）○○保証協会
	住　　　　　所	○○県○○市○○○－○－○
	事務所の所在地	（公社）○○保証協会本部　　○○県○○市○○○－○－○
弁済業務保証金を供託した供託所及びその所在地		○○法務局 ○○県○○市○○○－○－○

（第七面）

記載要領
① Ⅰの1について
　　「所有権に係る権利に関する事項」の欄には、買戻しの特約、各種仮登記、差押え等登記記録の権利部（甲区）に記録された所有権に係る各種の登記事項を記載すること。
② Ⅰの2について
　　「法令名」の欄には下表から該当する法律名を、「制限の概要」の欄にはその法律に基づく制限の概要を記入すること。

新住宅市街地開発法	新都市基盤整備法	流通業務市街地整備法

③ Ⅰの3について
　　「備考」の欄には、特に施設に関する負担金を求める場合にあっては、その金額を記入すること。
④ Ⅰの5について
　　「建物の設備」の欄については、主に居住用の建物の場合を念頭において例示したものであり、事業用の建物の場合にあっては、業種の別、取引の実態等を勘案して重要と考えられる設備について具体的に記入すること。（例：空調施設、昇降機）
⑤ Ⅱの6について
　　「一般借家契約」、「定期借家契約」、「終身建物賃貸借契約」のいずれに該当するかを明示すること。
⑥ 各欄とも記入事項が多い場合には、必要に応じて別紙に記入しそれを添付するとともに、該当部分を明示してその旨を記すこと。

「重要事項説明書（建物の貸借）」（国土交通省）（https://www.mlit.go.jp/common/001354710.pdf（2022.2.1））を加工して作成

第4　引渡し

＜フローチャート～引渡し＞

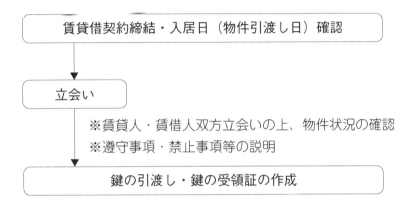

1 引渡し

賃貸借契約締結・入居日（物件引渡し日）確認

立会い

※賃貸人・賃借人双方立会いの上、物件状況の確認
※遵守事項・禁止事項等の説明

鍵の引渡し・鍵の受領証の作成

2 確認リストの作成

物件状況確認リストの作成

※物件引渡し前の物件状況の写真撮影
※賃貸人・賃借人双方の署名・押印

入居者情報シートの作成

1　引渡し

```
（1）　立会い
（2）　鍵の引渡し
```

（1）　立会い ■■■■■■■■■■■■■■■■■■■■■■■■■■■■■■■■

　賃貸借契約を締結し、入居日（物件引渡し日）を取り決めたら、賃貸人から賃借人へ物件を引き渡します。

　契約終了時の原状回復をめぐるトラブルは、入居時における物件状況の確認不足が原因であることが、少なくありません。例えば、契約終了時に床に傷がついているという場合、それが入居時からついていたものなのか、賃貸借期間中についたものなのかが不明であると、原状回復として補修費用を賃借人が負担すべきか否かをめぐり、トラブルになります。

　入居時の状況について、賃貸人と賃借人で認識を共有しておくため、賃貸人（又は委託を受けた不動産管理会社）が、物件の引渡しに原則として立ち会い、物件の損耗の有無や程度について、共に確認しておくべきです。

　また、物件の引渡し時に、物件を使用するに当たっての遵守事項・禁止事項や規則を、十分に説明しておきます。宅地建物取引業者には、一定の重要事項の説明が法令で義務付けられていますが（宅建業35）（本章第3 2 参照）、これに限らず、物件で生活する上での具体的で細かなルールを、丁寧に説明することが必要です。

　高齢賃借人等の場合においては、介護をしている親族等がいる場合には、物件引渡しにも立ち会ってもらい、物件状況を一緒に確認してもらったり、遵守事項等の説明を一緒に聞いてもらうことも、後日のトラブルを防止する一つの方策です。

（2）　鍵の引渡し ■■■■■■■■■■■■■■■■■■■■■■■■■■■■■■■■

◆受領証の作成

　物件の引渡しは、物件の鍵を引き渡すことで行います。

　鍵を引き渡したことを明確にして記録するため、引き渡した鍵の種類、本数、引き渡した日付等を記載した受領証を作成し、賃借人の署名・押印を得ておきます。

◆賃貸人の物件への立入り

　物件を引き渡すことで、物件は賃借人が占有することとなり、賃貸人といえども、原則として、賃借人の承諾なく物件に立ち入ることはできなくなります。

　賃借人の承諾なく物件に立ち入ることが許されるのは、防犯上又は防災上の緊急性が認められるなど、やむを得ない特別の事情がある場合だけです（法的には事務管理など立入りを正当化できる理由が必要です。）。そのような事情がないのに、安易に物件に立ち入ると、民事上は不法行為として損害賠償責任を、刑事上は住居侵入罪に当たることがありますので、注意が必要です。

　高齢賃借人等への賃貸においては、安否の確認や防犯上、防災上の理由で、賃貸人が物件に立ち入らなければならない場面が、比較的多く想定されます。

　このため、どのような場合に物件に立ち入ることがあるのか、契約書に明記するとともに、賃借人に十分に説明し、理解を得ておくことが必要です。

　また、実際に立ち入る際には、できる限り賃借人の事前承諾を得て立ち入るようにし、例外的に、事前に承諾を得られない場合でも、事後に丁寧に事情を説明し、理解を得るよう努めます。

ケーススタディ

Q　賃貸人が設置したクーラーの修理のため、8月19日に貸室内に立ち入る旨を賃借人が承諾していましたが、修理業者の都合で、修理が同月18日になり、特段賃借人に連絡することなく、賃借人が不在の間に貸室内に立ち入り、修理を行いました。問題がありますか。

A　8月18日に立ち入ることについては事前に承諾がなく、違法となり得ます。ケースのもとになった事案では、裁判所は、賃貸人に対し、プライバシー権の侵害であるとして、3万円の慰謝料の支払を命じました（大阪地判平19・3・30判タ1273・221）。賃借人が、「19日は入っていただいても大丈夫なように片付けておきます。」と、明確に「19日に立ち入る」ことに限定して同意をしていたことを重視したものと捉えられます。

◆賃貸人による鍵の預かり

　緊急の場合に物件へ立ち入ることを想定し、賃貸人が鍵の一部を預かることも、一つの方法ではあります。

　もっとも、鍵を預かることで、物件で盗難が起きた場合等に、賃貸人が無用の疑いをかけられることがあるほか、預かっていた鍵を第三者に盗まれて物件に侵入されるなどした場合には、賃貸人が損害賠償責任を負うこともあり得ます。

　したがって、原則として、賃貸人が鍵を預かることは避けるべきです。

　物件への立入りが許されるほど緊急性が高い場合においては、警察や消防の立会いの下、鍵業者に開錠してもらったり、鍵を破壊して物件に立ち入れば足りるので、賃貸人が鍵を預かっておくことは、リスクに比してメリットが乏しいといえます。

　やむを得ず、賃貸人が鍵を預かる場合には、賃借人に対してその旨を十分に説明し、承諾を得て預かります。また、契約条項に免責事由を定めておくことも有用と思われます。

2　確認リストの作成

> (1)　物件状況確認リストの作成
> (2)　入居者情報シートの作成

(1)　物件状況確認リストの作成 ■■■■■■■■■■■■■■■■■■■

　前記のとおり、原状回復をめぐるトラブルを防止するため、入居時の状況を確認することが重要です。

　そのためには、物件引渡し時の立会いに加え、これを記録しておくことが有用です。特に、高齢賃借人等の場合には、契約終了時に賃借人が死亡等しており、相続人等に原状回復を求める可能性があるため、物件引渡し時の状態について、客観的な証拠を残しておく必要があります。

　証拠を残す方法としては、物件引渡し前の物件状況を写真で撮影することのほかに、損傷の有無等を記載した「物件状況確認リスト」を作成し、賃貸人・賃借人双方で署名・押印しておくという方法があります（【参考書式10】参照）。

　「物件状況確認リスト」の作成方法としては、引渡し時に双方立会いの上で作成するという方法のほか、引渡し後に賃借人において作成し、賃貸人に交付するという方法も考えられます。

(2)　入居者情報シートの作成 ■■■■■■■■■■■■■■■■■■■■■

　入居者の情報を管理するため、入居者情報シートを、賃借人に記載してもらいます。

　契約日、入居者、保証人それぞれの氏名・連絡先・勤務先、緊急連絡先等を記載します（【参考書式11】参照）。なお、身元引受人については、本章第2　2　(4)アドバイス・第3章　1　(1)をご参照ください。

　高齢賃借人等の場合には、特に緊急連絡先について、親族と併せて、知人、介護関係者等、現実に連絡の取れる人を記載してもらうよう努めましょう。

　なお、入居者情報を整理して管理する賃貸人や管理会社には、原則として、個人情報の保護に関する法律（個人情報保護法）が適用されます。

　したがって、賃貸人は、個人情報の取得に際してあらかじめその利用目的を通知する必要があるほか（個人情報21）（入居者情報シートの裏面等に利用目的等を記載し、承諾のチェックマークを入れてもらう等の方法が考えられます。）、入居者の個人情報を賃貸借と無関係に使用してはならない（個人情報18）、当該情報が漏えいしないよう措置を講じる義務がある（個人情報23）等、個人情報保護法の規律に服しますので、注意が必要です。

アドバイス

○国土交通省が公表している「大家さんのための単身入居者の受入れガイド」について

　単身入居者の受入れに関して、賃貸借契約の終了や残置物の処理に関連する現行法令や制度等にどのようなものがあるかを整理するとともに、様々な工夫や取組を紹介するものとして、国土交通省から「大家さんのための単身入居者の受入れガイド」が公表されています（本書執筆時点では、令和3年6月公表の第3版が最新です。）。

　このガイドでは、「契約前」「入居中」「その後」について、それぞれの時期にやるべきことがまとめられています。

　また、前記の入居者情報シート、残置物の処理等に関するモデル契約条項（第4章第2　2　4　(1)アドバイス参照）のほか、活用可能な制度として、終身建物賃貸借契約（本章第3　1　(9)参照）、相続財産管理人、地方公共団体の補助制度等、居住支援協議会や居住支援法人等のサービス、家賃債務保証、損害保険、少額短期保険についての紹介と概括的な解説がなされていますので、参考にしてください。

【参考書式10】物件状況確認リスト

<h2 style="text-align:center">物件状況確認リスト</h2>

　このリストは、賃貸物件に関して、引渡時及び退去時の故障、破損、汚損等の状況を確認して保存することにより、賃貸人及び賃借人の責任範囲をできる限り明確にするために作成するものです。

　賃貸物件に関して引渡後に、故障、破損、汚損等が生じた場合には、修繕費は賃借人の負担となる場合があります。

物件名	○○○○	所在地	○○県○○市○○○－○－○
入居者氏名	●●●●	貸主氏名	○○○○
契約日	令和○年○月○日	入居日	令和○年○月○日
退去日		転居先	
入居・退去時立会者（借主）	●●●● ㊞	入居・退去時立会者（貸主）	○○○○ ㊞
入居時立会日	令和○年○月○日	退去時立会日	

場所	箇所	入居時 損耗の有無	入居時 具体的な状況	入居時 写真の有無	退去時 損耗の有無	退去時 具体的な状況	退去時 写真の有無	修繕の要否	交換の要否	負担の要否
玄関・廊下	天井									
	壁									
	床	有	ヘコミ	有						
	ドア									
	鍵									
	チャイム									
	下駄箱									
	照明器具									
	その他									
洗面所	天井									
	壁									
	床	有	ヘコミ	有						
	柱									
	戸									
	窓									
	洗面台									
	洗濯機置場									
	給排水									
	照明器具									
	アース端子									
	その他									

トイレ	天井										
	壁										
	床										
	ドア										
	鍵										
	便器										
	水洗タンク										
	照明器具										
	その他										
浴室	天井										
	壁										
	床										
	ドア										
	鍵										
	窓										
	浴槽										
	水栓										
	シャワー										
	タオルかけ										
	給湯器										
	排水口										
	照明器具										
	その他										
DK	天井										
	壁										
	床										
	柱										
	流し台										
	換気扇										
	給湯器										
	コンロ										
	窓										
	吊戸棚										
	照明器具										
	その他										
個室	天井										
	壁										
	床										
	柱										
	タンス										
	窓										
	照明器具										
	その他										

【参考書式11】入居者情報シート

令和○ 年 ○ 月 ○ 日
更新　　　年　　月　　日

<table>
<tr><td rowspan="20">入居者の情報</td><td colspan="2">ふりがな</td><td colspan="2">○○○○</td><td rowspan="2">性　別</td><td rowspan="2">⑨ ・ 女</td></tr>
<tr><td colspan="2">氏　名</td><td colspan="2">○○○○</td></tr>
<tr><td colspan="2">住　所</td><td colspan="4">○○県○○市○○○－○－○　○○アパート○○号室</td></tr>
<tr><td colspan="2">電話番号</td><td colspan="4">携帯　○○○－○○○○－○○○○</td></tr>
<tr><td colspan="2">生年月日</td><td colspan="4">昭和○年○月○日</td></tr>
<tr><td rowspan="3">特記事項</td><td colspan="5">タバコ（ ⑥ ・ 無 ）</td></tr>
<tr><td colspan="5">飲酒（ 有 ・ ⑭ ）</td></tr>
<tr><td colspan="5">その他：</td></tr>
<tr><td rowspan="4">連帯保証人</td><td>氏名</td><td>□□□□</td><td>TEL</td><td>○○○－○○○○－○○○○</td></tr>
<tr><td>住所</td><td colspan="3">○○県○○市○○○－○－○</td></tr>
<tr><td>氏名</td><td></td><td>TEL</td><td></td></tr>
<tr><td>住所</td><td colspan="3"></td></tr>
<tr><td rowspan="2">緊急連絡先</td><td>氏名</td><td>△△△△</td><td>TEL</td><td>○○○－○○○○－○○○○</td></tr>
<tr><td>住所</td><td colspan="3">○○県○○市○○○－○－○</td></tr>
<tr><td rowspan="2">相続人連絡先</td><td>氏名</td><td>●●●●</td><td>TEL</td><td>○○○－○○○○－○○○○</td></tr>
<tr><td>住所</td><td colspan="3">○○県○○市○○○－○－○</td></tr>
</table>

■その他緊急時の連絡先、通院や利用している施設など

<table>
<tr><td rowspan="6">財産管理者</td><td>財産管理者</td><td>○○法律事務所</td><td rowspan="6">介護支援者</td><td>事業者名</td><td></td></tr>
<tr><td>種　類</td><td>後見・保佐・補助・契約</td><td>担当者</td><td></td></tr>
<tr><td>担当者</td><td>弁護士　▲▲▲▲</td><td>TEL</td><td></td></tr>
<tr><td>TEL／FAX</td><td>○○－○○○○－○○○○</td><td>FAX</td><td></td></tr>
<tr><td rowspan="2">住所／所在地</td><td rowspan="2">〒○○○－○○○○
○○県○○市○○○－○－○</td><td rowspan="2">所在地</td><td rowspan="2"></td></tr>
<tr></tr>
</table>

<table>
<tr><td rowspan="5">関係行政機関</td><td>行政機関名</td><td></td><td rowspan="5">医療機関など</td><td>名　称</td><td></td></tr>
<tr><td>担当者</td><td></td><td>担当医・診療科</td><td></td></tr>
<tr><td>TEL</td><td></td><td>TEL</td><td></td></tr>
<tr><td>FAX</td><td></td><td>FAX</td><td></td></tr>
<tr><td>所在地</td><td></td><td>所在地</td><td></td></tr>
</table>

<table>
<tr><td rowspan="6">かかりつけ医</td><td>医療機関名</td><td>○○クリニック</td><td rowspan="6"></td><td>名　称</td><td></td></tr>
<tr><td>担当医</td><td></td><td>担当者</td><td></td></tr>
<tr><td>TEL</td><td>○○－○○○○－○○○○</td><td>TEL</td><td></td></tr>
<tr><td>FAX</td><td></td><td>FAX</td><td></td></tr>
<tr><td rowspan="2">所在地</td><td rowspan="2">〒○○○－○○○○
○○県○○市○○○－○－○</td><td rowspan="2">所在地</td><td rowspan="2"></td></tr>
<tr></tr>
</table>

■見守り体制

月	火	水	木	金	土	日	サービス提供者・内容	連絡先	担当者

第 3 章

管　理

＜フローチャート～管　理＞

┌─┐
│1│ 定期的な入居者の状況確認等
└─┘

賃貸人による賃借人の状況の確認　　　　見守りサービスの利用の検討

　・定期的な訪問　　　　　　　　　　見守りサービスを導入
　・賃料支払状況の確認　　　　　　　　した場合
　・身元引受人の設定

定期的な状況確認からの対応の検討

認知機能の低下等によるサポートの
必要性がうかがわれる場合

身元引受人や親族、関係機関との連携

2　トラブル等の対応

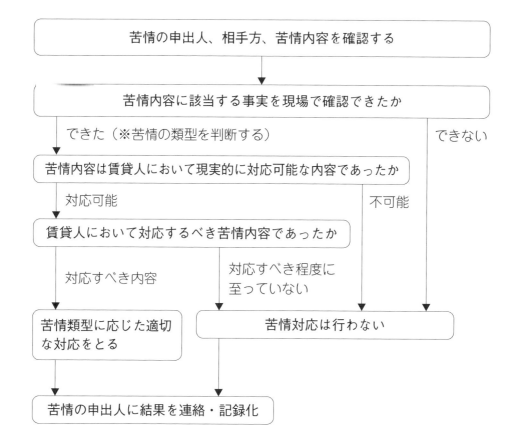

苦情の申出人、相手方、苦情内容を確認する

苦情内容に該当する事実を現場で確認できたか

できた（※苦情の類型を判断する）　　　　　　　　　　できない

苦情内容は賃貸人において現実的に対応可能な内容であったか

対応可能　　　　　　　　　　　　　　不可能

賃貸人において対応するべき苦情内容であったか

対応すべき内容　　　　　対応すべき程度に
　　　　　　　　　　　　至っていない

苦情類型に応じた適切な対応をとる

苦情対応は行わない

苦情の申出人に結果を連絡・記録化

3　家賃滞納等の確認

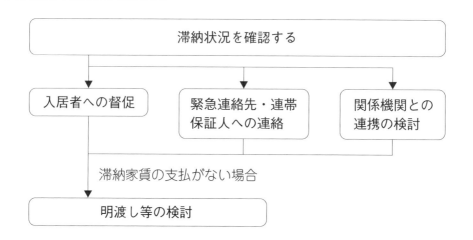

滞納状況を確認する

入居者への督促　　　緊急連絡先・連帯保証人への連絡　　　関係機関との連携の検討

滞納家賃の支払がない場合

明渡し等の検討

4 火災等の事故への対応

消防・警察へ連絡

↓

被害状況の確認

→ 保険会社へ連絡

↓

賃借された部屋の焼失程度は、滅失・使用できないほどの毀損に至るものか

　一部滅失のみ ↓　　　　滅失又は使用できない程度の毀損 →

事故の責任は誰にあるか　　　　賃貸借契約終了

　賃借人以外 ↓　　　　賃借人 →

滅失の程度は賃借の目的を達成できる程度か　　　　契約解除の検討

　達成できる ↓　　　　達成できない →

賃料減額　　　　賃借人からの解除又は賃料の減額

事故発生の責任

賃借人 ↓　　賃貸人 ↓　　第三者 ↓　　不可抗力 ↓

| 債務不履行に基づく損害賠償請求が可能 | 債務不履行・工作物責任に基づく損害賠償責任を負う | 不法行為に基づく損害賠償請求が可能 | 請求不可 ※保険対応のみ |

1　定期的な入居者の状況確認等

> (1)　賃貸人による賃借人の状況の確認
> (2)　見守りサービスの利用の検討
> (3)　定期的な状況確認からの対応の検討

(1)　賃貸人による賃借人の状況の確認 ■■■■■■■■■■■■■■■■■

◆定期的な訪問による状況の確認

　高齢賃借人の場合、特に一人暮らしの方は、外部との交流が少なくなる傾向にあります。外部との交流が少なくなると、急に心身の衰えが出てきたり、その状態について周囲の人間が気付く機会が格段に減ってしまいます。

　そこで、賃貸人としては、特に高齢賃借人の場合には、1か月に1回程度、定期的に訪問する（あるいは、毎月の家賃を現金で支払ってもらうという形にすることでコミュニケーションの機会を確保する）という対応を検討することも考えられます。賃貸人が、直接、賃借人の様子を確認することで、高齢賃借人の心身の健康状態を把握でき、問題がある場合には早めに対応することができます。

　もっとも、物件が多くなるとこのような方法をとるのは現実的ではないことや、そもそも高齢賃借人自身が生活への干渉を嫌うということもありますので、後記(2)の見守りサービス等の利用を賃貸借契約の条件等にすることを積極的に検討した方がよいと思われます。

◆賃料の支払状況の確認

　特に高齢賃借人の場合は、賃料の支払状況の確認によって、賃借人の異変を察知することができる場合があります。例えば、急に賃料を滞納するようになり、確認をしたところ、認知機能の低下によって支払手続ができなくなっていたということが判明する場合もあれば、病気による長期入院という理由で賃貸人に連絡できないまま滞納してしまっていたということが判明する場合もあります。したがって、賃貸人としては、賃料の滞納が発生した場合には、滞納の理由を早期に賃借人に確認し、放置しないということが重要です。

　他方で、最近では、賃料の支払は口座引落しやクレジットカード決済で行われているケースも多く、賃料の支払状況から直ちに賃借人の異変を把握することが困難な場

合も多いと思われます。賃貸人としては、高齢者の一人暮らしで賃料の支払を口座引落しやクレジットカード決済により行う場合は、賃貸物件や管理対象の規模に応じて、定期訪問や、後記(2)の見守りサービスの導入を積極的に検討しましょう。

なお、実際に賃料の滞納が発生した場合の対応については、後記 3 をご参照ください。

◆身元引受人による状況の確認

高齢賃借人の場合、賃貸借契約を締結する時に、身元引受人を設定することがあります。

具体的には、賃貸借契約締結時に、身元引受けの内容を記載した書面に、身元引受人の署名・押印をもらいます。身元引受けの内容は賃借人にも影響しますので、賃借人がその内容に同意していることを確認できる記載（賃借人の署名・押印）もあるとよいでしょう。身元引受けの内容としては、例えば、①定期的な賃借人の状況確認に協力すること、②健康状態の悪化等により、賃借人が単独で生活することができなくなったときは、賃貸人から要請を受けた後、賃借人の身元を引き受け、また転居先の確保に協力すること、③他の入居者又は近隣住人に対する賃借人による迷惑行為等があった場合には、当該行為の是正の指導に協力すること、④賃借人と連絡が取れなくなった等の理由で、賃貸人又は管理会社からの要請等があった場合、賃借人の状況の確認を行うこと等が考えられます。

身元引受人は、親族になってもらうこともあれば、近くに住む知人になってもらうこともあります。賃貸人自身で定期的な訪問を行うことが難しい場合には、身元引受人に1か月に1回程度の訪問をお願いすることも方法の一つでしょう。もっとも、身元引受けの実効性を高めようとして身元引受人になれる条件やその義務内容を厳しく設定してしまうと、身元引受人の確保が難しくなりますので、身元引受人の確保の難易や、身元引受けの実効性をどこまで確保する必要があるか等を考慮しながら、条件や義務内容について柔軟に検討する必要があります。

(2) 見守りサービスの利用の検討 ■■■■■■■■■■■■■■■■■■■■■

高齢賃借人の場合、身体機能の低下により居室内で急な体調不良や転倒事故等を起こしてしまったり、認知機能の低下によりガス漏れ・火災事故等を起こしてしまうことも想定されます。現代社会においては、高齢者の一人暮らしも増えていることから、賃貸人が見守りサービスをうまく活用することは、高齢の方も安心して入居できる環境を整えられるだけでなく、空室対策にもつながると考えます。

見守りサービスの内容やこれに伴う費用は多種多様ですので、賃貸人としてどうい

ったサービスを取り入れるか、サービス提供の主体をどうするのか（業者に委託するのか、賃貸人自身で行うのか）、費用面（導入コストや管理コスト、賃借人の費用負担の程度）、賃借人の受け入れやすさ（操作・対応の容易性、プライバシーへの配慮）等を検討する必要があります。

　賃貸人としては、多数の物件を取り扱う場合には、個々の入居者の費用負担や賃貸人の管理負担の低減という観点から、サービス業者を選定して提携した上で、入居者特典という形で、比較的安価に、提携業者の見守りサービスを入居者に案内したり、賃貸借契約に付加したりするという方法が考えられます。

◆見守りサービスの例

① 　自動音声や自動メールによる安否確認サービス

　例えば、1週間に1〜2回（特定の曜日等）、自動音声や自動メールで連絡が入り、入居者が健康状態等に関する回答を行うという形で、入居者の状況確認を行うというものがあります。入居者から、音声案内やメールの案内に従った反応がない場合は、管理担当者等から電話連絡を行い、それでも状況確認ができない場合は、身元引受人や緊急連絡先に連絡して対応を依頼したり、担当者が訪問するなどして、状況確認を行うといった流れになります。

　賃貸人としては、自動システムを導入した上で、入居者の回答の管理を行う必要がありますが、一部を自動にすることで見守り対応に関する負担を軽減できると思われます。また、入居者としては、回答の手間がかかるという面もありますが、プライバシー保護の観点からは、比較的受け入れやすいものではないかと思われます。

② 　居室内センサー型のサービス

　センサー機器等の設置が必要になりますが、居室内でセンサーの検知量が少ない、あるいは生活していれば当然に使用する家電の利用や扉の開閉がない場合等に、コールセンターに自動通報され、これを受けたコールセンターが入居者に電話連絡を行い、入居者の状況確認を行うというものがあります。入居者の状況を確認できない場合は、身元引受人や緊急連絡先に連絡して対応を依頼したり、担当者が訪問する等して、確認を行うといった流れになります。電力やガスの供給契約に付加する形で、電気・ガスの使用量の情報等を活用した見守りサービスを提供している会社もあります。

　入居者としては、通常の生活を送りながら見守りサービスを受けることになりますので、プライバシー保護の観点からも、比較的受け入れやすいものではないかと思われます。もっとも、賃貸人でコールセンターの役割を担うことは難しく、外部委託をせざるを得ないと思われます。サービス内容と費用につき、複数の業者から見積りを取得するなどして、業者の選定を行う方がよいでしょう。

③　緊急通報型サービス

　居室内に緊急通報用の機器を設置しておき、非常時に入居者がそれを押すと、担当者が駆けつける、というサービスです。

　緊急時に速やかに対応してもらえる点は、入居者にとっても賃貸人・管理会社にとっても安心材料になります。もっとも、24時間体制となりますので、賃貸人ないし管理会社のみで対応を行うことは難しく、外部委託をせざるを得ないと思われます。サービス内容と費用につき、複数の業者から見積りを取得するなどして、業者の選定を行う方がよいでしょう。

④　定期訪問型サービス

　定期的に自宅を訪問し、状況確認を行うサービスです。

　直接、顔を見ながら確認を行うことができますので、健康状態や生活状況を把握しやすいという点はメリットです。他方で、訪問が月に1回程度であれば緊急時に対応できない可能性が高く、訪問回数を増やすと訪問のための人員確保の負担（外部委託の場合はサービス費用の負担）が増えざるを得ません。

　日常の見守りという観点を重視するのであれば効果的ですが、入居者の緊急時対応という観点を重視するのであれば、その費用対効果からは、別の形態のサービスの利用を検討すべきであるように思われます。

⑤　その他のサービス例

　そのほかにも、居室内にカメラを設置して、映像から直接入居者の行動や健康状態を確認できるというサービスもありますが、プライバシーの問題もあり、入居者の心理的抵抗は大きいように思われます。また、賃貸人が常に映像を確認することは困難ですので、外部委託にせざるを得ず、費用面の問題もあります。したがって、入居者と家族間で導入する場合は別として、賃貸人として賃貸物件に導入することは現実的ではないと思われます。

```
アドバイス
```

○地方公共団体の補助制度

　地方公共団体では、入居者等の申込みにより、入居中の見守り等について、民間の居住支援サービスと連携した補助等を行っている場合があります。地方公共団体によって補助等の内容が異なりますので、賃貸物件が所在する市区町村の役所窓口やウェブサイトにて、入居中の見守り等に関する補助制度の有無・内容等を確認してみるのもよいでしょう。

　例えば、大阪市は、65歳以上の一人暮らしの方や高齢者のみの世帯、又は身体に重度

の障がいがある方などを対象に、急病などの緊急時に迅速に対応する緊急通報システム事業を実施しています。緊急通報対応のほかにも、看護師などによる24時間健康相談や、受信センターから年1回利用者宅へ電話をかけて健康状態等を確認するおうかがい電話などを行っています。利用料は、本書執筆時点では、前年所得税課税世帯は税込月額792円（所得税非課税世帯は無料）です。事業内容が変更されることもあり得ますので、利用を検討する際には、利用条件や申込方法等と併せて、最新の情報を確認しましょう。

（3）　定期的な状況確認からの対応の検討 ■■■■■■■■■■■■■■

　定期的な確認や見守りサービス等の状況から、入居者の身体機能や認知機能の低下等によるサポートの必要性がうかがわれる場合、速やかに入居者のヒアリングを行い、具体的状況を確認しましょう。その上で、身元引受人や緊急連絡先となっている親族等と相談をしたり、行政機関と連携をとるなどして、入居者の状況に応じた対応を検討しましょう。

ケーススタディ

Q　私の経営するアパートに入居している一人暮らしのＡさん（80歳）について、以前はお見かけするといつも挨拶してくれ、身なりもきちんとされていましたが、先日お見かけしたところ私が誰か分からない様子で服装も汚れていました。認知症になられたのかと心配です。近くに身内の方もいないようですが、どこに相談したらよいでしょうか。

A　Ａさんがお住まいの地域を管轄する地域包括支援センターに情報提供してください。

　地域包括支援センターは、介護保険法に基づき、高齢者の暮らしを地域でサポートするための拠点として、市町村により設置されている機関です。専門知識を持った職員が、高齢者が住み慣れた地域で生活できるように介護サービスや介護予防サービス、保健福祉サービス、日常生活支援などの相談に応じてくれる高齢者のための総合相談窓口です。

　地域包括支援センターでは、高齢者自身からの相談だけでなく、親族や友人、近隣住民等からの相談も受け付けており、相談者に制限はありません。地域包括

　支援センターに情報提供することで、高齢者本人が適切な福祉サービスにつながる契機となります。

　また、地域包括支援センターは民生委員等と連携して、地域の高齢者の見守り活動等も行っていますので、地域の民生委員を通じて情報提供するのもよいでしょう。

アドバイス

○高齢賃借人と民生委員

　民生委員は、厚生労働大臣から委嘱された、非常勤の地方公務員です。給与の支給はなく、それぞれの地域において、ボランティアとして活動しています。

　民生委員の職務内容は、①住民の生活状態を必要に応じ適切に把握しておくこと、②生活に関する相談に応じ、助言その他の援助を行うこと、③福祉サービスを適切に利用するために必要な情報の提供、その他の援助を行うこと、④社会福祉事業者と密接に連携し、その事業又は活動を支援すること、⑤福祉事務所その他の関係行政機関の業務に協力すること、⑥そのほか、住民の福祉の増進を図るための活動を行うこと、とされています（民生委員法14）。また、民生委員は、住民の私生活に立ち入り、その一身上の問題に介入することが多いため、守秘義務が課せられています。

　地方公共団体によっては、一人暮らしの高齢者を対象に、民生委員による安否確認及び巡回相談を実施しているところもあり、賃貸人としては、民生委員と連携することも考えられます。

---

2 トラブル等の対応

（1）　苦情の申出人、相手方、苦情内容の確認
（2）　対応の可否の検討
（3）　苦情対応の終了

（1）　苦情の申出人、相手方、苦情内容の確認 ■■■■■■■■■■■■■

◆苦情の申出人の確認

　苦情を申し出る人が、苦情を伝えることに意識を向けるあまり氏名や入居場所を言

わずに話し出し、聴く側も確認を怠ってしまった結果、後日連絡を取る術がなく対応ができなくなってしまうことがあります。苦情への対応は、最終的に苦情の申出人に対応の可否やその内容を連絡することを要するため、苦情の申出人の確認は忘れずに行わなければなりません。

　入居者であれば、通常、部屋番号から氏名・住所等を把握できるため、まず入居者であるか否か、入居者であれば部屋番号を確認します。また、入居者である場合も、苦情の申出人が賃借人本人か否か、本人でないのであれば、賃借人とどのような関係にあるかを聴き取っておく必要があります。

　他方、近隣住人等、入居者以外から苦情を受けることもあります。この場合には、氏名・住所・連絡先等の個人情報を確実に聴き取っておかなければなりません。

　また、匿名での申出を求められることもあります。その場合、賃貸人が苦情に対応するか否か、対応した場合の対応内容を直接苦情の申出人に通知できないことを説明した上で、苦情を聴き取るべきでしょう。氏名や住所を明らかにしないことを理由に、直ちに苦情を受け付けないという対応は望ましくありません。

◆相手方の氏名と所在の確認

　苦情の内容が、特定の人物若しくは特定の人物の所有物に関するものである場合は、その人物が特定できるか否かを確認することが必要です。苦情内容から相手方を容易に特定できる場合（例：隣の部屋のテレビの音がうるさい）もありますが、相手方を特定しなければならない苦情内容（例：夜中に共用部分で誰かが騒いでいてうるさい、路上駐車（迷惑駐車）、異臭がするなど）もあるためです。

　苦情の相手方が特定できる場合は、相手方の氏名や所在を正しく確認しておくことが肝心です。また、苦情の申出人が相手方を特定していた場合であっても、苦情の申出人が思い込んでいる例（例：「姿を見たわけではないが、ゴミを放置したのはあの人に違いない」）もあるため、苦情の申出人が相手方を特定した根拠も聴き取っておくべきです。

◆苦情内容・苦情の類型の確認

　苦情の内容は、今後の対応を検討する前提事項となるので、できるだけ正確かつ詳細に聴き取ることが重要です。苦情の申出人が感情的になっている場合には、時間をかけてじっくりと聴き取りを行い、できるだけ具体的に、「いつ、どこで、誰が、何を、なぜ、どのように」を漏らさずに聴き取るようにしましょう。

　そして、一口に「苦情」と言ってもその内容は様々です。苦情によってその対応は様々にならざるを得ませんが、苦情を申し出られた時点で行うべき対応をある程度把握するためにも、苦情を類型化し、類型ごとにとるべき対応をあらかじめ決めておくことが大切です。

　一般的に多いと思われる苦情類型を例示すると、①生活騒音に関する問題、②共用部分の占有使用の問題（私物を置いて廊下の一部を占有しているなど）、③迷惑行為の問題（近隣住民への暴言や嫌がらせ、隣室に迷惑となる居室の利用方法など）、④ペットの飼育に関する問題、が挙げられます。

　上記以外にも、当該物件に多く見られる苦情や当該物件固有の苦情もあると思いますので、できる範囲で類型化しておき、各類型に対する対応を検討しておきましょう。

(2)　対応の可否の検討 ■■■■■■■■■■■■■■■■■■■■■■■■■■

ア　苦情内容の存否の確認

　苦情が寄せられた場合、その苦情がどの類型に該当するとしても、賃貸人としては、その苦情の内容である出来事が本当に生じているか否かを直接確認する必要があります。苦情の申出人が思い込んでいるだけの場合や、嫌がらせ又は被害妄想である場合もあるためです。

　生活騒音に関する苦情であれば、実際に苦情が申し出られている場所・時間帯に現場へ行き、実際に騒音が確認されるか否かを確認します。共用部分の占有使用の問題や物件の使用方法の問題であれば、現場を確認すれば苦情内容の事実の有無は明らかです。

　他方、他の入居者に対する暴言や嫌がらせ等の迷惑行為は賃貸人による確認は難しいかもしれませんが、苦情の申出人による録音を聞いたり、物理的な嫌がらせであれば被害状況を確認することによって、存否の確認を行うことができるでしょう。

イ　各苦情類型に関する対応の可否

　各苦情類型において対応する必要があるか否かを判断する基準は以下のとおりです。なお、各類型において最終的に解除を検討する場合の解除の可否については、第4章第1　2 4 をご参照ください。

◆生活騒音に関する苦情の対応の可否

　集合住宅においては、居住するに当たって一定の生活音が出ることはやむを得ない

ため、生活騒音に関する苦情については、「その騒音が受忍限度を超えるものか否か」
によって、賃貸人としての対応の可否を検討します。

　「受忍限度を超えるか否か」は主観的な基準になりますが、苦情が申し出られた場
所・時間帯に賃貸人が赴き、その騒音が日常生活を送る中で受忍限度を超すものか否
かを賃貸人として判断するしかありません。

　そして、騒音が受忍限度を超すものであると賃貸人が判断した場合には、①当該住
戸を訪れ個別に注意喚起したり、②掲示を貼り出し物件入居者全体へ注意喚起する、
などの適切な対策をとる必要があります。

　このような対応によっても状況が改善されない場合には、当該入居者に対し、賃貸
借契約の解除も示唆する内容の書面で厳しく騒音防止を求めていきます。賃借人は、
契約又は目的物の性質によって定まる用法に従い使用収益する義務を負っているため
（民616・594①）、受忍限度を超す騒音を出し続ける行為は用法遵守義務違反に当たると
考えられるためです。同時に、今後の契約解除や紛争に備えて、騒音部分の録音録画
をするなど、当該騒音に関する資料集めをしておきましょう。

　他方、騒音が受忍限度を超えないと判断した場合には、苦情申出人に対してそのよ
うに判断した理由を含めて十分に説明する必要があります（後記(3)参照）。

◆共用部分の占有使用に関する苦情の対応の可否

　賃借人の中には、玄関前や廊下などの共用部分に私物を置き、共用部分の一部を占
有し続けている場合があります。このような占有が防犯若しくは防災上問題を生ずる
状態となっている場合には、賃貸人がこれを放置すると、不慮の事態が生じた場合に
管理責任（民717）を問われることもあります。

　そのため、共用部分の占有使用に関する苦情を受けた場合には、原則として共用部
分に置かれている私物の撤去を入居者に直接求める、という対応をとるべきです。私
物そのものに撤去を求める貼り紙を行うのもよいでしょう。

　入居者によっては、何度申し入れても聞く耳を持たず、一向に撤去しない場合もあ
りますが、これを放置すると更に放置物が増え、新たなトラブルを引き起こす可能性
もあります。特に、ゴミを廊下に放置しているような場合には、後々異臭問題等へ発
展し得るため、早期に対処することが必要です。当該入居者に対して粘り強く撤去を
求め、応じない場合には、用法遵守義務に信頼関係を破壊する程度の不履行があると
して契約の解除を視野に入れた対応をとることも考えられます。

　他方、住戸の住環境を良くするために共用部分を最小限の範囲で使用し、かつ、全

く防犯及び防災の支障になっていない場合には、その限度において使用を認める判断をすることも考えられます。ただし、その場合には、防犯及び防災上の支障の有無を慎重に検討することは当然として、入居者間に不平等が生じないよう、また、苦情の申出人に適切に説明ができるよう、共用部分の使用限度に関し一定の規則を定めるようにすべきでしょう。

　なお、共用部分に私物が放置されている場合であっても、これを賃貸人の一存で撤去したり処分することは、原則として認められません。場所を移動させる際には、必ず所有者の了承をとるようにしてください。

◆迷惑行為に関する苦情の対応の可否

　近年、入居者から他の入居者への暴言や嫌がらせといった迷惑行為事案が散見されるようになり、往々にして、被害を受けた入居者が退去せざるを得ない状況になっています。

　賃貸人が対応すべき迷惑行為であるか否かは、騒音と同様、現場において賃貸人自身が経験したり、被害状況を確認するなどして、「日常生活における受忍限度を超える行為であるか否か」という観点から判断するしかありません。

　そして、「日常生活における受忍限度を超える」迷惑行為であると判断した場合には、賃貸人は当該苦情に対して一定の対応を行わなければなりません。

　迷惑行為の行為者が特定できない場合には、全居住者に対する貼り紙の形で忠告するようにします。迷惑行為の当事者を根拠なく決めつけて対応してしまうと、後々新たなトラブルを生むこととなるため注意が必要です。

　迷惑行為の行為者が特定できている場合には、当該入居者に対し迷惑行為をやめるよう個別に忠告することが必要です。しかし、迷惑行為の行為者は、自分自身が迷惑行為を行っていることを認めないことも多いため、直接訪問して忠告する前に、近隣住民からの聴き取り調査のほか、写真やビデオ撮影をするなどして、迷惑行為の証拠となる資料、及び、当該入居者が行為者であることを示す資料をできるだけ集めておくことが望ましいでしょう。

　何度か注意をしても改善が見られない場合には、賃貸人としては当該入居者との賃貸借契約を解除することも視野に検討しなければなりません。賃貸人が迷惑行為を放置した結果、他の入居者が被害を被ってしまうと、被害を被っている入居者との関係で賃貸人の義務違反が認められるおそれもあるためです（大阪地判平元・4・13判タ704・227参照）。

◆ペット飼育に関する苦情の対応の可否

　集合住宅においては、ペットの飼育に関して鳴き声や悪臭の問題からトラブルになることが多く、苦情が多く寄せられる類型になります。

①　ペット飼育の禁止が賃貸借契約書において定められている場合

　　賃貸借契約書においてペットの飼育が禁止されている場合は、ペットの飼育は契約違反となるため、賃貸人はペットの飼育をやめるよう口頭や文書によって忠告する必要があります。

　　入居者がペットの飼育をやめることに同意した場合、その日にペットを手放すことは難しいため、まずは飼育をやめるまでの期限を入居者と協議の上決定します。そして、定めた期限までにペットの飼育をやめることを約束する内容の文書（確認書等）を作成し、入居者自身に署名・押印してもらうようにしましょう。

　　他方、忠告後も応答がなく飼育を続けている場合や約束した期限を過ぎても飼育を続けている場合には、ペットの飼育をやめなければ賃貸借契約を解除する、という内容の警告を文書によってすべきでしょう。実際には、近隣居住者への実害があまりなく契約の解除が認められない場合もあり得ますが（**第4章第1　　2 4 参照**）、法的に解除が難しい場合であっても、賃貸人として契約違反状態を漫然と放置すべきではないこともあるためです。

　　苦情に適切に対応するためには、飼育が禁止されているペットの種類を明らかにしておくことも重要です。鳥や金魚・昆虫などについては「ペット」として捉えるか否かが明確でなく、トラブルの元になる場合もあるためです。

②　ペット飼育の禁止が賃貸借契約書において定められていない場合

　　ペット飼育の禁止が賃貸借契約書において定められていない場合は、通常許容される範囲内でのペットの飼育は許されるため、各苦情に対して個々に対応することとなります。

　　鳴き声や走り回ることによる騒音に関する苦情であれば、騒音問題と同様に考えるべきであり、上記**◆生活騒音に関する苦情の対応の可否**の判断基準である受忍限度を超えるか否かによって対応を検討します。また、ペットの糞尿等による悪臭に関する苦情についても、基本的には騒音や迷惑行為の問題と同じく、受忍限度を超えるものか否かで対応を検討すべきです。

　　いずれの場合においても、受忍限度を超えると判断した場合には、当該賃借人を訪れたり文書を送付するなどして注意喚起をします。「犬の鳴き声がうるさい」など抽象的な指摘にとどまらず、受忍限度を超えると判断した具体的な出来事を指摘し（例：日中は問題ないが深夜の鳴き声がうるさい、糞尿の処理ができていないな

ど）、個別具体的に必要な対応を求めるようにしましょう。

　忠告や注意喚起にもかかわらず一向に改善が見られない場合には、契約の解除を検討することとなるでしょう。なお、ペットの飼育が賃貸借契約上禁止されていない場合であっても、「建物を汚染、損傷し、更には、近隣にも損害ないし迷惑をかけることにより賃貸人に苦情が寄せられるなどして、賃貸人に容易に回復し難い迷惑を与えるときは、家畜の種類及び数、飼育の態様及び期間並びに建物の使用状況、地域性等をも考慮したうえで、なお、家畜の飼育が居住に付随して通常許容される範囲を明らかに逸脱していて、賃貸借契約当事者間の信頼関係を破壊するに至っている」場合には、賃貸借契約を解除することができる、と判断した裁判例があります（東京地判昭62・3・2判時1262・117）。

アドバイス

○賃貸物件のトラブルと認知症

　騒音や迷惑行為の原因となっている入居者が高齢者であった場合、直接訪問して話をしてみたところ、入居者に認知症の症状が疑われ、苦情内容の行為が認知症によるものであることがあります。この場合、貼り紙をしたり本人に忠告したとしても、内容を理解できておらず、状況に改善が期待できない可能性があります。

　逆に、苦情の申出をしている側が、認知症による妄想によって迷惑行為があると申告している場合もまま見受けられます。こういった場合は、そもそも迷惑行為自体が現実には存在しません。

　苦情の対応中に当該賃借人や苦情申出人の認知症が疑われた場合には、苦情対応と並行して、早急に親族と連絡を取ったり、地域包括支援センター等の関係施設へ連絡を取るなどの対応を行うようにしましょう。

○いわゆる「ゴミ屋敷」問題

　近時問題となっているトラブルとしては、いわゆる「ゴミ屋敷」問題があります。これは入居者が居室内や共用部分にゴミを異常放置するものですが、入居者自身が何らかの意思をもって確信的にゴミを置いていますので、入居者に撤去を要請しても、聞き入れない、あるいは能力的にできないことがほとんどです。

　共用部にゴミを置いている場合は、前記(2)◆共用部分の占有使用に関する苦情の対応の可否に従って対応しますが、ゴミが住居内に存在する場合も、異常な量に及んでいるのであれば、悪臭や衛生状況の悪化などの被害を及ぼしますので、住宅の使用方法に関する義務違反を構成し、賃貸借契約の解除を検討すべきです（第4章第1　　2 4 参照）。

　　ただし、任意の明渡しを受けられたとしても、あるいは強制執行による明渡しを行う
　にせよ、賃借人に撤去費用を負担する能力がない場合が現実には多いため、その場合は
　賃貸人が最終的に撤去費用を負担せざるを得ないことになり、かなりの費用がかかりま
　す。ゴミ屋敷になってしまう前に早めに発見し、親族等と相談したり行政機関と連携す
　るなどして対応することが重要です。

(3)　苦情対応の終了 ■■■■■■■■■■■■■■■■■■■■■■■■■■■■■■■■■

◆苦情の申出人への結果連絡

　苦情に対応する場合も対応しない場合も、その結果を苦情の申出人へ連絡すること
は必須です。苦情への対応を行った場合には、具体的な対応内容を苦情の申出人へ正
確に説明しましょう。

　苦情への対応を行わないこととした場合、苦情申出人への連絡には慎重を要します。
苦情の申出に対する賃貸人の判断は、苦情の申出人にとって意に反する対応となるた
め、対応しない理由をよく詰めた上で説明することが必要です。賃貸人として当該苦
情は対応できない内容であった（例：建物の構造上やむを得ない、苦情内容自体が認
められなかったなど）のか、対応すべき程度には至っていない内容であった（例：受
忍限度の範囲内の生活音であった、共用部分の軽微な占有使用であったなど）のか、
という点も含めてよく整理して説明するようにしてください。

◆苦情内容及び対応の記録化

　苦情の申出があった場合、今後のために具体的な苦情内容及び対応内容を記録化し
ておくことが重要です。同様の苦情が今後見られたときに、以前どのような対応を行
ったか、その際改善すべき点がなかったかを確認しながら進められるためです。

　そのためには、苦情の申出があった時から、随時詳細を記入しながら進めることが
大切です。対応が全て終了してから記録化すると、当初の申出内容が曖昧になったり
不確実になったりするため、あらかじめ「苦情カルテ」のような書式を作成しておき、
苦情内容を聴き取る段階から、上記(1)で述べた事項を同書式に記入して進めること
をお勧めします（【参考書式12】参照）。

　苦情に対する対応内容を記入する際には、「誰が、いつ、どのような対応を、誰に対
して行ったか、相手方はどのような反応をしたか」など、できる限り具体的に記入す
るようにしましょう。また、その苦情の対応を担当した部署及び担当者も同時に控え
ておくと、後日同種の苦情がきた際にどの部署に連絡すべきかを迅速に確認でき、記

録されていない事項の確認も容易に行えるため有益です。

　そして、苦情の申出人に対する説明日時は、対応をするためにどの程度の日数を要するかの目安の把握のためにも、記録しておくことが有効です。また、後々苦情の申出人とのトラブルが生じた場合にも対応できるよう、どのような説明を行ったかを詳細に記録しておくとよいでしょう。

　特に、契約の解除を検討する場合、信頼関係の破壊を立証することは容易ではありません。日々の記録を積み重ねることは、迷惑行為の悪質性の立証において極めて重要であることに留意する必要があります。

3 　家賃滞納等の確認

---

(1)　滞納状況の確認
(2)　入居者への督促、緊急連絡先・連帯保証人への連絡
(3)　関係機関との連携

---

(1)　滞納状況の確認 ■■■■■■■■■■■■■■■■■■■■■■■■■■■■

◆賃料の支払に関する資料の確認

　賃貸人が賃貸物件を管理する上で最も重要な項目の一つが、毎月確実に賃料が入ってきているか否かという点であり、賃料支払状況の確認は大切な管理行為の一つです。

　そのため、定期的に家賃台帳や家賃振込口座、賃借人に渡した領収書の写し等の賃料授受に関する資料を確認し、滞納している入居者がいないかを確認しましょう。

　そして、滞納している入居者がいれば、催告をし、最終的には契約の解除を行うなど、賃貸人として適切な対応をとらなければならないため、滞納している入居者がいる場合には、賃料の支払状況に関する資料を確認し、その滞納額・滞納期間を正確に把握することが大切です。

　なお、以下では、賃料の滞納が生じたときの滞納状況解消のための方策について解説しています。高齢賃借人を見守る意味で賃料の支払状況を確認することについての留意点については、前記 1 (1)をご参照ください。

◆消滅時効の管理

　家賃滞納がある場合、管理者は滞納している家賃を入居者に請求することとなりますが、その際、同賃料債権が時効により消滅していないかを確認する必要があります。消滅時効とは、一定期間権利の行使がなされない場合に、その権利を消滅させる制度のことをいいます。

　一般的に債権の消滅時効については、①債権者が権利を行使することができることを知った時（主観的起算点）から5年間行使しないとき、又は、②権利を行使することができる時（客観的起算点）から10年間行使しないときに、債権は時効によって消滅する、と定められています（民166①）。

　賃貸借における賃料債権については、「権利を行使することができる時」というのは、賃料の支払時期が到来した時、と考えられます。そして、賃貸人は賃料の支払時期を当然に認識している以上、賃料の支払時期が到来すれば、当然に賃貸人は権利を行使することができることを知ったことになります。したがって、賃料債権については、原則として、消滅時効の主観的起算点も客観的起算点も、「賃料の支払時期が到来した時」となります。そして、主観的起算点と客観的起算点が基本的に一致する以上、賃料債権の消滅時効期間は原則として5年間であると考えておくべきでしょう。

　消滅時効の起算点となる賃料の支払時期は、月単位や年単位で設定されているため、消滅時効の起算点も支払時期ごとに異なることとなります。例えば、当月分前月末日払いと支払時期が定められている場合、4月分の賃料債権の消滅時効の起算点は3月末日、5月分の賃料債権の消滅時効の起算点は4月末日となり、各日から5年が経過したか否かを判断することとなります。したがって、賃料債権の一部が時効により消滅していたとしても、全ての賃料が消滅するわけではないため、各月又は各年の賃料債権の消滅時効の起算点を個別に確認する必要があります。

　そして、直近で消滅時効にかかるおそれのある賃料が見つかった場合には、管理者は時効が完成することを防ぐため、訴訟を提起したり、支払督促を申し立てるなどの法的手段をとる必要が生じます（民147①）。しかし、訴訟提起等においては準備期間が一定程度必要であり、その間に時効が完成してしまうような場合もあるでしょう。そのため、まずは、入居者に対して滞納家賃を支払うよう催告をします。催告を行った場合には、その時から6か月を経過するまでの間は時効は完成しない（時効の完成猶予）ため（民150①）、その間に訴訟等の準備を行うことができます。ここでの催告は、時効の完成を妨げる重要な行為となるため、必ず書面（内容証明郵便等）で行うようにしてください。

　なお、催告によって時効の完成が猶予されている間にされた再度の催告は、時効の完成猶予の効力を有しません（民150②）。

アドバイス

○民法改正による短期消滅時効制度の廃止

　平成29年法律44号による改正前の民法での消滅時効の規定は、一般的に債権の消滅時効は10年とされており（改正前民167①）、別途債権の種類によって短期消滅時効が定められていました。そして、賃料債権は、「年又はこれより短い時期によって定めた金銭その他の物の給付を目的とする債権」という定期給付債権に該当するとして、その消滅時効期間は5年間と定められていました（改正前民169）。

　しかし、これらの区別に合理性がないことから、改正民法において短期消滅時効は廃止され、債権については、原則として、主観的起算点から5年間、客観的起算点から10年間と統一されました（民166①）。

　なお、平成29年法律44号による改正民法は令和2年4月1日より施行されたため、令和2年4月1日以前に発生した債権については改正前民法が適用されることとなります（民平29法44改正附則10①）。賃料債権については、上記のとおり改正前民法においても消滅時効の期間は5年間とされていたため変わりはありませんが、他の短期消滅時効にかかる債権（例えば、管理会社として物品を販売した場合。改正前民法では消滅時効期間は2年しかありません。）については注意が必要です。

(2)　入居者への督促、緊急連絡先・連帯保証人への連絡 ■ ■ ■ ■ ■ ■ ■ ■

◆入居者への督促

　家賃を滞納している入居者がいる場合、家賃の滞納を早期に解消し、正常な契約関係に復帰させるため、早期に滞納賃料の督促を行うことが重要です。

　入居者が家賃の支払を忘れているだけの場合もあるため、滞納直後の督促は電話や手紙でも構いません。しかし、電話や手紙での督促でも支払がなされない場合には、賃貸人が督促をした事実を証明することができるよう、必ず書面での督促を行いましょう。相当期間を定め、期限内に支払を行うよう求める内容の書面を配達証明付きの内容証明郵便で送付することが望ましいです。なぜなら、最終的には入居者との賃貸借契約を解除することも想定されるところ、賃貸借契約の解除には原則として「催告」が必要とされ（第4章第1　2 ③ (3)参照）、賃貸人による督促は「催告」に当たるこ

とから、「催告」に当たる督促を行ったことを確実に証明できるようにしておく必要が
あるためです。

◆緊急連絡先・連帯保証人への連絡

　入居者に対して書面による督促を行う際には、連帯保証人にも同時に督促を行った
り、緊急連絡先に連絡した方がよいと思われます。

　緊急連絡先や連帯保証人にも連絡等を行うことで、連帯保証人からの支払により早
期に滞納が解消する場合もあるほか、これらの者に連絡をすること自体が、入居者に
対して滞納家賃の支払を間接的に促すことになる場合もあります。また、滞納家賃が
長期にわたり金額が膨らんでから初めて連帯保証人へ督促を行うと、金額が低額であ
れば支払ったであろう連帯保証人も金額の大きさから抵抗を示したり、「もっと早く
教えてくれれば対処できた」という苦情を述べたりすることも多々あるため、早期の
段階で連帯保証人に督促をすることは、滞納家賃のスムーズな回収にもつながります。

　また、緊急連絡先や連帯保証人が家族である場合、家賃の滞納があることを知るこ
とによって、高齢の入居者の異変に気が付くきっかけとなる場合もあります。緊急連
絡先や連帯保証人への連絡をする際に、様子を見に来てもらうよう一言添えておくこ
ともよいかもしれません。

(3)　関係機関との連携 ■■■■■■■■■■■■■■■■■■■■■■■■■■■■■

◆生活保護の申請の検討

　入居者の家賃滞納が経済的な困窮を理由とすることが入居者からのヒアリング等で
分かった場合には、生活保護の申請を検討してみることは一つの方法です。高齢賃借
人であれば、年金受給者が多いと思いますが、年金受給者であっても年金受給額が最
低生活費に満たない場合には、原則として、最低生活費と年金受給額の差額を生活保
護として受け取ることができます。

　年金を受給している高齢者の中には、年金を受け取っている以上、生活保護の支給
は受けられないと思い込んでいる場合もあるため、一度行政に相談するよう促すこと
は有用でしょう。

◆生活保護受給者の場合

　入居者が生活保護受給者の場合、「代理納付」という制度を利用する方法があります。

これは、生活保護受給者に住宅扶助を支給せず、各地方の福祉事務所が賃貸人に直接家賃を入金する、という制度です（第2章第3 2 (3)アドバイス参照）。

　しかし、既に滞納している家賃の支払は行ってもらえません。そのため、滞納額が大きくなく、賃貸借契約を継続することを前提としている入居者の場合に限って利用を考えることになると思われます。

　なお、「代理納付」の制度の有無、その要件等については、各自治体によって異なるため、各地方の福祉事務所へ問合せをした方がよいでしょう。

［ ケーススタディ ］

Q　私の経営するアパートに入居している一人暮らしのＢさん（75歳）は生活保護を受けています。これまでは家賃をきちんと払ってくれていましたが、ここ2か月ほど支払がありません。高齢のため金銭管理が少し難しくなってきているのかもしれません。今のところＢさんとの契約を解除することは考えていませんが、家賃はきちんと払ってもらわないと困ります。良い方法はないでしょうか。

A　福祉事務所に代理納付制度を適用するよう申し入れてください。

　代理納付制度の詳細については、第2章第3 2 (3)アドバイスを参照してください。

　令和2年3月31日、厚生労働省は代理納付制度に関する従前の通知（平18・3・31社援保発0331006）の一部を改正し、家賃等を滞納している生活保護利用者については、住宅扶助費及び共益費について、原則代理納付を適用するよう求めています。これにより、今後は、賃料滞納のケースについては代理納付制度の活用が進むものと思われます。

　なお、既に支給済みの保護費については原則として再支給されることはありません。したがって、代理納付制度が適用されたとしても、支払われるのは、適用後に発生する住宅扶助費及び共益費についてのみとなります。滞納分については、無理のない程度（多くとも月5,000円程度）で入居者から直接回収することになります。

4　火災等の事故への対応

---

(1)　消防・警察への連絡
(2)　被害状況の確認・火災後の残骸の片付け
(3)　火災保険会社への連絡
(4)　火災の原因究明・損害賠償請求
(5)　火災以外の事故

　賃貸物件を管理する中で、火災や地震、漏水、入居者による事件の発生など、様々な事故が生ずることがあります。どのような事故においても賃貸人のとるべき対応は基本的に異なりませんが、以下では最も様々な問題が発生しやすい火災が発生した場合を前提に、賃貸人のとるべき対応を解説します。

(1)　消防・警察への連絡 ■■■■■■■■■■■■■■■■■■■■■■■■

　賃貸物件において火災等の事故が発生したことが判明したとき、まず消防及び警察へ速やかに連絡をしてください。そして、まずは入居者及び自分自身の身の安全を確保しましょう。その上で、危険の及ばない範囲で消火活動に協力し、周辺の可燃物を撤去して、これ以上延焼が生じないよう対応することを試みます。

　特に高齢賃借人の場合、寝たきりで自力で逃げられなかったり、肺機能が弱っていて煙を吸うことが危険であったりすることも考えられます。自力で逃げられない賃借人を把握している場合には、当該賃借人が危険が及ばない部屋にいる場合には、賃貸人自身で様子を見に行き、少しでも危険が及びそうな部屋であれば、賃貸人が行くことは避け、消防や警察が来た際にその旨を伝えましょう。

(2)　被害状況の確認・火災後の残骸の片付け ■■■■■■■■■■■■■

◆被害状況の確認

　消火後、賃貸人としては建物の被害状況が気掛りではありますが、火災の際には警察も状況確認や現場検証を行うため、現場検証が終了するまでは、できるだけ現場をそのまま保存し、現場検証終了後に賃貸人自身で被害状況を確認します。

　物件を全体的に見回り、火災によって影響を受けた範囲や、賃貸物件そのものの損壊具合等を確認します。後日警察から実況見分調書を入手できる可能性は少ないため、賃貸人において写真に撮るなどして火災直後の状況を記録しておくとよいでしょう。

　また、被害は物件だけでなく、入居者の家財道具などにも及ぶため、どのような物が焼失しているかを細かく確認し、多めに写真を撮っておきましょう。

　賃貸人としては火元や火災の原因を確認することも必要ですが、被害状況を確認しただけで賃貸人自身が判断することはできないため、警察からの連絡を待ち、火元や火災原因が明らかになってから、損害賠償請求等の対応を検討することとなります(後記(4)参照)。

　また、高齢賃借人を抱える賃貸物件の場合、高齢賃借人が火災の煙などによって体調を崩している場合もあるため、完全に消火された際には各賃借人の様子や体調の確認を怠らないようにしましょう。必要があれば救急車を呼んだり、病院へ行くようアドバイスしたりすることも必要です。

◆火災後の残骸の片付け

　残骸の片付けをするに当たっては、焼失してしまった物を撤去又は廃棄するか否かを決定する必要があります。物の撤去や廃棄には当該物の所有者や管理者の許可が必要です。無断で撤去・廃棄することは原則として許されません。

　もっとも、早急に撤去しなければ危険な場合(例えば、有毒危険物を発生させる可能性のある物がある場合等)には、賃貸人としては、例外的に所有者や管理者の許可を得ることなく撤去作業等を行わなければなりません。個別の事案ごとの判断にはなりますが、このような場合には、所有者や管理者の許可を得ずに撤去することは、緊急事務管理（民698）として民法上認められています。

(3)　火災保険会社への連絡 ■■■■■■■■■■■■■■■■■■■■■■

　火災事故が生じた場合、賃貸人及び賃借人双方からの火災保険会社への連絡が必要です。賃貸借契約締結時に賃借人に火災保険への加入を求めている場合には、賃貸人において賃借人の加入する火災保険会社は把握しているのが通常であるため、速やかに連絡をしましょう。他方、賃借人の加入している火災保険を把握していない場合、早急に賃借人に保険会社へ連絡するよう指示しましょう。

　また、火災保険に加入していれば、最低限、加入者の家財に対する保険金は支給さ

れますが、他人に対する損害賠償責任に保険金が支給されるか否かなど、保険の対象となるものは保険契約の内容によって様々なため、保険契約の内容についても確認しておく必要があります。

　火災保険は、申請後、保険会社自身による被害状況の確認や鑑定等を行い、保険給付内容を決定するため、保険金の給付までにはある程度の期間が必要となります。そのため、火災保険申請から相当期間が経過した際には、保険給付の内容を確認します。

（4）　火災の原因究明・損害賠償請求 ■■■■■■■■■■■■■■■■■■■

◆火災の原因究明・責任の所在の把握

　火災の発生後、賃貸人として最も気掛かりな点が、火災の責任の所在、火災による損害の賠償、及び、賃貸借契約への影響、です。損害賠償については、火災保険に加入している場合、保険会社が全て対応してくれる場合もありますが、保険の適用のない損害があったり、保険会社が認めない損害があったりするため、誰にどのような損害の賠償を請求できるかを把握しておくことは必要です。

　火災の責任の所在は、火災原因を特定して初めて決まるため、まずは警察に火元や火災原因について確認しましょう。そして、火災の責任の所在によって、損害賠償の法的根拠や賠償範囲が決まることとなりますが、火災の責任は、①賃借人にある場合、②賃貸人にある場合、③第三者にある場合、④不可抗力の場合、の四つの場面が考えられます。

◆火災発生の責任が賃借人にある場合

　ア　火災の責任が賃借人にあると判断される場面

　火災の原因が、賃借人の煙草等の火気の不始末や、ストーブのつけっぱなし等の電気製品の扱いの不手際である場合には、火災発生の責任は賃借人にあるといえます。

　他方、賃貸人が備え付けた建物設備機器の不良などが火元となった場合には、賃借人の責任とはいえない場合もあると考えられますので、「賃借人の部屋からの出火」という事実だけでなく、火元となった具体的な物を確認することが重要です。

　イ　賃貸人から賃借人に対する損害賠償請求

　火災の原因が賃借人にあり、これによって賃貸人が損害を被った場合、賃貸人は賃借人に対して債務不履行に基づく損害賠償請求（民415）ができます。というのも、賃貸借契約上、賃借人には賃貸物件を善良な管理者の注意をもって保管し、返還する義務があり（民400）、賃借人が不注意で火災を起こした場合は、この義務に違反すること

となるためです。なお、「善良な管理者の注意」とは、他人の物を管理するときに一般的に尽くすであろう注意、のことをいいます。

　ほかにも、不法行為に基づく損害賠償請求（民709）をすることもできますが、過失による火災の場合、「失火ノ責任ニ関スル法律」（失火責任法）が適用され、賃借人に重大な過失がある場合にしか損害賠償請求ができないこととなります。他方、債務不履行に基づく損害賠償請求には失火責任法の適用はないとされているため（最判昭30・3・25民集9・3・385）、まずは債務不履行に基づく損害賠償請求を検討するべきでしょう。

　賃借人の債務不履行に基づく損害賠償請求において、実際に損害賠償請求が可能な範囲は、火災によって賃貸人が被った損害のうち、火災と相当因果関係が認められる損害、つまり、①賃借人の債務不履行によって通常生ずべき損害（民416①）及び、②当事者が予見すべきであった特別な事情によって生じた損害（民416②）、となります。具体的には、次のようなものが通常生ずべき損害として挙げられます。

㋐　火災によって毀損された部屋や共用部分の修繕費用
㋑　火災によって焼失した物的損害
㋒　焼失した部屋を賃貸できないことによる逸失利益

　また、隣室にも延焼した場合に、債務不履行に基づき、賃借人に対して隣室部分の損害賠償請求をすることができるかも問題となります。

　裁判例上、肯定するものと否定するものの両者がありますが、賃借部分と不可分一体の部分に生じた損害については賠償責任を負う、とされているものが多くあります（肯定：東京高判昭40・12・14判タ188・159、大阪地判昭54・3・26判時941・72、東京地判平元・3・2判時1340・110、否定：東京地判昭51・3・31判時834・71）。したがって、賃借している部屋と不可分一体である建物の他の部分についての損害は賃貸人自身が賃借人に対し、債務不履行に基づく損害賠償請求ができる場合が多いと考えてよいでしょう。

アドバイス

〇失火責任法の規定と債務不履行

　通常、不法行為に基づく損害賠償を請求するには、加害者に故意又は過失が必要とされます（民709）。しかし、失火については「失火ノ責任ニ関スル法律」（失火責任法）が存在し、以下のように規定されています。

　「民法第七百九条ノ規定ハ失火ノ場合ニハ之ヲ適用セス但シ失火者ニ重大ナル過失アリタルトキハ此ノ限リニ在ラス」

　このような法律が制定された背景には、日本には木造建物が多いことから類焼による被害の拡大が大きく、これらの被害の賠償を失火者に求めることは酷であるなどの理由

があります。

　他方、失火責任法の文言は民法709条の適用を排除しているのみであることから、失火に関する債務不履行については、失火責任法は適用されず、失火者の重過失に限定されない、とされています。

ウ　賃貸借契約への影響

　火災により、賃借物の全部が滅失その他の事由により使用及び収益をすることができなくなった場合には、賃貸借契約は当然に終了します（民616の2）。

　そして、平成29年法律44号による改正前民法下において、判例は、「家屋が火災によって滅失したか否かは、賃貸借の目的となっている主要な部分が消失して賃貸借の趣旨が達成されない程度に達したか否かによって決めるべきであり、それには消失した部分の修復が通常の費用では不可能と認められるかどうかをも斟酌すべきである」（最判昭42・6・22民集21・6・1468）と述べているため、「全部が滅失その他の事由により使用及び収益をすることができなくなった」か否かはこの基準を参考に判断されると考えられます。

　他方、賃貸物件が滅失したとはいえず、一部が焼失したのみである場合には、賃貸借契約の目的物は残存しており、賃貸借契約はそれだけでは当然には終了しません。そして、火災発生の責任が賃借人にない場合には滅失した部分の割合に応じて賃料の減額をする必要がありますが、火災発生の責任が賃借人にある場合には、賃料の減額をする必要はありません（民611①）。

　また、賃貸借契約は当然には終了しないものの、賃借人が火災を起こしたことは賃貸物件の保存義務違反に当たるため、賃貸人としては債務不履行に基づき賃貸借契約を解除することは考えられます。

エ　第三者に対する損害賠償

　賃借人の過失により火災が生じた結果、賃借人の部屋のみでなく隣室にまで延焼した場合、賃貸人は、隣室の入居者から延焼部分の損害賠償請求について相談されることも想定されます。

　隣室の入居者は火災を起こした賃借人とは契約関係にない第三者に当たるため、原則として、隣室の入居者は火災を起こした賃借人に対して不法行為に基づく損害賠償請求を行うこととなります。そして、不法行為責任の場合、上述のとおり失火責任法が適用されることから、賃借人に重大な過失が認められる場合に限り、隣室の入居者は賃借人に損害賠償請求ができる、ということになります。なお、ここでの「重大な

過失」とは、「ほとんど故意に近い著しい注意欠如の状態を指す」（最判昭32・7・9民集11・7・1203）とされています。

重大な過失は、以下のような事例で認められています。

①　主婦が台所のガスコンロにてんぷら油の入った鍋をかけ、中火程度にして、台所を離れたため、過熱されたてんぷら油に引火し、火災が発生した事例（東京地判昭57・3・29判時1059・108）

②　寝たばこの火災の危険性を十分認識しながらほとんど頓着せず、何ら対応策を講じないまま漫然と喫煙を続けて火災を起こした事例（東京地判平2・10・29判時1390・95）

③　点火中の石油ストーブから75cm離れた場所に蓋がしていないガソリンの入ったビンを置き、ビンが倒れて火災が発生した事例（東京地判平4・2・17判時1441・107）

④　石油ストーブに給油する際、石油ストーブの火を消さずに給油したため、石油ストーブの火がこぼれた石油に着火して火災が発生し、隣接の建物等を焼損した事例（東京高判平15・8・27判タ1163・263）

◆火災発生の責任が賃貸人にある場合

ア　火災の責任が賃貸人にあると判断される場面

火災発生の原因が、賃貸人が建物に設置した設備や建物自体の不備にある場合や火元となり得る部分の修繕を怠ったことを原因とするものである場合には、火災発生の責任は賃貸人にあるといえるでしょう。

また、建物の施工不備や管理会社の過失等による場合であっても、これらのリスクは賃貸借契約上賃貸人が負担していると考えられるリスクであるため、一旦は賃貸人に責任があると判断されます（賃貸人としては、後々施工会社や管理会社へ責任を追及することになります。）。

イ　賃貸人の負うべき損害賠償責任

火災の発生が、賃貸人が火元となり得る部分の修繕を怠ったことを原因とする場合、賃貸人が賃貸借契約上負っている修繕義務（民606①）を怠ったことが原因となるため、賃貸人は賃借人らに対して債務不履行に基づく損害賠償責任を負うこととなります。その際の賠償範囲は、賃借人に責任がある場合と同様、火災と相当因果関係にある損害となるため、各部屋の物的損害や逸失利益、各入居者らの人的損害や治療費等も含まれます。

他方、賃貸人が設置した設備やその保存に瑕疵があり、その瑕疵が原因となって火災が生じた場合には、賃貸人には過失といえるほどの落ち度がなかったとしても、当該工作物の占有者若しくは所有者としての責任を負い（民717①）、当該瑕疵と相当因果

関係にある損害の賠償責任を負います。ここでの「瑕疵」とは、その工作物が本来備えているべき性質や設備を欠いていることをいいます。

　ウ　賃貸借契約への影響

　火災により賃貸借物件が全部滅失したり、使用できないほどに毀損した場合には、賃貸借契約は当然に終了します（民616の2）。

　他方、火災により賃貸物件の一部のみが滅失又は毀損したが使用はできる状態の場合、火災発生の責任が賃借人にない場合には、滅失した部分の割合に応じて、賃料の減額をする必要があります（民611①）。また、残存する部分のみでは賃借人が賃借した目的を達することができない場合には、賃借人から契約の解除をすることができることとなります（民611②）。

◆火災発生の責任が第三者にある場合

　賃貸物件以外から火災が発生した結果、賃貸物件にまで延焼したような場合には、賃貸人も賃借人も、火災を発生させた第三者に対して、不法行為に基づく損害賠償責任を追及することとなります。その際は、上述のとおり失火責任法が適用されるため、第三者に重大な過失がある場合のみ、損害賠償請求が認められることとなります。

　また、賃貸借契約への影響については、賃貸人に火災発生の責任がある場合と同様です。

◆不可抗力による火災の場合

　落雷や大規模な災害によって火災が生じることも考えられます。このような不可抗力の場合、火災の責任を負う者は想定できず、損害賠償責任を負う者もいません。各自が火災保険等でカバーしておくほかない、ということになります。

　また、不可抗力による火災で建物が焼失したり、使用不可能となった場合には、賃貸借契約は当然に終了することとなります（民616の2）。

（5）　火災以外の事故　■■■■■■■■■■■■■■■■■■■■■■■■■■

　ここまで火災が生じた場合にとるべき対応について説明してきましたが、賃貸物件を管理する中で生ずる事故は火災に限られません。地震による被害や漏水、入居者が事件・事故を起こすことも考えられます。

　特に、漏水事故については、一度発生すると周辺住戸（特に階下）に被害を及ぼすため、物件管理においては特に注意が必要な事項です。実際には、管理会社といえど

も配管等のチェックを日常的に行うことは難しいため、老朽化、凍結などによって日常的にしばしば発生する類型の事故です。認知症等の方については、水を出しっぱなしにすることで発生する事故も見られます。

　しかし、火災以外の事故の場合でも、賃貸人の対応はこれまで述べた火災の場合と異なりません。①警察や消防などの関係機関に連絡（事件の場合）、②被害状況を確認後、必要な範囲での後片付け、③関連する保険会社へ連絡、④原因究明後、責任のある者に損害賠償請求を行う、という流れをとることとなり、各対応の詳細は火災と同様です。もっとも、失火責任法は火災の場合のみ適用される法律であるため、火災以外の事故であれば、不法行為に基づく損害賠償請求の場合に重過失の制限を受けることはありません。

【参考書式12】苦情カルテ

記入日　令和○年○月○日

担当者　○○○○

記入者　○○○○

件　名	□号室のペットによる騒音の件
苦情申出者	●●●● （●号室）（電話　○○−○○○○−○○○○）
相手方	□□□□ （□号室）（電話　○○−○○○○−○○○○）
発生日	令和○年○月○日から
苦情内容	令和○年○月○日頃から毎日、飼っているペットの鳴き声が夜中に響いている。
処置内容	・令和○年○月○日　　担当者　○○○○ 　申出のとおり、□号室からのペットの鳴き声による騒音の事実を確認。 ・令和○年○月○日　　担当者　○○○○ 　一般掲示（別紙参照）をして住人に周知。
苦情申出者に対する報告	令和○年○月○日　　担当者　○○○○ 一般掲示（別紙参照）によって、申出の騒音は防止された。
備　考	

別紙〔省略〕

第 4 章

終了時等の対応

136

第1　通常時

1　契約の更新

＜フローチャート〜契約の更新＞

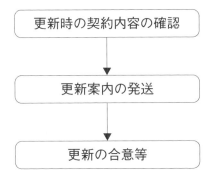

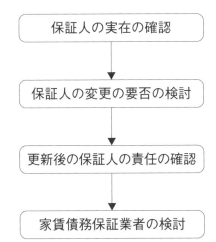

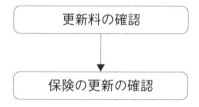

1　契約内容の確認等

> (1)　更新時の契約内容の確認
> (2)　更新案内の発送
> (3)　更新の合意等

(1)　更新時の契約内容の確認 ■■■■■■■■■■■■■■■■■■■■■■

　賃貸借契約の契約期間の終期が近づいてきた場合、現在の契約を更新するかどうか、更新する場合にその契約内容をどうするかなどについて検討する必要があります。

　更新とは、期間が満了したときに契約を終了させず、契約の終了時期を延期し、契約を更に継続させることをいいます。更新には、法律の規定に基づく法定更新（借地借家26①・28等）と、当事者の合意に基づく合意更新があります。

(2)　更新案内の発送 ■■■■■■■■■■■■■■■■■■■■■■■■■■■■

　高齢賃借人の場合には通常の場合に比べて、契約期間を意識されていない方や忘れている方もいます。また、解約を希望されていることも考えられます。そのため、賃借人からの解約予告期間も見込んで更新の案内を発送しておくことが望ましいといえます（【参考書式13】参照）。

　なお、賃借人からの解約申入期間は法律上は3か月ですが（民617①）、特約により伸長あるいは短縮されていることもあるため、賃借人側から解約申入れをする場合の解約予告期間を確認することも必要です。

　なお、原契約で自動更新条項が定められている場合もあると思いますが、その場合でも、契約内容の確認及び見直し、更新料を定めている場合には更新料の請求、賃借人の状況確認のためにも、更新の案内を送るべきでしょう。

(3)　更新の合意等 ■■■■■■■■■■■■■■■■■■■■■■■■■■■■■

◆更新合意ができた場合
　更新内容について合意ができれば、改めて賃貸条件を確認するために、その内容を合意書として取り交わします（【参考書式14】参照）。

特に、更新後の賃貸条件に変更がある場合、変更点については新たな合意をすることになるため更新合意書の締結は必須です。また、賃料の値上げなどを行う場合は、更新手続に当たって、更新案内の送付だけでなく、電話や対面での丁寧な説明を心掛けることも後日の紛争防止の観点から重要です。特に、高齢賃借人の場合は後日の紛争防止のためにも、通常に比べてより丁寧に記録などにも残しながら意思確認することが大切です。

◆更新合意ができなかった場合

更新の案内を送ったにもかかわらず、賃借人から返答がなく、契約期間の満了日を迎えてしまうこともあります。このように、原契約の契約期間の満了日までに、賃借人との間で更新合意に至らなかった場合で、賃貸人が、通知期間に更新拒絶の意思表示をしなかった場合や、更新拒絶の意思表示をしても、賃借人が使用を継続し、賃貸人が異議を述べなかった場合には、原契約と同じ契約条件で法定更新されることになります（借地借家26①②）。なお、契約書上、自動更新条項が定められていれば、その定めに従うことになります。

ただ、賃借人の状況を定期的に把握するためには、更新の際に毎度更新合意書を作成する方が望ましい対応です。その意味では、更新の案内に対し賃借人から何の回答もないという状態は、放置すべきではありません。特に高齢賃借人の入居を前提とするのであれば、自動更新条項に安易に頼るのはやめた方がよいでしょう。

2　保証人の確認

(1)　保証人の実在の確認
(2)　保証人の変更の要否の検討
(3)　更新後の保証人の責任の確認
(4)　家賃債務保証業者の検討

(1)　保証人の実在の確認 ■■■■■■■■■■■■■■■■■■■■■■■■

賃貸借契約時に、保証人との間で保証契約をしている場合に、契約時には保証人が健在であったり、資産状況に問題がなかったとしても、時間の経過により、保証人の

健康状態や生活状況などに変化が生じることがあります。場合によっては保証人が亡くなっているといったことも考えられます。そのため、更新時には、保証人の健康状態、生活状況、連絡確認の可否などを確認しておく必要があります。

　万が一、保証人が既に亡くなっている場合には、改正民法（平成29年法律44号による改正後の民法。以下同じ。）により、死亡が保証債務の元本確定事由になっているため（民465の4①三）、保証人死亡後に発生した借主の債務について新たに保証人を求める必要があります。一方、既に生じている保証債務については相続人が保証債務を相続するため、相続人調査をする必要なども生じてきます。特に、高齢賃借人の場合には保証人も同様に高齢であることも考えられるため、注意して確認しておくことが大切です。

(2)　保証人の変更の要否の検討 ■■■■■■■■■■■■■■■■■■■■■■

　保証人の健康状態や生活状況を確認した上で、更新後の保証人を変更する必要性がないかを検討する必要があります。

　保証人について、原契約時から判断能力の低下や生活状況、資産状況などに変化があり、不安視される状況があれば、保証人の変更について検討する必要が高いといえます。

　そして、賃貸借契約期間中や契約更新時に保証人を変更する場合には、承諾書などを利用して新たな保証人との間で保証意思の確認が必要です。

アドバイス

○民法が改正される前に締結していた賃貸借契約が、改正民法施行後に更新されることになった場合の保証人の責任

　改正民法施行前に締結された保証に関しては、賃貸借契約が改正民法の施行日以降に合意更新されたとしても、旧法の規定が適用されることになるとされています（筒井健夫＝松村秀樹編著『一問一答民法（債権関係）改正』383・384頁（商事法務、2018））。

　もっとも、改正民法施行後に、保証人と新たに保証契約を締結する場合や合意によって保証契約が更新された場合（【参考書式14】参照）、新たな保証人と保証契約を締結する場合には改正民法が適用されることになるとされています。そのため、これらの場合には、①極度額の定め（民465の2）、②保証契約締結時における賃借人からの情報提供義務（民465の10①）、及び③保証契約成立後における保証人からの請求によって生じる賃貸人の情報提供義務（民458の2）などへの対応が必要となるため注意が必要です。

(3)　更新後の保証人の責任の確認 ■■■■■■■■■■■■■■■■■■■

　更新後の保証人の責任について、通常、保証人は更新後の賃貸借契約から生じる賃借人の債務についても保証するというのが合理的意思と解されるため、原則として、更新後の賃貸借契約から生じる賃借人の債務についても保証責任を負うことになります。もっとも、賃貸人が保証債務の履行を請求することが信義則に反すると認められる場合には、更新後の賃貸借契約から生じる賃借人の債務について保証責任を免れると解されています（最判平9・11・13判時1633・81）。

　改正民法が適用される場合には、極度額の定めや債権者からの情報提供義務などの定めが設けられ保証人保護が図られていますが、賃貸人としては、改正民法の適用がない保証人の場合でも、漫然とした対応により滞納額が増額しないように、保証人に連絡するタイミングをルール化するなどの対策をしておくことが望ましいといえます。

$$\boxed{\text{ケーススタディ}}$$

Q　賃貸人による保証債務の履行請求が信義則に反することになる場合としては、どういった場合が考えられますか。

A　①　賃貸人が賃料未払の賃借人に対して建物明渡し及び賃料等の支払を求めて訴訟提起して、その訴訟手続において和解したにもかかわらず、賃借人を退去させると他の賃借人を見つけることが困難であったため賃借人を退去させずに、賃料相当損害金を保証人に請求した事案において、東京地裁昭和51年7月16日判決（判時853・70）は、保証人に対する請求を信義則に反するとして否定しました。

　　②　賃借人が賃料の支払をしなくなった後、賃貸借契約を2回合意で更新し、かつ、保証人には何らの催促もしていなかった事案において、東京地裁平成6年6月21日判決（判タ853・224）は、このような場合にまで保証人が責任を負うとするのは保証人の通常の意思に反するし、保証人に予想外の不利益を負わせるとして、2回目の更新以降の責任は負わないとしました。

　　③　契約期間満了後、法定更新となった建物賃貸借契約について、賃借人が法定更新前の段階で多額の賃料を滞納しており、法定更新後も引き続き滞納が継続していたにもかかわらず、賃貸人が連帯保証人に対して更新の経緯やそ

の後の賃料滞納について知らせず保証意思の確認もしていなかった事案において、東京地裁平成10年12月28日判決（判時1672・84）は、法定更新後の滞納賃料についての保証責任を否定しました。

(4)　家賃債務保証業者の検討 ■■■■■■■■■■■■■■■■■■■■■■■■■

　賃貸人としては、更新時に賃借人の関係者で適切な保証人がいない場合には、家賃債務保証業者と保証契約をすることが考えられます。特に、高齢賃借人の場合には、保証人のなり手が見つからず、これらの保証業者の利用の必要性も高いことが多いと考えられます。

　家賃債務保証業者については、平成29年10月に国土交通省の告示（平29・10・2国交告898）により、業務の適正化を図るために登録制度が創設され、登録情報が公表されているため、家賃債務保証業者の利用時にはこれらの登録情報も参考にできます。

　なお、法人保証の場合には、改正民法で求められることになった、極度額の定めや保証契約締結時の賃借人からの情報提供義務は必要ありませんが、保証業者によって保証の範囲などが違ってくるため事前に確認しておく必要があります。

3　契約内容の見直し

> (1)　賃借人の状況の確認
> (2)　契約条件の見直し
> (3)　定期借家契約への切替え

(1)　賃借人の状況の確認 ■■■■■■■■■■■■■■■■■■■■■■■■■■

　更新時には、賃借人の居住の有無、居住者の変動の有無、賃借人の判断能力や資力・収入の変動の有無（勤務先、退職の有無など）、親族の連絡先の変更の有無を確認するなど賃借人の状況を把握しておくことが重要だといえます。

　特に、高齢賃借人の場合には、契約時には判断能力に問題がなかったとしても、更新時には判断能力や認知機能の低下などが生じている可能性も考えられます。

◆認知症が疑われる場合

　賃借人に認知症が疑われる場合であったとしても、既に行っている賃貸借契約自体が取り消されたり、無効になったりすることはありません。

　もっとも、新たに更新合意を行い、当初の契約と異なる賃貸条件で合意を行う場合（特に、賃料や共益費を増額するなどの場合）には、更新合意の有効性が争われる可能性もあるため注意が必要です。また、賃借人に認知症など判断能力に問題がある場合に、万が一、未払賃料の支払請求や建物退去、明渡請求などの裁判を行う必要が生じた場合には訴訟能力が問題になってきます（民訴31・32参照）。

　そのため、認知症など判断能力の低下が疑われる場合には、更新時などのタイミングを利用して、家族やケースワーカーなどの関係者らと連絡を取るなどして、親族との同居や施設への移転を促すことを検討する必要もあると考えられます。

◆賃料滞納が発生している場合

　更新時に賃料の滞納状態が発生している場合には、更新時のタイミングを利用して合意解除を行い、任意の明渡しを求めることも考えられます。

　また、保証人がいる場合には、滞納賃料の金額を伝えるとともに、保証人に対して保証債務の履行請求をしていくことが必要になってきます。この点、前記 2 (3)で述べたとおり、滞納賃料が生じているにもかかわらず、それを保証人に知らせることなく、滞納賃料額が多額になった段階で請求しても信義則を理由に認められない場合があるため注意が必要です。

(2)　契約条件の見直し ■■■■■■■■■■■■■■■■■■■■■■■■■

　更新に当たっては、賃貸借契約締結時から、社会経済情勢の変動や近隣相場の地価の増減などが生じている場合があります。その場合には、賃料等の見直しを行い、賃貸条件の改定等を申し入れることが考えられます。

　もっとも、契約条件が折り合わなかったとしても賃貸借契約を解除できるわけではなく、契約書に基づいた自動更新や法定更新がされることになります。

　なお、賃料に関しては、賃貸借契約期間中であっても、社会経済情勢の変動などの事情（①土地建物に対する租税その他の負担の増減、②土地建物の価格の上昇低下その他の経済事情の変動、③近傍同種の建物の賃料との比較、④その他の事情）によって賃料が不相当になった場合には、賃料増減額請求を行うことができます（借地借家32①）。

(3)　定期借家契約への切替え ■■■■■■■■■■■■■■■■■■■■■■

　高齢賃借人の場合、賃料滞納や事故等のリスクが高齢化するほど高まります。そのため、今後の契約更新による契約長期化のリスクを回避する方法として、普通賃貸借契約を合意により一旦終了させ、定期建物賃貸借契約を締結することが考えられます。

　普通賃貸借契約から定期賃貸借契約への切替えは、賃借人にとって不利益となる可能性があるため、定期建物賃貸借契約締結時の借地借家法38条3項において要求される賃貸人から賃借人に対する説明を履践することはもちろん、高齢賃借人であれば、より丁寧に期間満了により賃貸借契約が終了することを説明しておくことが大切です。定期借家契約の手続、留意点等については、**第２章第３ 1 (8)**をご参照ください。

　なお、居住用建物では、定期建物賃貸借に関する借地借家法の規定の施行日（平成12年3月1日）より前になされた普通賃貸借契約を、定期建物賃貸借契約に切り替えることは、賃借人に不利益を生じさせるおそれがあるため「当分の間」認められないとされています（借地借家平11法153改正附則3。なお、同附則では「当分の間」とされていますが、現在も適用があります。）。

4 更新料等の確認

> (1)　更新料の確認
> (2)　保険の更新の確認

(1)　更新料の確認 ■■■■■■■■■■■■■■■■■■■■■■■■■■■

◆更新料とは

　賃貸借契約上の更新料とは、賃貸借契約の更新に際して、賃借人から賃貸人に支払われる金員のことをいいます。

◆更新料の有効性

　更新料について定めた法律上の規定はなく、更新料支払特約の有効性に関し、同特約が消費者契約法10条に反して無効にならないかが最高裁で争われました。

　最高裁平成23年7月15日判決（民集65・5・2269）は、「賃貸借契約書に一義的かつ具体的に記載された更新料条項は、更新料の額が賃料の額、賃貸借契約が更新される期間等に照らし高額に過ぎるなどの特段の事情がない限り、消費者契約法10条にいう『民法第1条第2項に規定する基本原則に反して消費者の利益を一方的に害するもの』には当たらない」としました（第2章第3 1 (3)）。

　そして、同事案では、更新料が賃料の2か月分、更新期間を1年間とした賃貸借契約の更新料条項に関し、公序良俗に反するものではないとされました。

◆更新料の請求の可否が問題となる場合

　更新料支払特約がある賃貸借において、更新合意がなされず、法定更新となる場合に更新料を請求できるかが問題になります。

　この点、特約に、法定更新の場合にも更新料を支払うことが定められていれば、特約の効力として支払義務がありますが、特約に明示されていない場合には、更新料を請求できるかどうかの結論が分かれています（支払義務を肯定した裁判例として東京地判平27・12・25（平26（ワ）31235）等、支払義務を否定した裁判例として東京地判平25・5・22（平23（ワ）31785）等）。

　また、自動更新条項に基づいて更新された場合には、法定更新の場合に更新料支払義務があるかどうかという議論は直接当てはまりませんが、更新料の支払義務を肯定した裁判例として、東京地裁平成17年4月26日判決（平16（ワ）20613）や東京地裁平成27年5月15日判決（平26（レ）686）などがあります。

　そのため、賃貸人としては、契約締結時に、法定更新や自動更新になった場合でも、更新料が生じる旨の定めを設けておくことが望ましいといえます。

(2)　保険の更新の確認 ■■■■■■■■■■■■■■■■■■■■■■■■■

　賃貸借契約を締結するに際し、賃借人に火災保険など保険への加入を義務付けていることが多いと思われます。更新時には、これらの保険の更新についても確認する必要があります。特に、高齢賃借人の場合には失念していることもあると思いますので、賃貸人や管理会社側から確認するよう伝えることも大切です。

　保険については、第2章第3 1 (7) もご参照ください。

【参考書式13】期間満了・更新のお知らせ

令和○年○月○日

賃借人　<u>　●●●●　</u>様

期間満了・更新のお知らせ

拝啓　時下益々ご清祥のこととお慶び申し上げます。

　早速ですが、●●●●様との間で令和●年●月●日付建物賃貸借契約を締結し、△△△△様にお借りいただいている下記物件に関して、令和▲年▲月▲日で期間満了になります。つきましては、更新のご意向を確認させていただきたいと考えておりますので、△月△日までに、当社（担当者：○○○○）宛てにご連絡いただきますようお願いいたします。なお、ご不明点がありましたら併せてご連絡いただきますようお願いいたします。

敬具

記

　　住　所：○○県○○市○○○－○－○
　　建物名：○○○○

　なお、更新に当たって、更新後の希望賃貸条件としては、次のとおり考えております。
　一．賃　　料：（現条件）<u>○○○○○</u>円⇒（新条件）<u>　●●●●●</u>円
　一．共益費：（現条件）<u>　　　　　　　　</u>⇒（新条件）<u>　　　　　　　</u>

以上

　　　　　　賃貸人又は管理会社
　　　　　　　（住所／所在地）　　○○県○○市○○○1－2－3
　　　　　　　（商　　号）　　　　○○株式会社
　　　　　　　（担当者／連絡先）　○○○○／○○－○○○○－○○○○

【参考書式14】更新合意書

更新合意書

　賃貸人○○○○（以下「甲」という。）、賃借人●●●●（以下「乙」という。）、及び、連帯保証人△△△△（以下「丙」という。）は、■■の建物（〔物件名・部屋番号〕。以下「本物件」という。）に関する令和●年●月●日付賃貸借契約の更新に当たって、以下のとおり合意した。

（更新後の賃貸条件）
第1条　本物件に関する更新後の賃貸条件は次のとおりとする。
　①　契約期間　○年
　②　月額賃料　○○○○○円
　③　共 益 費　○○○○○円
　④　敷　　金　○○○○○円
　⑤　そ の 他
（その他の契約条件）
第2条　前条に定める契約条件以外の契約条件は、添付の従前の賃貸借契約で定めたところに従う。
（連帯保証人）
第3条　丙は、乙と連帯して、本契約から生じる乙の債務を負担するものとする。本契約が更新された場合においても同様とする。
2　前項の丙の負担は、○○○○○円を限度とする。

以上

　以上の内容を証するため、同合意書を3通作成し、甲乙丙が各1通保管する。

令和○年○月○日
　　　　　　　　　　　（甲）住所　○○県○○市○○○－○－○　　氏名　○○○○　㊞
　　　　　　　　　　　（乙）住所　○○県○○市○○○－○－○　　氏名　●●●●　㊞
　　　　　　　　　　　（丙）住所　○○県○○市○○○－○－○　　氏名　△△△△　㊞

2 契約の解除

<フローチャート～契約の解除>

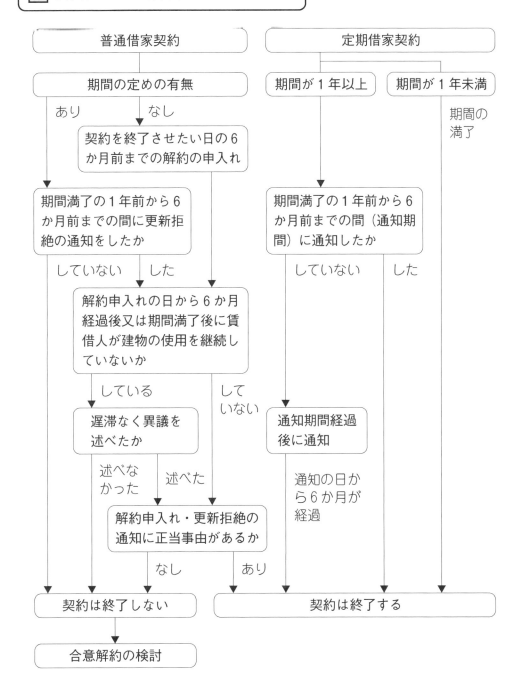

1 賃貸人からの解約申入れ・更新拒絶

普通借家契約

期間の定めの有無

あり / なし

契約を終了させたい日の6か月前までの解約の申入れ

期間満了の1年前から6か月前までの間に更新拒絶の通知をしたか

していない / した

解約申入れの日から6か月経過後又は期間満了後に賃借人が建物の使用を継続していないか

している / していない

遅滞なく異議を述べたか

述べなかった / 述べた

解約申入れ・更新拒絶の通知に正当事由があるか

なし / あり

定期借家契約

期間が1年以上 / 期間が1年未満

期間の満了

期間満了の1年前から6か月前までの間（通知期間）に通知したか

していない / した

通知期間経過後に通知

通知の日から6か月が経過

契約は終了しない

合意解約の検討

契約は終了する

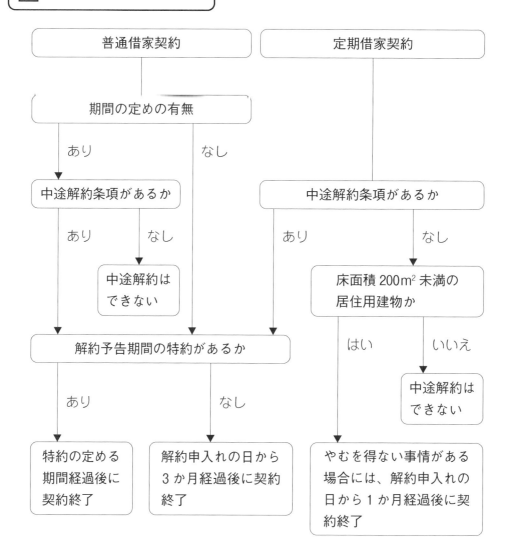

2 賃借人からの解約申入れ

普通借家契約

期間の定めの有無

あり　　なし

中途解約条項があるか

あり　　なし

中途解約はできない

解約予告期間の特約があるか

あり　　なし

特約の定める期間経過後に契約終了

解約申入れの日から3か月経過後に契約終了

定期借家契約

中途解約条項があるか

あり　　なし

床面積200m² 未満の居住用建物か

はい　　いいえ

中途解約はできない

やむを得ない事情がある場合には、解約申入れの日から1か月経過後に契約終了

3 賃料不払解除

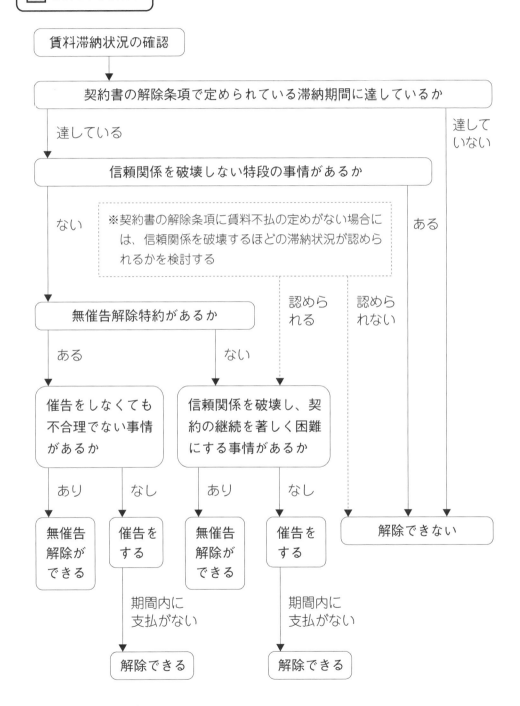

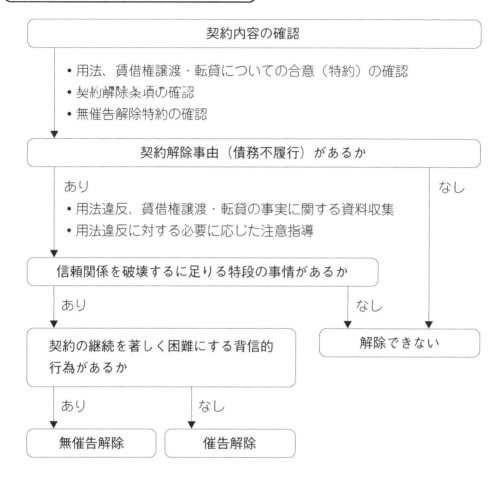

4 賃料不払以外の事由による解除

契約内容の確認

- 用法、賃借権譲渡・転貸についての合意（特約）の確認
- 契約解除条項の確認
- 無催告解除特約の確認

契約解除事由（債務不履行）があるか

あり
- 用法違反、賃借権譲渡・転貸の事実に関する資料収集
- 用法違反に対する必要に応じた注意指導

なし

信頼関係を破壊するに足りる特段の事情があるか

あり

なし

契約の継続を著しく困難にする背信的行為があるか

解除できない

あり

なし

無催告解除

催告解除

5 物件の明渡し

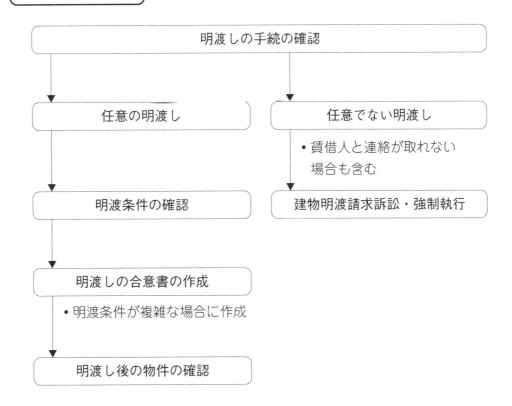

明渡しの手続の確認

任意の明渡し

任意でない明渡し
・賃借人と連絡が取れない
　場合も含む

明渡条件の確認

建物明渡請求訴訟・強制執行

明渡しの合意書の作成
・明渡条件が複雑な場合に作成

明渡し後の物件の確認

1 賃貸人からの解約申入れ・更新拒絶

---

(1)　賃貸人からの解約・更新拒絶の概観

(2)　賃貸借契約の期間の確認

(3)　解約の申入れ・更新拒絶の通知

(4)　遅滞なき異議

(5)　正当事由の確認

(6)　立退料

---

(1)　賃貸人からの解約・更新拒絶の概観 ■■■■■■■■■■■■■■

◆期間の定めのない借家契約

　期間の定めのない借家契約においては、解約の申入れにつき正当事由がある場合に限り、賃貸人からの解約が認められます（借地借家27・28）。正当事由がない場合は、賃貸人から解約することはできませんので、契約を終了させたいのであれば、合意解約を検討するほかありません。

◆期間の定めのある借家契約

　期間の定めのある普通借家契約においては、期間満了時の更新拒絶の通知につき正当事由がある場合に限り、賃貸人からの更新拒絶が認められます（借地借家26・28）。正当事由がない場合は、賃貸人から更新を拒絶することはできませんので、契約を終了させたいのであれば、合意解約を検討するほかありません。

　定期借家契約においては、更新がなく、期間満了時の契約終了に当たり正当事由は必要ありません。ただし、定期借家契約の契約期間が1年以上である場合は、一定の期間内に期間満了により契約が終了する旨の通知を行う必要があります（借地借家38⑥。なお、令和3年の法改正（令和3年法律37号。施行日は令和3年5月19日から起算して1年を超えない範囲内において政令で定める日）により同条2項及び4項が新設され、終了通知に関する改正前の4項が6項に繰り下がりました。以下同じ。）。

　なお、期間の定めのある借家契約（定期借家契約も含みます。）においては、原則として、期間途中で賃貸人から解約することはできません。ただし、契約に、賃貸人か

ら中途解約をできる旨の特約がある場合、当該特約の有効性については、見解が分かれています。賃借人に不利な特約であるとして借地借家法30条に反し、無効となるという考え方（東京地判平26・8・5（平24（ワ）30938）、東京地判昭27・2・13下民3・2・191等）と、中途解約には正当事由を要すると解されることから、正当事由の存在を要する限りにおいて、特約を有効とする考え方があります（東京地判令2・2・7（平28（ワ）26233）、東京地判平28・3・11（平24（ワ）19675）等）。

(2)　賃貸借契約の期間の確認 ■■■■■■■■■■■■■■■■■■■■■■■■

◆普通借家契約の場合の契約期間

　契約の期間については、基本的には、契約締結時の定めにより決まりますが、以下のような注意点があります。

① 普通借家契約の期間の制限

　普通借家契約の最短期間は1年とされており、1年未満の期間を定めた場合は、期間の定めのない賃貸借契約とみなされます（借地借家29①）。

　他方で、借家契約の最長期間については、制限はありません。民法上、賃貸借契約の最長期間は50年とされており、合意でもこれを超えることはできませんが（民604①）、借家契約（定期借家契約も含みます。）の場合は、民法604条が適用除外となっています（借地借家29②）。

② 過去に契約が更新されている場合

　過去に契約が更新されている場合、契約期間との関係で、その更新が、法定更新によるものであるのか、合意による更新であるのかを確認する必要があります。

　法定更新とは、当事者があらかじめ更新拒絶等の通知をしなかったときや、賃借人の建物の継続使用に遅滞なく異議を述べなかったときに、従前の契約と同一の条件（契約期間を除きます。）で契約を更新したものとみなされることをいいます（借地借家26①本文・②）。法定更新後の契約は、期間の定めのないものとなります（借地借家26①ただし書）。

　合意による更新である場合、その更新時に合意した期間が更新後の契約の期間となります。賃貸借契約書に自動更新条項の定めがあり、当該条項によって更新される場合は、当該条項の定めに従って、更新後の期間が決まります。

　特に、高齢賃借人の場合には、法定更新か合意更新かを意識していない方もいますので、自動更新条項がない借家契約において、合意により更新する場合は、賃貸

人としては、更新のたびに更新契約書を作成し、契約期間を明確にしておく必要があります。

◆定期借家契約の場合

定期借家契約は、約定で定められた期間の満了により終了し、更新はありません（借地借家38）。定期借家契約の場合は、最短期間を定めた借地借家法29条1項は適用除外とされており、1年未満の期間を定めることができます（借地借家38①）。定期借家契約の締結については、第2章第3 1 (8)をご参照ください。

(3)　解約の申入れ・更新拒絶の通知 ■■■■■■■■■■■■■■■■■■■■■

解約の申入れ・更新拒絶の通知については、以下のとおり、申入れ・通知の期間が法定されていますので、配達証明付きの内容証明郵便にて、賃借人に対して送付するとよいでしょう。これらの記載例は、【参考書式15】〜【参考書式17】をご参照ください。

◆期間の定めのない普通借家契約の場合

期間の定めのない普通借家契約において、解約の申入れに正当事由がある場合には、賃貸人による解約申入れの日から6か月を経過することによって、契約は終了することになります（借地借家27①・28）。

したがって、賃貸人から契約を終了させたい場合、賃貸人は、正当事由があることを確認した上で、賃借人に対し、契約を終了させたい日の6か月前までに解約の申入れを行う必要があります。

◆期間の定めのある普通借家契約の場合

期間の定めのある普通借家契約において、当事者が期間の満了の1年前から6か月前までの間（以下「通知期間」といいます。）に相手方に対して更新をしない旨の通知又は条件を変更しなければ更新をしない旨の通知（以下「更新拒絶通知」といいます。）をしなかったときは、従前の契約と同一の条件（ただし、期間は定めのないものとなります。）で契約を更新したものとみなされます（法定更新）（借地借家26①）。

したがって、期間満了時に契約を更新せず終了させたい場合、賃貸人としては、通知期間内に、更新拒絶通知を送る必要があります。ただし、更新拒絶通知には、正当事由が必要です（借地借家28）。

◆定期借家契約の場合

　定期借家契約において、契約期間が1年以上の場合は、賃貸人は、賃借人に対し、契約期間満了の1年前から6か月前までの間（以下「通知期間」といいます。）に、期間満了により契約が終了する旨を通知しないと、賃貸人は、賃借人に対し、契約の終了を対抗することができません（借地借家38⑥本文）。

　したがって、契約期間が1年以上の定期借家契約については、期間満了時に契約を終了させるためには、賃貸人としては、賃借人に対し、通知期間内に、契約が終了する旨の通知をする必要があります。

　また、通知期間経過後であっても、賃貸人が賃借人に対し契約終了の通知をした場合、通知の日から6か月を経過した後は、契約の終了を対抗できます（借地借家38⑥ただし書）。したがって、通知期間が経過してしまった後であっても、賃貸人としては、早急に契約が終了する旨の通知を行う必要があります。

(4)　遅滞なき異議 ■■■■■■■■■■■■■■■■■■■■■■■■■■■■■■■■

　賃貸人が、期間の定めのない借家契約においては解約申入れを、期間の定めのある借家契約においては期間満了時の更新拒絶通知を行った場合であっても、解約申入れによる契約終了後ないし期間満了後に、賃借人が建物の使用を継続する場合は、賃貸人は、賃借人に対し、遅滞なく異議を述べる必要があります。

　賃貸人が遅滞なく異議を述べなかった場合、従前の契約と同一の条件（ただし、期間は定めのないものとなります。）で契約を更新したものとみなされます（法定更新）（借地借家26②①・27②）。

　異議通知書の記載例については、【参考書式18】をご参照ください。

(5)　正当事由の確認 ■■■■■■■■■■■■■■■■■■■■■■■■■■■■■■■■

◆借地借家法の定め

　既に述べたとおり、期間の定めのない借家契約における解約申入れや、期間の定めのある普通借家契約における更新拒絶通知をするためには、正当事由が必要です。すなわち、借地借家法28条は、①建物の賃貸人及び賃借人（転借人を含みます。）が建物の使用を必要とする事情のほか、②建物の賃貸借に関する従前の経過、③建物の利用状況及び④建物の現況並びに⑤建物の賃貸人が建物の明渡しの条件として又は建物の明渡しと引換えに建物の賃借人に対して財産上の給付をする旨の申出をした場合にお

けるその申出を考慮して、正当事由があると認められる場合でなければ、解約申入れや更新拒絶通知をすることができないとしています。

◆正当事由の判断要素

　上記①～⑤の中でも、正当事由の存否を判断するに当たって、①が基本となる要素であり、②～⑤は、①だけでは判断ができないときに補充的要素として考慮されると解されています。

①　建物の賃貸人及び賃借人（転借人を含みます。）が建物の使用を必要とする事情

　　賃貸人が建物の使用を必要とする事情と、賃借人が建物の使用を必要とする事情を比較衡量して、賃貸人の自己使用の必要性が賃借人の自己使用の必要性を大きく上回っていれば、正当事由があると判断されます。

　　賃貸人の自己使用の必要性には、賃貸人本人が直接自分で使用する場合だけでなく、賃貸人の家族ないしは親族が使用する場合も含まれますが、直接賃貸人本人が使用する場合よりは、必要性は弱いと判断されるでしょう。また、自己使用の必要性には、居住の必要性だけでなく、営業上の具体的な必要性も含まれます。例えば、獣医院の開業を予定している賃貸人において、動物を扱うためマンションでの開業は事実上無理で、一戸建ての賃借家屋を探すにしても診察室を造る等の改造が必要であること等から他の場所での開業が困難であるといった事情（東京地判昭55・8・15判タ440・123参照）や、賃貸人が現在使用中の建物敷地が行政のまちづくり計画に伴う道路予定地に含まれており営業場所の移転を迫られているといった事情（東京地判平12・6・28（平11（ワ）8785）参照）等が、賃貸人の自己使用の必要性を肯定する事情として考慮されています。

　　賃借人の自己使用の必要性については、現に居住していることだけでなく、転居の容易性、転居により被る不利益の程度、代替物件の確保の可能性なども考慮されます。例えば、賃借人が高齢であることや病身で長年居住しているという事情（東京高判昭60・12・12判タ603・62参照）や、妻が不眠症と心臓病を患っており転居による症状悪化の可能性があるという事情（東京地判平23・2・24（平21（ワ）41317）参照）、通院・通勤が不便になるという事情（通院しやすいことを賃借人の自己使用の必要性を肯定する一事情として考慮したものとして東京地裁平成21年7月30日判決（平19（ワ）24831））等が、賃借人の自己使用の必要性を肯定する事情として考慮されています。また、賃貸人と同様、営業の必要性も考慮されます。

　　特に賃借人が高齢である場合は、転居先の確保が困難であることが多く、賃借人

の自己使用の必要性が肯定されやすいため、賃貸人においては、賃貸人側の自己使用の必要性を、より丁寧に検討する必要があります。

② 建物の賃貸借に関する従前の経過

　賃貸借契約締結時における権利金等の一時金の授受の有無、金員の授受があった場合のその金額の多寡（相場との比較）、賃料の金額の妥当性や改定の状況、過去の賃料等の支払状況等が考慮されます。例えば、比較的短期間の契約を予定して敷金なしで賃貸したという事情や、賃料不払が繰り返されているという事情は、正当事由を肯定する方向で考慮されることになります。

③ 建物の利用状況

　賃借人が建物を実際に利用しているかどうかや、賃借人が契約に定められた目的・用途に従って建物を利用しているかといった事情が考慮されます。例えば、長期にわたって賃借人が建物を使用していない状態が続いている場合には、正当事由は肯定されやすくなります。

④ 建物の現況（敷地の有効利用を含みます。）

　建物の老朽化あるいは建物の安全性不足により、修繕や建替えの必要性が生じているかといった事情です。また、建物の敷地を有効利用する必要性がある場合なども、考慮される一事情となります。必要性がある場合には、正当事由を肯定する方向で考慮されることになります。

⑤ 建物の賃貸人が建物の明渡しの条件として又は建物の明渡しと引換えに建物の賃借人に対して財産上の給付をする旨の申出をした場合におけるその申出

　財産上の給付とは、立退料の提供を申し出たか、申し出た場合にその金額はどのくらいかといった事情や、代替家屋等の提供の申出があったかという事情も考慮されます。特に高齢賃借人の場合は、自分自身で転居先を見つけることが困難なことが多いと思われますので、賃貸人としては、正当事由との関係でも、実際に解約をスムーズに行うという意味でも、立退料の提供だけでなく、賃借人の転居先を探して紹介するという方法を検討するのが現実的です。

　もっとも、⑤の事情は、①を考慮し、それに②～④の事情を更に考慮して、正当事由につき完全ではないけれども一定の水準には達したと認められるケースにおいて、賃借人の不利益を経済的観点から軽減し、正当事由を補完する役割を持つものとされています。したがって、①～④のみでは正当事由が認められない場合には、高額の立退料が提供されたとしても、正当事由は認められないと考えておいた方がよいでしょう。

（6）　立退料 ■■■■■■■■■■■■■■■■■■■■■■■■■■■■■■■■■■

◆立退料の内容

　立退料は、上記のとおり、正当事由が不十分である場合に、これを補完するために提供されることがあります。もっとも、正当事由の有無及びその程度は、事案によって異なるため、立退料の定型的な計算式というものはありません。一般には、上記(5)の①～④の事情による正当事由の充足度が高ければ高いほど立退料は低くなり、正当事由の充足度が低ければ低いほど立退料は高くなる傾向にあります。

　立退料の内容としては、引越費用や移転先取得に要する費用等の移転実費、店舗や事務所等の営業用に建物を賃貸していた場合に他に移転することにより見込まれる減収分についての営業補償、借家権価格の補償、慰謝料などです。もっとも、賃借人が明渡しによって受ける損失の全てを補償するに足りるものである必要はありません（最判昭46・11・25民集25・8・1343等参照）。

　ただ、賃貸人としては、適正な立退料に多少の上乗せをして提供することによって、賃借人との間で明渡しに関する合意を行い、円満に早期の明渡しを実現することも、合理的な解決方法の一つといえるでしょう。

　なお、立退料の支払を伴う賃貸借契約の解約の合意ができた場合には、立退料の支払条項は、明渡しと引換えの場合は「甲（賃貸人）は、乙（賃借人）に対し、明渡しを受けるのと引換えに、立退料として金○○円を支払う。」、明渡し前に支払う場合には「甲（賃貸人）は、乙（賃借人）に対し、○年○月○日までに、立退料として金○○円を支払う。」といった記載になります。

◆立退料の提供時期

　正当事由の存否は、本来、解約申入れ又は更新拒絶通知の時点の事情に基づいて判断されますが、解約申入れ又は更新拒絶通知の後に行われた具体的な立退料の提供ないしその増額の申出は、それが事実審の口頭弁論終結時までにされたものについては、原則としてこれを考慮することができるとされています（解約申入れの事案として、最判平3・3・22民集45・3・293）。

　もっとも、立退料の提供がなければ正当事由が不足することが明らかであるような場合など、賃貸人としては、解約申入れや更新拒絶通知を行う際に、適正な立退料を提供する準備があることを賃借人に伝えるべき場合もあると思われます。賃貸人としては、事案に応じて、立退料の提示の時期や金額交渉の進め方を検討する必要があります。

2　賃借人からの解約申入れ

(1)　中途解約条項・解約予告期間の特約の確認
(2)　解約意思の確認

(1)　中途解約条項・解約予告期間の特約の確認 ■■■■■■■■■■■

◆期間の定めのない借家契約の場合

　期間の定めのない借家契約においては、賃借人の解約の申入れの日から3か月（民617①二）を経過することにより、契約は終了します。解約申入れの予告期間を定める民法617条は任意規定ですので、特約により、予告期間を伸長又は短縮することも可能です（なお、賃貸人からの申入れの場合は、予告期間を特約により短縮することはできません（借地借家30）。）。

　したがって、予告期間について特約がある場合は、賃借人の解約の申入れの日から特約に応じた予告期間の経過により契約は終了し、特約がない場合は、賃借人の解約の申入れの日から3か月（民617①二）の経過により契約は終了します。

◆期間の定めのある借家契約の場合

　期間の定めのある借家契約においては、期間の合意は、契約当事者を拘束します。すなわち、賃貸人は、当該期間、賃貸物件を使用収益させる義務を負い、賃借人は、当該期間、賃料を支払う義務を負うのが原則です。したがって、賃借人も賃貸人も当該期間内に一方的な意思表示による解約をすることはできないのが原則です（もちろん、合意解約は可能です。）。

　もっとも、期間の定めのある借家契約（定期借家契約を含みます。）において、契約期間内であっても、予告期間を置くことにより、一方的な解約申入れができるとする旨の条項（以下「中途解約条項」といいます。）が定められていることがあります。中途解約条項がある場合には、賃借人から、当該条項に従った解約の申入れがなされれば、予告期間の経過により契約は終了します。また、中途解約条項における予告期間は、期間の定めのない借家契約と同様、特約により、伸長又は短縮することも可能です（特約がなければ3か月ですが（民618・617①二）、実際、居住用物件の場合は、解約の

予告期間を1〜3か月とする例が多いようです。)。

　したがって、中途解約条項がある場合、予告期間に関する特約があるときは、賃借人の解約申入れの日から当該特約に応じた予告期間の経過により契約は終了し、予告期間の特約がないときは、賃借人の解約申入れの日から3か月（民618・617①二）の経過により契約は終了します。

◆違約金特約

　期間の定めのある借家契約の場合、賃貸人は、当該期間中の賃料の受領を期待していることが通常であり、また、期間途中の退去となると次の賃借人を募集する準備期間も必要となります。そこで、賃借人に中途解約を認めつつ、中途解約の申入れを行う場合は、賃借人は賃貸人に対して違約金を支払う旨の特約（以下「違約金特約」といいます。）を設けることがあります。違約金特約は、多くの場合、「契約期間満了までの残期間の賃料を違約金として支払う」という形で定められます。

　違約金特約については、多くの裁判例で、その効力が認められています。もっとも、違約金の額があまりにも長い期間分となると、賃借人に不当な不利益を課すとして、特約の全部又は一部について公序良俗違反として無効とされる可能性もありますので、注意が必要です。

$$\boxed{\text{ケーススタディ}}$$

Q　違約金特約は、どの程度の期間分だと無効になるのでしょうか。

A　違約金特約の有効性は、賃貸借契約締結時の違約金の金額の設定の経緯、当事者の認識の程度、賃貸借契約の目的・用途等の事情を総合考慮して判断されます。

　例えば、倉庫賃貸の事案で、契約期間満了までの残期間の賃料を解約時に一括して支払う場合に限り中途解約できる旨の特約があり、解約申入れ時の残存期間分（2年6か月分）の全額の支払義務が肯定された事例（東京地判平22・6・24（平20（ワ）18088・平20（ワ）25458））がある一方で、店舗賃貸の事案で、残存期間分が約3年2か月分の賃料及び共益費相当額の違約金が請求可能な約定につき、賃借人に著しく不利であり、賃借人の解約の自由を極端に制約することになるとして、1年分の賃料及び共益費相当額を超える部分が公序良俗に反して無効とされた事例（東京地判平8・8・22判タ933・155）があります。

　また、事務所や店舗の賃貸借契約と異なり、居住用の賃貸借契約には、消費者契約法の適用がありますが、同法9条1号を理由として、中途解約により賃貸人が受けることがある平均的な損害を1か月分の賃料相当額としてこれを超える部分を無効とした事例（東京簡判平21・2・20（平20（少コ）3509）裁判所ウェブサイト）がある一方で、中途解約により賃貸人が受けることがある平均的な損害は2か月分であるとして、中途解約の場合に2か月分の賃料等相当額の支払義務を負わせ、解約予告期間を2か月とする解約予告条項を有効とした事例（東京地判平27・11・4（平27（レ）449・平27（レ）607））があります。

　一概にはいえませんが、居住用物件の場合は、賃借人保護の要請が強く、有効とされるのは1〜3か月程度にとどまり、事業用物件の場合は、規模にもよりますが、高めの金額であっても有効と認められる傾向にあります。

◆定期借家契約の特殊性

　定期借家契約においては、期間の定めのある普通借家契約と異なり、借地借家法により、中途解約条項の定めがない場合であっても、床面積が200m²未満の居住用建物については、転勤、療養、親族の介護その他のやむを得ない事情により賃借人が建物を自己の生活の本拠として使用することが困難となったときは、賃借人から解約の申入れをすることができるとされています。この場合、解約の申入れの日から1か月を経過すれば契約が終了します（借地借家38⑦）。

(2)　解約意思の確認 ■■■■■■■■■■■■■■■■■■■■■■■■■■

　一般に、居住用物件は生活の本拠地であり、借家契約の解約は、賃借人の生活に大きな影響を与えるものである一方で、解約予告を受けた賃貸人としては、空室を避けるべく、早期に新たな賃借人の募集を行うことになります。そこで、賃借人から解約申入れがあった場合には、賃貸人としては、賃借人の意思確認を丁寧に行う必要があります。

　例えば、賃借人からの解約の申入れが口頭のみでされている場合、後日、賃借人からそのような申入れはしていないなどと言われては困りますので、後日の紛争を避けるべく、賃借人からの解約の申入れは、書面やメールで行ってもらうようにすべきでしょう。実際、契約書において、解約の申入れは、書面やメールにより行う旨の定めがあることが多いです。

　契約書に、解約申入れは書面にて行う等の定めがある場合は、約定に従った申入れ

かどうかを確認し、場合によっては、念のため、電話・面談等により賃借人の解約意思を確認した方がよいでしょう。特に、賃借人が高齢の場合は、より丁寧に意思確認を行った上で、契約終了日がいつになるのか、家賃の支払がいつまでになるのか、契約終了日までに賃借人がしなければならないことは何か等を確認して、認識に齟齬が生じないようにすることが大切です。

3　賃料不払解除

---

(1)　賃料の滞納状況の確認
(2)　契約書の解除条項の確認
(3)　催告の要否の判断
(4)　緊急連絡先・連帯保証人への連絡
(5)　解除通知
(6)　関係機関との連携

---

(1)　賃料の滞納状況の確認 ■■■■■■■■■■■■■■■■■■■■■■■

　賃料の滞納を理由とする賃貸借契約の解除を検討するためには、まず、賃料の滞納状況（滞納期間、滞納額等）を正確に把握する必要があります。そのためには、賃料の支払時期（前払特約が定められていることも多いです。）を賃貸借契約書で確認した上で、家賃台帳、家賃の振込口座、賃借人に渡した領収証の写し等の資料により、賃借人の賃料の支払状況を確認します。昔から長期間物件に入居している高齢の賃借人の場合、自動引落しや振込みによる家賃支払への移行が技術的に難しく、昔ながらのいわゆる「判取帳」で賃料収受が行われているケースがまま見られますが、そういった場合は判取帳も支払を確認するための資料となります。

(2)　契約書の解除条項の確認 ■■■■■■■■■■■■■■■■■■■■■■■

　一般的な賃貸借契約書の解除条項には、一定期間の賃料の滞納がある場合には契約を解除できる旨の規定が設けられています。まずは、賃貸借契約書の解除条項に該当

するか、具体的には、現在の賃料の滞納が、解除条項で定められている滞納期間に達しているかを確認しましょう。

　賃料の滞納が、契約書の解除条項で定められている滞納期間に達している場合、賃貸人は、相当の期間を定めて催告し、その期間内に賃料の支払がされなかったときは、賃貸借契約を解除することになります（民541本文）。もっとも、賃貸借契約は、賃貸人と賃借人との間の信頼関係を基礎とする継続的契約関係であることから、賃料の滞納が賃貸借契約の解除条項に定められている滞納期間に達している場合であっても、信頼関係を破壊しない特段の事情のあるときには、解除は否定されます（最判昭39・7・28判時382・23等）（信頼関係破壊の法理）。

　また、賃貸借契約書に解除条項が設けられていなかったとしても、賃料の支払は賃貸借契約における賃借人の中心的な債務ですので（民601）、賃料の滞納額、滞納期間その他の事情から、賃貸人と賃借人との間の信頼関係を破壊するに至っているかを検討し、解除の可否を判断することになります。

$$\boxed{\text{ケーススタディ}}$$

Q　何か月程度の期間の滞納があれば、契約の解除が認められるのでしょうか。

A　信頼関係破壊の有無は、滞納の程度・金額、滞納に至った経緯、過去の賃料支払状況、催告の有無・内容、催告後の賃借人の対応等を、総合的に考慮して判断されます。そのため、滞納期間は重要な要素ではありますが、それのみで判断されるものではなく、事案ごとに検討するほかありません。

　解除権の行使を肯定した事例としては、例えば、2か月程度の遅滞が恒常的に生じていたことから信頼関係の破壊を認めて解除権の行使を肯定したもの（東京地判平19・8・31（平18（ワ）16068））や、賃料2か月分及び電気代3か月分の滞納があった事案で、従前同様の賃料等の滞納を多数回繰り返し、賃貸人から催告を受けてから支払うという対応をしてきており、慢性的な債務不履行状態にあったとして、催告の5日後（ただし、催告期間経過による解除の意思表示後）には未払賃料等の全額が支払われたにもかかわらず、信頼関係の破壊を認めて解除権の行使を肯定したもの（東京地判平23・2・25（平22（ワ）12032））、催告時に賃料・共益費の4か月分の滞納があり、催告期間内に1か月分のみ支払われた事案で、解除の時点で少なくとも3か月分の未払がある以上、信頼関係は破壊されたとして解除権の行使を認

めたもの（東京地判平27・8・4（平27（ワ）8198））などがあります。

　　他方で、解除権の行使を否定した事例としては、2か月分の賃料の滞納及び敷金の一部の未払（500万円のうち200万円が未払）があっても、滞納に至った経緯や、賃借人において遅延状態の解消のため一定の努力がなされていること、解除によって賃借人の受ける損害等を考慮し、信頼関係を破壊しない特段の事情があるとして解除権の行使を否定したもの（東京地判平24・10・3（平24（ワ）10805））や、3か月分の賃料滞納であったが銀行預金を引き出すために使用する印鑑を紛失したことが不払の理由であり賃貸人もこれを知っていたこと、賃借人が賃料を支払う意思及び能力を十分に有していたことも明らかであったこと等から、信頼関係を破壊しない特段の事情があるとして解除権の行使を否定したもの（東京地判昭54・12・14判タ416・159）などがあります。

（3）　催告の要否の判断 ■■■■■■■■■■■■■■■■■■■■■■■■■■■■■

◆催告解除と無催告解除

　賃料の滞納を理由に賃貸借契約を解除する場合、賃貸人は、まず、相当の期間を定めて賃料の支払を催告し、その期間内に賃料の支払がされなかったときに、解除の意思表示を行うのが原則です（催告解除）（民541本文）。

　もっとも、催告をして、賃借人に是正の機会を与える必要がないほどに、賃借人が賃貸人との間の信頼関係を破壊し、賃貸借契約の継続を著しく困難にした場合は、賃貸人は、催告をすることなく賃貸借契約を解除することができます（無催告解除）。信頼関係を破壊し、賃貸借契約の継続を著しく困難にしたかどうかは、滞納の程度・金額、滞納に至った経緯、過去の賃料支払状況、賃借人の態度等を、総合的に考慮して判断されます。賃料不払を理由とする無催告解除を認めた事例としては、約9年10か月の長期間にわたって賃料を支払わず、その間、当該不動産を自己の所有と主張して賃貸借関係の存在を否定し続けたもの（借地の事案）（最判昭49・4・26民集28・3・467）や、無催告解除の意思表示をした時点で9か月分（238万5,000円）の賃料不払があり、賃借人は未払の賃料を認識しながらこれを解消することがなかったというもの（東京地判平25・2・21（平24（ワ）18749））等があります。他方で、11か月分の賃料を支払わず、それ以前においてもしばしば賃料の支払を遅滞したことがあったという事案で、他に特段の事情がない限り催告を要するとして、無催告解除を認めなかった事例もあります（最判昭35・6・28民集14・8・1547）。

　賃借人が、賃貸人との間の信頼関係を破壊し、賃貸借契約の継続を著しく困難にしたかどうかについては、事案ごとの個別事情によるため、判断が難しいこともあると

思われます。判断に悩む場合は、原則に従い、催告を行った上で、解除の意思表示を行う方がよいでしょう。

◆無催告解除特約

　賃貸借契約書に、賃借人が賃料を滞納した場合には、賃貸人は滞納賃料の支払を催告することなく直ちに賃貸借契約を解除できる旨の条項（無催告解除特約）が定められていることがあります。

① 　強行法規との関係

　　まず、無催告解除特約は、賃料支払義務違反を理由とする場合の特約であるため、強行規定（借地借家30）に反するものではないとされています（最判昭37・4・5民集16・4・679）。

② 　無催告解除特約に基づく解除の制限

　　それでは、無催告解除特約さえあれば、常に無催告で賃貸借契約を解除することができるのでしょうか。

　　この点、判例は、1か月分の賃料を滞納した場合に無催告で解除できる旨の特約について、賃貸借契約が当事者間の信頼関係を基礎とする継続的契約関係であることに鑑み、「賃料が約定の期日に支払われず、これがため契約を解除するに当たり催告をしなくてもあながち不合理とは認められないような事情が存する場合には、無催告で解除権を行使することが許される旨を定めた約定であると解するのが相当である」として、無催告解除特約を限定的に解釈した上で有効であるとしました（最判昭43・11・21民集22・12・2741）。その上で、本事案では、5か月の滞納があり、他に特段の事情も認められないため、無催告で解除権を行使することも不合理とはいえないとして、無催告解除特約に基づく解除を有効と判断しました。

　　ほかに無催告解除特約に基づく解除を認めた事例としては、約4か月分の賃料不払の事案（東京地判平29・1・13（平28（レ）794））や、たびたび賃料を滞納しており（4か月分も滞納することもあった）、本件無催告解除の意思表示が賃借人に送達されるまでに賃貸人との信頼関係の維持・回復を図るに足る具体的行動をしていないという事案（東京地判平28・12・27（平28（ワ）29071））などがあります。

　　以上のように、無催告解除特約の有効性については、限定的に解釈されていますので、賃貸人としては、無催告解除特約に基づき解除を行う場合、過去の滞納の有無、滞納額、滞納期間、滞納に至った経緯、その他の事情を総合的に考慮して、解除に当たり催告をしなくても不合理とは認められないような事情があるといえるかを、慎重に検討する必要があります。

（4）　緊急連絡先・連帯保証人への連絡 ■■■■■■■■■■■■■■■■■

◆滞納を把握したときの対応

　賃借人が高齢の場合、急に賃料を滞納するようになって連絡も取れないため、様子を見に行ったら居室内で亡くなっていたということがあります。居室内で亡くなっている場合は、原状回復の必要性やその費用、次の賃貸借契約における募集要件等に影響を与える可能性がありますので、早期の対応が重要になります。また、経済的事情により滞納している例や、認知機能の低下によって支払手続ができなくなっていた例、病気による急な長期入院で賃貸人に連絡できないまま滞納になってしまっていたという例もあります。単に催告を行うだけでは根本的な解決が見込めないようなケースでは、賃貸人としては、行政機関と連携するなどの積極的対応を検討した方がよい場合もあります。いずれにしても、賃貸人としては、賃料の滞納が発生した場合には、滞納の理由を早期に確認し、放置しないということが重要です。

　そこで、賃料の滞納が発生したときは、賃借人本人に状況確認の連絡をすることはもちろん必要ですが、賃借人が滞納を繰り返すような場合は、契約書上の緊急連絡先や連帯保証人に連絡を入れることを検討しましょう。また、賃借人と全く連絡が取れない場合、賃貸人としては、緊急連絡先や連帯保証人に連絡をして、様子を見に行ってもらうことも考えられます。このように、緊急連絡先や連帯保証人への連絡は、事実上、賃借人の安否確認として意義がある場合もあります。

◆連帯保証人に対する連絡の意味

　賃貸人は、賃貸借契約を解除するに当たり、必ずしも、連帯保証人に対する滞納賃料の支払請求（保証債務の履行請求）を行う必要はありません。賃貸人が、賃借人だけでなく、連帯保証人に対しても賃料の支払を請求するか（保証債務の履行請求を行うか）については、賃貸人として、賃料を滞納している賃借人との間の賃貸借契約を継続してもよいと考えているのか、これを機に解除したいと考えているのかということも考慮要素となります。

　賃貸人が、賃貸借契約を継続してもよいと考えている場合は、連帯保証人に賃料の支払請求を行う方向になります。この場合の賃料の支払請求は、滞納賃料を現実に回収するという意味と、連帯保証人に賃料支払の機会を付与する（保証人とのトラブルを防止する）という意味があります。また、賃借人が継続的に支払を怠っているにもかかわらず、賃貸人が保証人に何ら通知することなく、契約を更新させている場合には、保証債務の履行請求が信義則に反するとして否定されることもあります（最判平9・

11・13裁判集民186・105）（第2章第2 [2] (3)参照）。したがって、賃料の滞納が続く中でも、賃貸人が賃貸借契約の継続を考える場合には、連帯保証人に賃料の支払請求を行うべきでしょう。なお、主たる債務の履行状況に関する情報の提供義務を定めた民法458条の2は、賃貸借契約にも適用されます。保証人から情報提供の請求をされた場合は、賃貸人は、保証人に対して、遅滞なく、賃借人の賃料支払等の債務の不履行の有無、不履行がある場合の残額等の情報を提供しなければなりませんので、注意が必要です。

　他方で、賃貸人がこの機会に賃貸借契約を解除したいと考えている場合は、上記のとおり、必ずしも連帯保証人に支払請求を行う必要はありません。ただ、賃借人が賃料を滞納し続ければ連帯保証人としても負担が大きくなるため、滞納の事実を連帯保証人に伝えることで、事実上、連帯保証人が賃借人に対して早期の退去を促す可能性もあります。したがって、連帯保証人による事実上の退去勧告を期待できる場合には、連帯保証人に対して滞納賃料の支払請求を行うことも考えられます。

◆保証人の賃料の支払と解除

　上記のとおり、賃貸人は、賃貸借契約を解除するに当たり、連帯保証人に対する滞納賃料の支払請求を行わなければならないというものではありません。それでは、逆に、連帯保証人に連絡をして、保証債務の履行として連帯保証人から滞納賃料を回収した場合はどうでしょうか。

　この点については、保証人による賃料の支払があっても、信頼関係は破壊されているとして、賃料滞納を理由とする解除を認めた裁判例（大阪高判平25・11・22判時2234・40。上告不受理で確定）があり、実務において定着した考え方となっています（第2章第2 [2] (4)ケーススタディ参照）。

(5)　解除通知 ■■■■■■■■■■■■■■■■■■■■■■■■■■■■■■■

◆催告期間の設定

　賃料の滞納を理由に賃貸借契約を解除する場合、賃貸人は、原則として、相当の期間を定めて賃料の支払を催告する必要があります（民541本文）。

　「相当の期間」とは、債務の履行を催告し、これを履行するために要する期間であって、債務の性質その他客観的事情によって定まるとされており（大判大6・6・27民録23・1153参照）、債務者の病気・旅行のような主観的事情は考慮されません。もっとも、催告を行うのは賃借人の履行遅滞後の場面ですので、催告の時から履行の準備を始めれ

ばよいというものではなく、既に履行のための一応の準備ができていることを前提に、履行の準備及び給付を完了するために必要な期間で足りるとされています（大判大13・7・15民集3・362等参照）。

　実務上は、1週間から10日程度の期間を定めて催告するのが一般的です。もっとも、過去にも頻繁に滞納を繰り返しているなどの事情で、今回の賃料の滞納を機に是非とも契約の解除を行いたいと考えているのであれば、期間を短く定めて催告することも検討すべきでしょう。

　また、何らかの原因で想定より遅く郵便が届くこともあるため、実務では、催告期間を「○年○月○日までに」というように具体的に日を定めるのではなく、「本書面到達後1週間以内」という形で定めることが多いです。

　なお、期間の定めがない催告、あるいは不相当な期間の催告であっても、催告としては有効であり、催告後の相当期間の経過によって解除権が発生すると解されています（最判昭31・12・6民集10・12・1527、最判昭46・11・18判タ271・169等参照）。

◆停止条件付契約解除の意思表示

　賃料の滞納を理由に賃貸借契約を解除する場合、賃貸人は、相当の期間を定めて賃料の支払を催告する旨の通知を送付し、その期間内に賃料の支払がされなかったときに、改めて解除する旨意思表示した通知を送付することになります。もっとも、「…滞納賃料全額を本書面到達後1週間以内にお支払いください。万が一、上記期間内に滞納賃料全額の支払がないときは、同期間の経過をもって本件賃貸借契約を解除します。」というように、催告とともに、催告期間の経過を停止条件として解除の意思表示を行うこともできます。催告とともに、停止条件付きで契約の解除の意思表示をしておけば、催告期間経過後に改めて解除通知を送る必要はなくなります。賃借人が、催告の通知は受け取ったが、解除の通知はわざと受け取らないということもあり得ますので、実務上は、催告とともに、停止条件付きで契約を解除する旨の意思表示を1通の書面で行うことが多いです。催告通知と停止条件付解除通知を1通の書面で行う文例としては、【参考書式19】をご参照ください。

◆解除通知の送付方法

　契約を解除するためには、催告の通知及び解除の通知が賃借人に到達しなければなりません。催告の通知及び解除の通知は口頭で行うこともできますが、口頭で行っただけでは、後日、通知の有無について紛争になってしまうリスクがあります。また、催告期間を「本書面到達後1週間以内」という形で定めた場合には、書面が届いた日が

いつかという点は、相当期間の経過、すなわち、解除権がいつ発生するのかを判断する重要な事実となります。

　そこで、催告通知及び解除通知は、配達証明付きの内容証明郵便で送付すべきです。内容証明郵便は、誰に対するどのような内容の通知を、いつ出したのかを証拠化することができます。また、配達証明は、その通知がいつ相手方に配達されたのかを証拠化することができます。

　もっとも、内容証明郵便は一般書留になりますので、賃借人が不在の場合は不在票がポストに投函されますが、賃借人があえて放置する場合には、保管期間を経過した後、賃貸人に返送されます。不在により返送された場合は、通知が到達したとはいえませんので、再度通知を送付する必要があります。賃借人が受け取らない可能性が高い場合には、配達証明付きの内容証明郵便で送付すると同時に、同じ内容の通知を特定記録付きの普通郵便で送付するという方法もあります（内容証明郵便にも普通郵便で同じ内容を送付する旨記載しておくとよりよいでしょう。）。特定記録付き郵便は、送付した郵便物がいつポストに投函されたのかを、インターネット上で確認することができますので、これを意思表示が到達した証拠として用いることができます。また、特定記録郵便の場合は、通知の現物を送ってしまうことになりますので、送る前に必ず送ったものの写しを手元にとっておきます。

　なお、高齢者の場合、入院しているなど内容証明郵便による通知が着かないことに何らかの理由があることも十分に考えられます。したがって、通知が着かない場合は、一度現地を見に行くことも必要です。後記(6)で述べるとおり、裁判を経て強制執行する段階で賃借人の状況が分かり、それまでにとった手続が解決につながらなくなってしまうこともあり得ますので、高齢者の場合は早めに状況を把握することが有用です。

(6)　関係機関との連携 ■■■■■■■■■■■■■■■■■■■■■■■■■■■■

　賃料の滞納を理由に賃貸人が賃貸借契約を解除したが、賃借人が任意に退去しない場合、通常であれば、建物明渡請求訴訟を提起して債務名義を取得し、それでも賃借人が退去しない場合は、強制執行手続により建物の明渡しを実現します。

　しかしながら、賃借人が高齢で、身寄りもなく、経済的あるいは身体的に一人暮らしが困難な状態になっている場合、自ら引越先を見つけることができないことも容易に想定されます。特に病気で寝たきりになっているような場合、強制執行によっても、建物の明渡しが実現できないこともあり得ますので、時間と費用をかけて裁判手続を

行ったにもかかわらず、根本的な解決に至らないこともあり得ます。

　そこで、賃貸人としては、特に賃借人が高齢の場合、具体的状況に応じて、契約の解除や明渡しを強行するという方法だけではなく、関係機関との連携を図りながら、柔軟に解決方法を検討する必要があります。例えば、経済的事情により賃料を滞納しているような場合には、生活保護の受給を行政に相談したり、場合によっては関係者が付き添って手続を補助した方が早期に解決できることもあるでしょう（第3章③(3)参照）。また、長期入院や認知機能の低下等が原因で賃料を滞納している場合には、主治医やケアマネジャーに相談したり、要介護認定を受けてもらう等して施設への転居を検討してもらうことも考えられます（地域包括支援センターへの情報提供については、第3章①(3)ケーススタディ参照）。

４　賃料不払以外の事由による解除

---

(1)　用法違反
(2)　無断譲渡・転貸
(3)　催告文書の発送
(4)　解除通知

---

(1)　用法違反 ■■■■■■■■■■■■■■■■■■■■■■■■■■■■■■■■■■

◆用法遵守義務

　賃貸借契約において、賃借人は、契約又はその目的物の性質によって定まった用法に従い、賃借物を使用収益すべき義務（民616・594①）、及び、賃借物を返還するまでの間、契約その他の債権の発生原因及び取引上の社会通念に照らして定まる善良な管理者の注意をもって保存する義務（民400）を負います。

　また、賃借人は、賃貸借契約上の典型的義務だけでなく、賃貸借契約に基づいて信義則上当事者に要求される義務も負うとされています（最判昭47・11・16判時689・70）。

　これらの義務を用法遵守義務といいます。用法遵守義務への違反（以下「用法違反」といいます。）は、債務不履行となり、民法541条による契約解除事由に該当します。

　もっとも、賃料不払による解除の場合と同様、賃貸借契約は当事者間の信頼関係を基礎とする継続的契約であるため、賃借人に用法違反がある場合であっても、賃貸人に対する信頼関係を破壊するおそれがあると認めるに足りない特段の事情がある場合には、賃貸借契約の解除が認められないことになります（最判昭41・4・21判時447・57参照）。

　用法違反の態様としては、①建物の無断増改築、②ペットの飼育、③近隣迷惑行為、④保管義務違反等が考えられます。

◆建物の無断増改築

　賃貸の目的物である建物を、賃借人が賃貸人に無断で増築、改築等することは、賃貸借契約書において明示的に禁止され、これに対する違反は、契約解除事由として定められていることが一般的です（国土交通省「賃貸住宅標準契約書」（【参考書式6】）第8条2項・第10条2項2号参照）。

　賃貸借契約書に無断増改築の禁止及び契約解除事由として定める旨の規定がなくとも、無断増改築が、賃借物の性質によって定まった用法に従って使用収益すべき義務に反し、又は、善管注意義務に反する場合には、債務不履行として契約解除事由となります。

　賃借人の無断増改築について、当事者間の信頼関係を破壊するに足りないと認められる特段の事情の有無は、無断増改築禁止特約の有無、増改築の程度・規模、原状回復の難易等の諸般の事情を考慮して判断されます。

<契約解除を肯定した判例>
・賃貸借契約書の無断増改築禁止条項に違反して、賃貸人の承諾を得ずに、部屋と部屋の間の壁面の大半を撤去して一体化したという事案で、賃借人による利便性向上を目的として行われたこと、賃貸人の承諾を求める機会が十分にあったのに無断で行ったこと等も考慮し、契約解除を有効と判断した事例（東京地判平18・11・30（平17（ワ）4075・平18（ワ）8275））

<契約解除を否定した判例>
・1.3坪の物干場のコンクリートの土台を利用し、トタン屋根等で子供の勉強部屋を設置したという事案で、簡易・軽量の仮建築で撤去が容易であること、勉強部屋を設置すること自体には賃貸人の承諾があったこと（具体的な設置場所や設置方法までは承諾がなかった）、子に独立の勉強部屋を用意してやりたいとの愛情から出たものであって、殊更に利益追求など不純な動機から出たものではないこと等を考慮し、契約解除を無効と判断した事例（大阪高判昭51・11・9判時843・59）

Q 　賃借人が、無断で浴室やトイレに手すりを設置し、段差にスロープを設けていることが判明しました。これを理由に契約の解除はできるのでしょうか。

A 　高齢賃借人の場合には、転倒防止や車椅子での生活のため、建物内をバリアフリー化することが考えられます。バリアフリー化であっても、賃貸人の承諾なく行われた場合は、無断増改築として、契約解除事由に形式的には該当するといえます。

　しかし、撤去の容易な手すりやスロープの設置は、高齢賃借人の居住という賃貸借契約の目的にも照らすと、当事者間の信頼関係を破壊するに足りないと認められる特段の事情があるといえる場合が多いと考えられます。

　一方、構造上必要な壁を破壊してスペースを拡幅するといった、非常に規模が大きく原状回復の容易でないような増改築や、建築基準法等の法令に違反するような増改築は、賃貸人の承諾を得ずに行った経緯にもよりますが、契約解除が認められる可能性があります。

　もっとも、高齢者の入居を前提とする場合、後になって無断増改築がそもそも問題とならないように、あらかじめ契約書に何らかの定めをおいておくべきでしょう（第2章第3 [1] (4)参照）。

◆ペットの飼育

　居住用の賃貸借契約においては、ペット（動物）の飼育は、その性質や飼育の態様により、建物に損害を与えるおそれがあるほか、近隣居住者に対し迷惑又は損害を与えるおそれがあることから、特約によって全面的に禁止されることや、賃貸人の承諾を要するものとされることが多いです（国土交通省「賃貸住宅標準契約書」（【参考書式6】）第8条3項・別表第1　5号・第8条4項・別表第2　3号・第10条2項2号参照）。

　当該特約は一般に有効とされていますが、小型犬等で、特段、建物を汚損、損傷したり、鳴き声等で近隣居住者に迷惑や損害を与えたりしていない場合には、特約違反により賃貸人・賃借人間の信頼関係が破壊されるに至ったとまでは認められないとした裁判例があります（東京北簡判昭62・9・22判タ669・170、東京地判平18・3・10（平17（ワ）8108））。

　一方、ペット飼育禁止特約がない場合であっても、居宅内で猫を10匹、鍵をかけて

室内に押し込めて飼育し、柱や壁に損傷を生ぜしめノミを発生させるなど室内を不衛生にした等の事案では、賃貸借契約当事者間の信頼関係を明らかに破壊する程度に至っていたとして、用法違反による契約解除を認めた裁判例もあります（東京地判昭62・3・2判時1262・117）。

　また、アパートの貸室前の廊下や階段において、長年にわたり野良猫に餌を与えたために猫が居つき、猫の抜け毛、足跡、嘔吐物、糞尿による建物の汚損や、臭気、鳴き声等により近隣に迷惑を及ぼしているという事案でも、ペットの飼育そのものではないものの、ペット飼育禁止特約違反を理由に契約解除が認められています（新宿簡判昭61・10・7判時1221・118）。

◆近隣迷惑行為

　共同住宅の賃貸借契約においては、他の居住者や周辺住民への影響が大きいことから、近隣迷惑行為を禁止する特約が設けられ、契約解除事由とされていることが多いです（国土交通省「賃貸住宅標準契約書」（【参考書式6】）第8条3項・4項・第10条2項2号参照）。

　近隣迷惑行為は、本来的には、迷惑行為の加害者と被害者との間での問題ではありますが、賃貸借契約の性質上、賃借人は近隣の迷惑となる行為をしてはならない義務を負っていると解され、特約がない場合でも、用法違反として解除事由になります。

　具体的には、騒音、振動、悪臭、不潔行為（貸室がいわゆるゴミ屋敷になっている等）、近隣住人への暴力、脅迫、嫌がらせ、共用部分への物品の放置、広告物の掲示等です。

　近隣迷惑行為に該当するか否かの判断は、主観的な評価によるところも大きく（同じ音量でも「騒音」と感じる人とそうでない人がいます。）、契約解除事由への該当性及び信頼関係破壊の有無が紛糾しやすい類型といえます。このため、近隣迷惑行為を理由に契約解除を検討する場合には、近隣住民からの被害状況の聴き取り調査のほか、写真やビデオの撮影、騒音計・振動計・臭気計による測定等の、客観的な証拠収集をしておくことが重要です。

　騒音については、環境基本法16条に基づく環境省の「騒音に係る環境基準について」（平10・9・30環境告64）において、住居の用に供される地域においては、午前6時から午後10時の間は55デシベル以下、午後10時から午前5時の間は45デシベル以下が騒音の基準値とされていることが、一つの目安になります。

　また、近隣迷惑行為の内容によっては、一回限りの行為によって信頼関係の破壊が認められる場合もあり得ますが、むしろ、行為が反復継続して行われ、賃貸人からの

注意指導にもかかわらず改善がなされなかった場合に初めて、信頼関係の破壊が認められることが多いといえます。

　したがって、近隣迷惑行為に対しては、その都度、注意指導を行い、注意指導を行った証拠を残すようにすることも重要です。

＜契約解除を肯定した判例＞
・賃借人が、隣室から発生する騒音が社会生活上の受忍限度を超える程度のものではなかったにもかかわらず、隣室の住人に対し、何回も、執拗に、音がうるさいなどと文句を言い、壁を叩いたり大声で怒鳴ったりするなどの嫌がらせ行為を続け、隣室の住人に退去を余儀なくさせた事例（東京地判平10・5・12判時1664・75）
・賃貸人からの再三の注意にもかかわらず、2年以上にわたり、居室内に多量のゴミをかなりの高さまで積み上げて放置していた事例（東京地判平10・6・26判タ1010・272）
・賃借人の子が、友人（暴走族）十数名と貸室において、シンナー吸引、器物損壊、放火、暴力、昼夜を問わない騒音発生等の迷惑行為に及び、賃借人がこれを放置容認した事例（大阪地判昭58・1・20判時1081・97）
・賃借人と、同居する内縁の夫が、共同して、賃貸人に何ら理由なく執拗に威嚇、侮辱等して生活の平穏を阻害した事例（東京地判昭37・4・26判時312・31）

＜契約解除を否定した判例＞
・賃借人の子（6歳）が、マンションの他の住戸のドアにマニキュアをつける、マンションの通路付近で大便を漏らす等の行為を行ったことは認められるが、当該行為の判明後、賃借人が子への監督を強めたことを考慮し、信頼関係が破壊されたと評価することはできないとした事例（東京地判平27・2・24判時2260・73）

アドバイス

○契約解除「しなければならない」こともある

　賃貸借契約において、賃貸人は、契約の目的に従って賃貸借物件を使用収益させる義務を負っていることから、他の賃借人との関係で、賃貸人には、近隣迷惑行為に適切に対処する義務があります。

　大阪地裁平成元年4月13日判決（判タ704・227）は、賃借人の一人（A）が、近隣居住者の生活音に立腹して暴行脅迫に及ぶ等の生活妨害行為を繰り返していたにもかかわらず、これに対処しないまま当該賃借人の貸室の真下の貸室に新たに賃借人（B）を入居させた上、Bからの度々の訴えにもかかわらず、Aを説得しようとした程度であったという事案で、Aに対して賃貸借契約を解除して明渡しを求めることもできたのにそのような行為に出なかったことは、賃貸人のBに対する債務不履行に当たるとして、Bの賃

貸人に対する損害賠償請求（賃料の一部相当額及び慰謝料）を認めました。

　このように、賃貸人は、契約解除を「できるか」という観点だけでなく、契約解除を「しなければならないか」という観点にも、留意する必要があります。

◆保管義務違反

　賃借人は、善良な管理者の注意義務をもって賃借物を使用収益する義務がありますから、賃借人が賃借物である建物等を毀損する行為は、用法違反となります。

<契約解除を肯定した判例>
・賃借人が、賃借建物を長年にわたって乱暴使用して建物を損壊させ、賃貸人から修理を求めても応じなかった事例（最判昭27・4・25民集6・4・451）
・失火（ストーブの火の不始末）により賃借建物に火災を発生させた事例（最判昭47・2・18判時661・37）

<契約解除を否定した判例>
・失火（てんぷら油の入った鍋を火にかけたまま失念）により賃借建物に火災を発生させた過失は軽微とはいえないが、賃借人が長年にわたり建物を賃借し、賃料の不払はないこと等を考慮し、信頼関係は損なわれていないとした事例（大阪地判平8・1・29判時1582・108）

（2）　無断譲渡・転貸 ■■■■■■■■■■■■■■■■■■■■■■■■■■■

　民法において、賃借人は、賃貸人の承諾を得なければ、その賃借権を譲り渡し、又は賃借物を転貸することができず、これに違反した場合は、賃貸人は契約を解除することができると定められています（民612）。

　また、高齢者居住安定確保法に定める終身借家権についても、譲渡し又は転貸が禁止されています（高齢居住安定64）。

　賃貸借契約書においても、同様の定めがなされていることが多いです（国土交通省「賃貸住宅標準契約書」（【参考書式6】）第8条1項参照）。

　もっとも、賃借権の無断譲渡及び無断転貸についても、信頼関係破壊の法理が適用され、賃貸人に対する背信的行為と認めるに足らない特段の事情がある場合は、契約解除することはできないとされています（最判昭28・9・25判時12・11等）。

　居住用建物の賃貸借では、賃借人の親族等が、賃貸人の承諾なく同居していたという場合に、賃借権の譲渡又は転貸に当たるのではないかが争われることがあります。

　高齢の賃借人の場合、介護のために親族が同居するようになったというケースは現実によく見られますが、介護の必要性があるにもかかわらず親族の居住がメインになったことを理由に無断譲渡・転貸を賃貸人側から主張するのは好ましくないと思われます。ただ、介護している親族が実質的な賃借人になってしまっている実態があるのであれば、実態に合わせて賃借人の名義を変更するなどの対応をとることは必要でしょう。

　一方で、高齢の賃借人が施設等に完全に移り、賃借人の親族が賃貸人に無断で居住を始めている等の実態がある場合は、無断譲渡・転貸を前提とする対応を検討すべきです。

　このように、高齢の賃借人については、居住や生活の実態について、普段から状況を確認し、無断譲渡・転貸のような事態を招かないように対応することが必要です（第3章 1 参照）。

＜契約解除を肯定した判例＞
・老齢の賃借人を扶養するために、賃借人の弟夫婦及びその子夫婦が住居を引き払って賃借建物に移り住み、同居を始めたという事案で、特段の事情が認められない限り、使用収益の主体が変更され、転貸あるいは賃借権の譲渡があったものと認定した事例（東京高判昭38・2・14下民14・2・209）

＜契約解除を否定した判例＞
・賃借人の娘が結婚して夫が同居を始め、その後子が生まれ、賃借人に部屋代を支払わずに食事も共にして家族の一員として同居しているとして、その使用関係は民法612条にいう転貸借に当たらないと判断した事例（東京高判昭33・3・17判タ80・69）

---

(3)　催告文書の発送 ■■■■■■■■■■■■■■■■■■■■■■■■■

◆催告の要否

　用法違反等により、民法541条に基づき賃貸借契約を解除する場合には、賃料の滞納を理由に賃貸借契約を解除する場合と同様（前記 3 (3)参照）、原則として、「相当の期間」を定めて履行を「催告」することが、契約を解除するための要件となっています。

　一方、賃借人が債務の履行を拒絶する意思を明確に表示した場合等（民542①各号）や、賃借権の無断譲渡・転貸の場合（民612②）には、催告は要件とされていません。

　また、賃貸借契約書において、無催告で解除できるとの特約が定められることも少なくなく、判例上、このような特約も原則として有効と認められています。

　さらに、無催告解除特約がない場合であっても、「賃貸借関係の継続を著しく困難ならしめるような不信行為のあった場合」には、無催告解除が認められています（最判昭27・4・25判タ20・59）。

　このように、無催告解除が認められることはありますが、賃貸人が契約解除をする際は、催告による是正の余地が明らかにないような場合を除き、慎重を期して催告を行っておくことが、無難な対応といえます。

◆催告の方式

　催告には、特段、定められた方式はありませんが、後日の紛争を避けるため、配達証明付きの内容証明郵便で行うことが通常です。

◆催告文書の内容

　「催告」とは、賃借人に債務の履行を求めることですので、用法違反がある場合には、無断増改築の原状回復を求める、近隣迷惑行為をやめるよう求める、といった内容になります。

　催告には、「相当の期間」を定める必要があり、「相当の期間」は、債務の履行を準備しこれを履行するために要する期間であり、債務の性質その他客観的事情によって定まります（大判大6・6・27民録23・1153）。

　実務上は、1週間から10日間程度の期間とすることが多いですが、期間の定めが相当でない場合であっても催告が無効というわけではなく、催告の時から相当の期間が経過しても債務を履行しないときには契約解除が認められますので（最判昭44・4・15判時560・49）、おおよその期間を定めれば足ります。

（4）　解除通知 ■■■■■■■■■■■■■■■■■■■■■■■■■■■■■■■■

◆契約解除通知の内容

　契約の解除は、相手方に対する意思表示によって行います（民540①）。

　「○○所在の建物について○年○月○日付で締結した賃貸借契約を解除します」等、解除の対象となる契約を特定し、解除の意思を明らかにします。

◆契約解除通知の方式

　催告と同様、契約解除通知にも、定められた方式はありませんが、後日の紛争を避けるため、配達証明付きの内容証明郵便で行うことが通常です。

```
┌──────────────┐
│   アドバイス   │
└──────────────┘
```

○賃借人が内容証明郵便を受け取らない場合の対処法

　高齢賃借人においては、配達員の訪問に対応しなかったり、入院や施設への入所等によって賃借建物を不在にしている等で、書留郵便である内容証明郵便を受け取らないことも少なくありません。

　催告や契約解除の意思表示は、到達によって効力を生じ（民97①）、「到達」とは、相手方の勢力範囲に入り、了知可能な状態に置かれることをいいますから、現実に相手方が受領・了知する必要まではありません。

　このような場合には、文書の写しを取った上で、特定記録郵便を利用して郵送したり、直接ポストに投函することで（この場合は、立証の観点から、投函時の写真を撮影しておくとよいでしょう。）、到達したものとすることができます（前記 3 (5)も参照）。

　もっとも、高齢賃借人が内容証明郵便を受領しない場合、不在等につき何らかの事情が発生していることも十分あり得ますので、まずは現地確認や緊急連絡先等を通じて賃借人本人の状況確認をすべきです。通知書が投函されたことだけで放置すると、そもそも賃借人に意思表示の受領能力がなかった（民98の2）ということも十分にあり得ます。このように、高齢賃借人については、通知不受領につき一般的な対応をとるだけでは不十分ですので注意が必要です。

5 　物件の明渡し

┌────────────────────────────────┐
│　(1)　明渡しの手続の確認　　　　　　　　　　│
│　(2)　明渡条件の確認　　　　　　　　　　　　│
│　(3)　明渡しの合意書の作成　　　　　　　　　│
│　(4)　明渡し後の物件の確認　　　　　　　　　│
└────────────────────────────────┘

(1)　明渡しの手続の確認 ■■■■■■■■■■■■■■■■■■■■■■■■■

　賃貸借契約が終了した場合は、賃借人から物件の明渡しを受けます（賃借人が死亡し、相続人等から明渡しを受ける場合については、後記第2　2 4 参照）。

　明渡しを求める方法としては、電話、面談、書面による通知が考えられます。契約

の終了について特段争いがない場合（賃借人からの解約申入れによる場合等）には、電話や面談で足りますが、契約の終了について争いとなる可能性がある場合（契約解除による場合等）は、後日の紛争や法的措置に備え、書面で明渡しを求める方がよいでしょう。

　賃借人が、契約の終了を認め、任意に物件を明け渡す場合には、明渡条件を確認し、必要に応じて明渡しの合意書を作成した上で、明渡しを受けます。

　賃借人から任意の明渡しを受けられない場合には、建物明渡請求訴訟を提起して、物件の明渡しを命ずる判決を得て、強制執行により明渡しを受ける必要があります。

　これは、賃借人と連絡が取れず、物件に荷物のみが残されている場合も同様であり、法的措置によらずに物件に立ち入り、荷物を搬出することは、原則として違法です。後日に賃借人が現れるなどして、賃貸人が損害賠償責任を負った裁判例も複数あります（東京高判平3・1・29判時1376・64、大阪高判平23・6・10判時2145・32等）。

　賃借人が行方不明の場合に、賃貸人や管理会社の判断で、保証人や親族等に立ち会ってもらって物件の明渡しをしてしまう、という例も少なくないようです。法的措置に要する時間・費用を回避するためと思われますが、後日、賃借人や相続人から損害賠償請求を受けたり、住居侵入罪や窃盗罪等として刑事罰を受けるリスクがあることに十分に留意し、できる限り避けるべきです。

$$\boxed{\text{ケーススタディ}}$$

Q　賃借人と4か月間連絡がつかなかったため、賃貸人が物件内に立ち入り、荷物を搬出・処分し、鍵も交換しましたが、その後、賃借人は、長期入院していたということが分かりました。損害賠償をしなければならないのでしょうか。

A　違法な自力執行として、賃貸人は、処分した荷物について、不法行為に基づき損害賠償責任を負います。ケースの基になった事案では、契約書に「賃借人が無断不在1か月以上に及ぶ時は敷金の有無にかかわらず、本契約は当然解除され、賃貸人は立会の基に随意室内遺留品を任意の場所に保管し、又は売却処分の上債務に充当するも異議なき事」との約定がありましたが、裁判所は、これによって自力執行が直ちに適法となるものではないと判示しています（東京地判平22・10・15（平21（ワ）18270））。

（2）　明渡条件の確認 ■■■■■■■■■■■■■■■■■■■■■■■■■■

　任意に物件の明渡しを受けられる場合には、賃借人との間で、明渡条件を確認します。

　確認すべき明渡条件は、①明渡日、②明渡方法、残置物の取扱い、③未払賃料の精算・支払方法、④敷金の返還金額・返還方法、⑤必要費償還請求、有益費償還請求、造作買取請求の取扱い、⑥原状回復の範囲・内容等です。

①　明渡日は、原則として契約終了日ですが、賃借人の転居や原状回復に要する時間を考慮して、明渡しを猶予することもあります。

②　明渡方法は、物件内の物を全て撤去し、原状に復して明け渡すことが原則ですが、原状回復を求めず、現状のままで明渡しを受けることも考えられます。残置物が想定される場合には、賃借人が残置物の所有権を放棄する旨を合意することが多いです。

③　未払賃料は、全額一括払が原則ですが、賃借人の資力の関係上、減額したり、分割払とする場合も少なくありません。

④　敷金を未払賃料や原状回復費用に充当しても、敷金が残る場合には、賃借人へ返還する敷金の金額、支払日、支払方法（振込先）を取り決めます。なお、いわゆる「敷引き」特約の有効性については、第２章第３ 1 (3)を参照してください。

⑤　賃借人から必要費償還請求（民608①）、有益費償還請求（民608②）、造作買取請求（借地借家33①）がある場合には、その支払について取り決めます。

⑥　原状回復の範囲・内容については、賃貸人と賃借人で認識が相違することが最も多いところです。賃貸借契約書において定めている場合は原則としてこれに従い、定めのない部分については、国土交通省が作成した「原状回復をめぐるトラブルとガイドライン（再改訂版）」を参考に取り決めます。

（3）　明渡しの合意書の作成 ■■■■■■■■■■■■■■■■■■■■

　契約終了日に賃貸人が物件を確認し、その場で鍵の返還を受け、賃料や敷金の精算も複雑ではない場合には、特に合意書等の書面を作成する必要はないでしょう。

　しかし、未払賃料がある場合や、原状回復費用が高額になる場合、賃借人の所有物を残置したまま明渡しを受ける場合等、明渡条件が単純でない場合には、賃貸人・賃借人間の認識の相違を防ぎ、紛争を予防するため、明渡しの合意書を作成します。

(4)　明渡し後の物件の確認 ■■■■■■■■■■■■■■■■■■■■■■

　物件の明渡しは、賃借人から賃貸人へ鍵を返還することで行います。合鍵を作っている場合には、全ての鍵の返還を受け、また、自転車置場や駐車場等、玄関以外の鍵の返還も忘れずに受けます。

　郵便ポストに郵便物が残っていないかも、明渡時に確認しておきます。

　また、電気・ガス・水道について、賃借人が明渡しとともに解約、精算していない場合、トラブルが生じかねませんので、この点も確認しておきます。

　明渡し後、物件内に残置物がないか確認し、残置物がある場合には、直ちに賃借人に撤去してもらいます。賃貸借契約書や明渡しの合意書等で、残置物について賃借人が所有権を放棄している場合には、賃貸人において残置物を処分し、処分費用を賃借人へ請求することもできます（ただし、賃借人に処分費用を請求する場合は、合意書に、処分費用は賃借人負担とする旨を明記すべきです。）。

　ただし、残置物があまりに多い場合などは、鍵の返還があっても、明渡しが完了していないと捉えることもあり得ます。

　次に、物件の損傷の有無、原状回復の程度を確認します。一般論としては、物件に損傷がある場合に、それが賃貸借開始後に生じたものか否か、通常損耗・経年劣化の範囲か否か、賃借人の責めに帰すべき事由によるものか否かにより、当該損傷の原状回復を賃借人に求めるかを判断します（民621）。個別具体的には、賃貸借契約書における定め、国土交通省が作成した「原状回復をめぐるトラブルとガイドライン（再改訂版）」、各種判例から判断します。

　賃借人に原状回復を求める場合、現実に補修等を求めることもあり得ますが、通常は、賃貸人において補修等を行い、当該費用を賃借人に請求します。

【参考書式15】解約申入通知書

　　　　　　　　　　　　　　　　　　　　　　　　　　令和〇年〇月〇日
〇〇県〇〇市〇〇〇ー〇ー〇
　　賃借人　●●●●　殿

　　　　　　　　　　　　　　　　　　　　　〇〇県〇〇市〇〇〇ー〇ー〇
　　　　　　　　　　　　　　　　　　　　　賃貸人　〇〇〇〇　㊞

　　　　　　　　　　　　　　通　知　書

　私は貴殿に対し、下記建物を、賃貸借期間を定めず賃貸しております。
　下記建物については、今後、当方にて使用する必要がありますので、貴殿との賃貸借契約を解約いたします。
　つきましては、本書面到達後6か月の経過により契約は終了いたしますので、6か月後には、下記建物を明け渡していただきますようお願いいたします。

　　　　　　　　　　　　　　　記

物件名称　〇〇マンション　〇階　〇号室
所 在 地　〇〇県〇〇市〇〇〇ー〇ー〇
構　　造　鉄筋コンクリート造　〇階建
間 取 り　2DK（〇〇m²）

　　　　　　　　　　　　　　　　　　　　　　　　　　　　　　　以上

【参考書式16】更新拒絶通知書

令和○年○月○日

○○県○○市○○○　○－○
　賃借人　●●●●　殿

○○県○○市○○○－○－○
賃貸人　○○○○　㊞

通　知　書

　私は貴殿に対し、下記建物を賃貸しておりますところ、賃貸借期間は、令和○年○月○日までとなっております。

　下記建物については、今後、当方にて使用する必要がありますので、賃貸借契約の更新はいたしません。

　つきましては、賃貸借期間満了後、下記建物を明け渡していただきますよう、お願いいたします。

記

1　建物の表示
　　物件名称　○○マンション　○階　○号室
　　所 在 地　○○県○○市○○○－○－○
　　構　　造　鉄筋コンクリート造　○階建
　　間 取 り　2DK（○○m²）
2　契約期間（○年○月間）
　　始　　期　令和○年○月○日
　　終　　期　令和○年○月○日

以上

【参考書式17】定期借家契約終了通知書（居住用）

令和○年○月○日

○○県○○市○○○－○－○
　賃借人　●●●●　殿

○○県○○市○○○－○－○
賃貸人　○○○○　㊞

定期借家契約終了についての通知

　私が、貴殿に対し、令和○年○月○日付定期借家契約をもって賃貸中の下記建物については、令和○年○月○日、期間の満了により賃貸借契約が終了しますので、本書面をもってその旨ご通知申し上げます。同日限り、下記建物を明け渡していただきますよう、お願いいたします。

記

1　建物の表示
　　物件名称　○○マンション　○階　○号室
　　所 在 地　○○県○○市○○○－○－○
　　構　　　造　鉄筋コンクリート造　○階建
　　間 取 り　2DK（○○m²）
2　契約期間（○年○月間）
　　始　　　期　令和○年○月○日
　　終　　　期　令和○年○月○日

以上

【参考書式18】異議通知書

令和○年○月○日

○○県○○市○○○─○─○
　　賃借人　●●●●　殿

○○県○○市○○○─○─○
　　賃貸人　○○○○　㊞

通　知　書

　私は貴殿に対し、下記建物を賃貸しておりましたが、令和○年○月○日付で賃貸借期間満了後の更新を拒絶する旨を、書面をもって通知し、同年○月○日付で貴殿に到達しております。したがって、期間満了日である令和○年○月○日をもって、賃貸借契約は終了しております。

　しかしながら、貴殿は、賃貸借契約終了後も、下記建物を継続して使用しております。

　つきましては、直ちに下記建物の使用を中止して、当方に明け渡していただきますようお願いいたします。

記

物件名称　○○マンション　○階　○号室
所 在 地　○○県○○市○○○─○─○
構　　造　鉄筋コンクリート造　○階建
間 取 り　2DK（○○㎡）

以上

【参考書式19】滞納賃料支払及び条件付解除通知書

令和○年○月○日

○○県○○市○○○－○－○
　賃借人　●●●●　殿

○○県○○市○○○－○－○
　賃貸人　○○○○　㊞

通　知　書

　私は貴殿に対し、下記建物を、賃料月額○円及び共益費月額○円（以下「賃料等」といいます。）として、翌月分を毎月末日限り支払う、賃料等の支払を○か月以上怠ったときは催告なく契約を解除できる、との約定で賃貸しました（以下「本件賃貸借契約」といいます。）。
　しかし、貴殿は、下記のとおり賃料等を滞納しておられます。
　つきましては、下記滞納賃料等全額を本書面到達後7日以内にお支払いください。万一、上記期間内に下記滞納賃料等の全額のお支払がないときは、上記期間の経過をもって、貴殿との間の本件賃貸借契約を解除いたします。

記

1　建物表示
　　物件名称　○○マンション　○階　○号室
　　所 在 地　○○県○○市○○○－○－○
　　構　　造　鉄筋コンクリート造　○階建
　　間 取 り　2DK（○○m²）
2　滞納賃料等
　　令和○年○月○日から令和○年○月○日分までの賃料及び共益費
　　合計　金○万円

以上

第2　死亡時等（孤独死・自殺など）

1　死亡の発生・発見時

＜フローチャート～死亡の発生・発見時＞

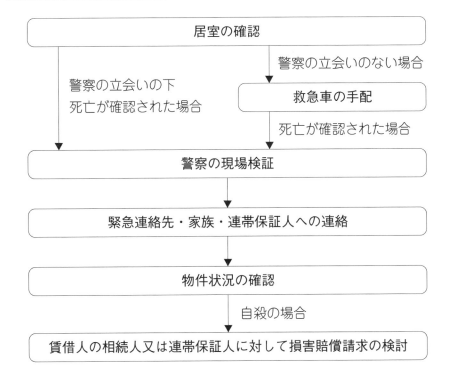

1　孤独死が疑われる場合の対応

> (1)　緊急連絡先・家族・連帯保証人への連絡
> (2)　警察への通報

(1)　緊急連絡先・家族・連帯保証人への連絡 ■■■■■■■■■■■■■

◆孤独死を疑うべき場合

　高齢の賃借人から数か月にわたって賃料が支払われていない、付近の住民から異臭や害虫の発生等の通報があった場合、賃借人が孤独死している可能性について考える必要があります。もちろん、これらの事実が必ずしも孤独死に直結するとは限りませんが、高齢の賃借人の場合、長期旅行や長期出張で不在にしている可能性は比較的低いといえます。冒頭に記載したような事象が発生した場合は、速やかに、賃貸人若しくは管理会社において、可能な限りで電気・ガス・水道の利用状況や、ポストに郵便物が溜まっていないかなどを確認し、賃借人の日常生活の痕跡が確認できない場合、特に高齢の賃借人が一人暮らしであるならば、賃借人の孤独死の可能性を意識すべき事案といえます。

◆緊急連絡先や連帯保証人への連絡

　賃借人の孤独死が疑われる場合、まずは賃貸借契約書等に記載されている緊急連絡先や連帯保証人に連絡を取り、賃借人の安否を確認してもらいます。緊急連絡先や連帯保証人以外にも家族の連絡先を把握している場合は、その方から賃借人に連絡を取ってもらう方法もあるでしょう。賃借人が体調を崩し入院等をしている場合は、そのことが家族等から発覚することもあります。入院等の事実も確認できない場合、家族等が、賃借人と直接会うか、電話等で話した直近の日付を尋ね、その日付から時間が経過している場合は、再度、賃借人に連絡を取ってもらうよう求めるべきです。家族等に合鍵を預けている場合も考えられますから、可能であれば賃借人の元を訪問してもらうのもよいでしょう。

　通常、賃借人の自然死は心理的瑕疵には当たりませんが、遺体が長期間放置されてしまった場合は、異臭や染み等の完全な除去が困難になるばかりか、一般人にとって

嫌悪感、抵抗感を感じる物件となってしまい、今後、同条件での入居者募集が困難となる可能性があります。仮に孤独死が発生しているとすれば、いち早く発見するに越したことはありませんので、孤独死が疑われる事象が発生した場合、迅速に行動することが重要です。

(2)　警察への通報■■■■■■■■■■■■■■■■■■■■■■■■■■■■■■■

　前記(1)で記載した方法を尽くしても賃借人の安否が確認できない場合、賃貸人や管理会社が、合鍵を使って賃借人の許可なく居室内に立ち入ることは許されるのでしょうか。この点、賃貸借契約において、賃貸人側に立入りに関する一定の権限が明記されていることもありますが、賃借人がたまたま長期間外出していたり、そもそも外出もしておらず、外部との連絡を絶っていただけのような場合に、住居侵入を主張されたり窃盗を疑われることもありますので、やはり賃借人の許可なく居室内に立ち入ることは極力避けるべきです。そこで、前記(1)で記載した連絡方法を尽くしてもなお安否が確認できない場合は、警察に連絡の上、安否確認のための入室をお願いします。この際、鍵（マスターキー等）がない場合は、鍵業者を呼んで解錠してもらうこともあります。

┌─────────── アドバイス ───────────┐

〇孤独死の現状

　　男女の平均寿命が共に80歳を超え（厚生労働省「令和元年簡易生命表」）、孤独死と聞くと、70代〜80代の単身高齢者に起こりがちであるとイメージされる方もおられるでしょう。この点、孤独死に関する調査には種々のものがあり、その中には高齢者の孤独死が多いことを示す調査結果が出ているものもありますが（**第1章第1　5参照**）、一方で、一般社団法人日本少額短期保険協会の「第5回孤独死現状レポート」によると、孤独死される方の死亡時の平均年齢は61.6歳であり、65歳未満の方が過半数を占めているとの結果が出ているものもあります。また、この調査では、月別で見ると、7月8月の孤独死の死者数が統計的に多いようです。まだ年齢が若いからと決めつけず、音信不通、家賃滞納、郵便物滞留、異臭などの事態が発生した場合は、孤独死の可能性も考え、早め早めの行動が重要です。

2 遺体発見時の対応

> (1)　警察への通報・現場検証
> (2)　緊急連絡先・家族・連帯保証人への連絡
> (3)　物件状況の確認
> (4)　自殺が疑われる場合

(1)　警察への通報・現場検証 ■■■■■■■■■■■■■■■■■■■■■■■

　警察の立会いなく、居室内で倒れている賃借人を発見したものの、生死の判断がつかない場合は、直ちに救急車を呼びます。救急隊が到着し、生死の判断をした結果、既に死亡していることが判明すれば、通常救急隊員が警察への連絡を行います。居室内で倒れている賃借人から異臭や害虫が発生しているなど死亡が明らかな場合は、遺体に触れることなく直ちに警察に通報することとなります。警察は、賃借人の死亡が殺人や強盗などによるものではないか等事件性の有無を調査します。なお、警察の現場検証中は、原則居室内に立ち入ることはできません。死体検案などの結果、事件性がないと判断されて初めて、第三者が居室内に立ち入ることができるようになります。ただし、居室内への立入りが無制限に許されるものではなく、緊急の必要性がある場合に限られますので、注意が必要です。

(2)　緊急連絡先・家族・連帯保証人への連絡 ■■■■■■■■■■■■■■

　警察への通報の後、緊急連絡先にも賃借人が死亡していた旨を連絡します。緊急連絡先の指定がない場合は、家族、連帯保証人でも構いません。賃貸借契約は、賃借人が死亡したからといって当然に終了するわけではなく、契約当事者たる地位が賃借人の相続人に相続されます。連絡先が、賃借人の相続人であるのか否かも確認し、相続人であるならば、高齢賃借人が一人暮らしをしていた場合は通常賃貸借契約は解約となることが予想されますので、居室の明渡しに関する協議をしていく必要があります。居室内の腐敗臭が酷い場合などは、腐敗臭の近隣への拡散防止、そして消臭、消毒などを含めた清掃作業に一刻も早く着手しなければなりません。

(3)　物件状況の確認 ■■■■■■■■■■■■■■■■■■■■■■■■■■■

賃借人の死亡が確認された場合、賃貸借契約は相続人との間で存続しますが、高齢賃借人が一人暮らしをしていた場合は通常、賃貸借契約は解約になるとも思われますので、解約に伴う明渡しの際の物件状況の確認、具体的には、物件に物理的瑕疵や心理的瑕疵が存在しないか確認する必要があります。瑕疵の内容や程度に応じて、保証人や相続人に対して費用や損害賠償の請求を検討しなければなりません。

警察の現場検証でしばらく物件に立ち入れない可能性もあります。現場検証が終了し、物件に立ち入ることができるようになった場合、相続人との間で、物件の汚損の有無などを確認します。特に、孤独死の場合は、遺体が発見された場所、状況、血液や体液の流出の有無や臭い、ハエ・うじ虫の発生の有無も確認する必要もあります。これら遺体の跡は、すぐに清掃作業に取り掛かるべきですので、汚損状況などを写真等で保存しておくことも重要です。ただし、物件内を確認するとはいっても、相続人の承諾なく物件内に入ることはそもそも許されません。相続人から立入りの承諾が得られない場合は、法律上立入りが正当化される理由がない限り外部から観察するにとどめるべきです。

(4)　自殺が疑われる場合 ■■■■■■■■■■■■■■■■■■■■■■■■■

賃借人が自殺した場合、後に入居を検討する人にとっては心理的な嫌悪感、抵抗感を持つことが通常です。そこで、賃借人が自殺した場合、このような心理的な瑕疵が問題となります。賃借人は、物件を明け渡すまでの間、賃借物件を善良な管理者の注意を持って使用しなければならない義務を負っています。この注意義務には、物件を物理的に損傷させてはならない義務だけでなく、後に入居する人に対して心理的な嫌悪感、抵抗感を抱かせないよう使用する義務も含まれています。つまり、賃借人が自殺した場合は、この後者の義務に違反したこととなり、賃貸人は、賃借人に対し、当該義務違反による損害の賠償を請求できるのです。ただし、賃借人は既に死亡していますので、実際には、賃借人の相続人又は連帯保証人に対して損害賠償を求めていくこととなります。

$$\boxed{\text{ケーススタディ}}$$

Q　単身入居者が自殺したようなのですが、警察も親族も教えてくれません。こういった場合、賃貸人や不動産管理会社はどう対応したらよいのでしょうか。

A 　不動産管理実務においては、自殺かどうかを確認するために、親族に対し死体検案書の提供を求め、それにより自殺か病死かを確認していることが多いと思われます。しかしながら、親族からの死体検案書の提供はあくまで任意のものであって、賃貸人が賃借人の親族に対して死体検案書を提供するように義務付けることはできません。また、警察も、遺族以外の第三者に対して死体検案書を開示することはまずありません。医療機関等に対して弁護士法23条の2に基づく照会（弁護士会照会）をすることも考えられますが、医療機関が回答する保証はありませんし、そもそもどこの医療機関に照会したらよいのかすら分からないことが多いと思われます。

　よって、このような場合は周辺住民や関係者からの聴き取りにより判断するしかありません。実際には、臨場した警察官や発見者が話していたことなどが参考になるケースもあります。

2　発見後の対応

＜フローチャート～発見後の対応＞

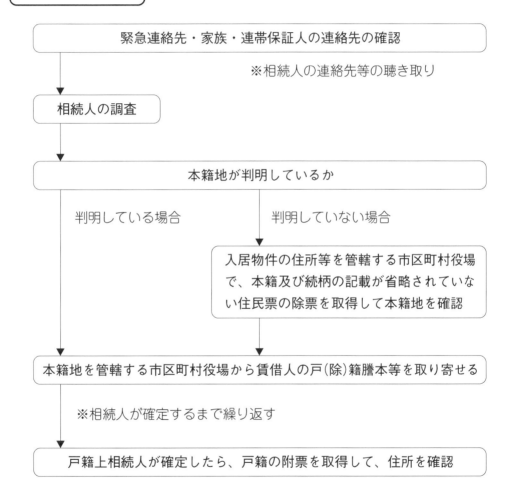

1 関係者の確認

緊急連絡先・家族・連帯保証人の連絡先の確認

※相続人の連絡先等の聴き取り

相続人の調査

本籍地が判明しているか

判明している場合　　　判明していない場合

入居物件の住所等を管轄する市区町村役場で、本籍及び続柄の記載が省略されていない住民票の除票を取得して本籍地を確認

本籍地を管轄する市区町村役場から賃借人の戸(除)籍謄本等を取り寄せる

※相続人が確定するまで繰り返す

戸籍上相続人が確定したら、戸籍の附票を取得して、住所を確認

2 遺体・遺留品等の取扱いの確認

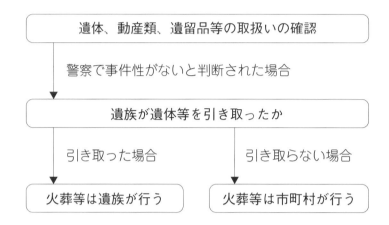

遺体、動産類、遺留品等の取扱いの確認

警察で事件性がないと判断された場合

遺族が遺体等を引き取ったか

引き取った場合　　　引き取らない場合

火葬等は遺族が行う　　　火葬等は市町村が行う

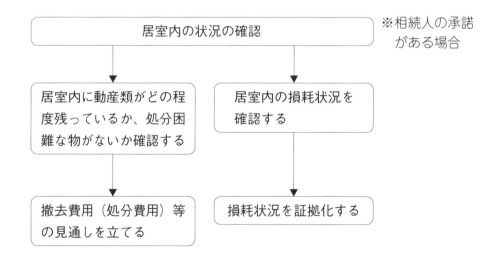

居室内の状況の確認　　　※相続人の承諾
　　　　　　　　　　　　　　がある場合

居室内に動産類がどの程度残っているか、処分困難な物がないか確認する

居室内の損耗状況を確認する

撤去費用（処分費用）等の見通しを立てる

損耗状況を証拠化する

3 必要となる作業の確認

賃貸借契約の継続の意向を相続人に確認

※共同相続の場合は、遺産分割についても確認する

継続する場合

継続しない場合

新しい賃借人に賃料を請求する

賃貸借契約の終了へ

- 動産類の撤去の請求
- 原状回復の必要性の判断
- 心理的瑕疵の有無の判断

賃料の支払状況等の確認

賃借人が死亡するまでに滞納賃料がある場合

賃借人の死亡後から解約（又は遺産分割協議による賃借人の確定）までの賃料

相続人に支払を請求する（相続人が複数いる場合は相続分に応じた割合で各相続人に支払請求する）

相続人に支払を請求する（相続人が複数いる場合は共同相続人全員又はその一部に対してそれぞれ賃料全額の支払を請求する）

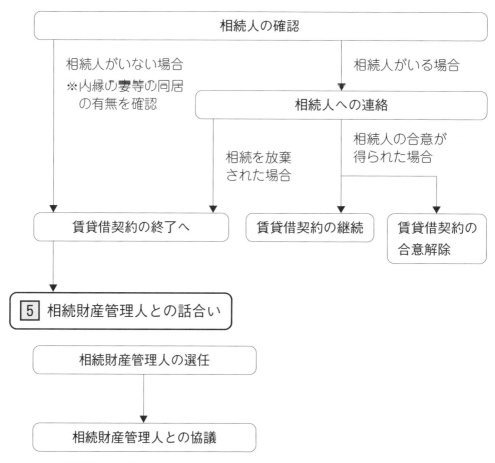

1 関係者の確認

> (1)　緊急連絡先・家族・連帯保証人への連絡
> (2)　相続人の調査

(1)　緊急連絡先・家族・連帯保証人への連絡 ■■■■■■■■■■■■■

賃借権は、相続の対象となりますので、相続人を確定する必要があります。

相続人の手掛かりとなる場合がありますので、賃借人の死亡が判明したら、まずは、入居申込書や賃貸借契約書の記載を確認し、緊急連絡先、家族、連帯保証人に連絡を取ります。

相続放棄等の熟慮期間の始期にも影響しますので、既に把握している相続人に対しては、速やかに賃借人の死亡の事実を伝えます。また、他の相続人の連絡先、賃借権の相続の希望、動産類の処分者、敷金返還請求権と未払賃料・原状回復費用等との精算に関する意向等の確認も行います。

(2)　相続人の調査 ■■■■■■■■■■■■■■■■■■■■■■■■■■■■

◆戸籍謄本等の取得

賃借人の本籍地が判明していない場合には、まずは、入居物件の住所等を管轄する市区町村役場において、本籍及び続柄の記載が省略されていない住民票の除票を取得して本籍地を確認する必要があります。住民票が物件の住所地にない場合は、入居申込書や身元確認書類（免許証の写しなど）から前住所地を把握し、前住所地（又はそれより前の住所地）に住民票が残っていないかを確認します。それでも住民票が出てこない場合は、賃借人の親族から住所地又は本籍地について聴き取りを行います。実家が住所地又は本籍地のままということもよくあります。ここまでしても住民票が取得できないあるいは本籍地が分からない場合というのはかなり限られていると思われますが、それでも不明な場合は、相続人調査を断念せざるを得ません（その後の処理については、後記 5 参照）。

賃借人の本籍地が判明している場合には、その本籍地を管轄する市区町村役場において、戸籍謄本若しくは抄本又は戸籍に記載した事項に関する証明書（以下「戸籍謄

本等」といいます。）を取り寄せます。

　婚姻や改製により、一度の取得では相続人を確定できない場合が多いです。その場合は、取得した戸籍謄本等に記載された情報から、前の除籍の全部事項証明書や改製原戸籍等を順次取得していく必要があります。

　また、並行して、取り寄せた戸籍謄本等に期間の抜けがないかチェックし、相続人関係図（家系図）を作成していきます。

　以上のように、戸籍謄本等を取得して相続人が判明したら、その相続人の戸籍の附票を取得し、連絡先となる住所を確認します。

◆戸籍謄本等の交付請求権者

　戸籍謄本等を取得できるのは、戸籍に記載されている者（その戸籍から除かれた者を含みます。）又はその配偶者、直系尊属若しくは直系卑属です（戸籍10①）。また、第三者であっても、自己の権利を行使し、又は自己の義務を履行する場合等戸籍の記載事項を確認する必要性があり、その必要性等を明らかにした場合に限って、戸籍謄本等を取得することができるとされています（戸籍10の2①）。

　なお、弁護士、司法書士、土地家屋調査士、税理士、社会保険労務士、弁理士、海事代理士又は行政書士（各士業の法人も含みます。）は、受任している事件又は事務に関する業務を遂行するために必要がある場合、戸籍謄本等を取得できます（戸籍10の2②〜⑥）。

◆相続人の順位

　相続の順番としては、第1順位は子（民887①）、第2順位は直系尊属（民889①一）、第3順位は兄弟姉妹（民889①二）です。配偶者は常に相続人になります（民890）。

① 第1順位（子）

　　第1順位の調査の場合、少なくとも、賃借人の出生から死亡までの全ての戸籍謄本等を取得し、確認する必要があります。なぜなら、死亡時の戸籍謄本等に配偶者や子の記載が仮にあったとしても、以前に離婚していて他に子があり、その子も賃借人の相続人となっている可能性があるためです。また、離婚後に転籍して新しい戸籍が作られていたりすると、現戸籍には離婚の事実が記載されていないため、現戸籍だけでは分からないこともあります。

　　賃借人に子がいれば、第1順位の相続人となります（民887①）。賃借人の子には、実子だけでなく養子も含まれますので、賃借人が実子以外の者と養子縁組をしていないかについても注意して確認しましょう。

　また、賃借人の子に代襲原因（相続開始以前に死亡したとき、又は欠格事由への該当若しくは廃除により相続権を失ったとき）がある場合には、賃借人の孫が代襲相続人となります（民887②）。さらに、代襲者に代襲原因がある場合には、賃借人のひ孫、玄孫が再代襲相続人となります（民887③）（直系卑属がいる限り続くことになります。）。ただし、養子に代襲原因がある場合は、代襲相続人となるのは、養子縁組後に出生した子に限ります（民887②ただし書）。

②　第2順位（直系尊属）

　賃借人の子が不存在であることが戸籍謄本等で確認できた場合、あるいは賃借人の子全員の相続放棄が確認できた場合（相続放棄をした者は初めから相続人にならなかったものとみなされます（民939）。）には、第2順位の相続人（直系尊属）の調査を行います（民889①一）。

　直系尊属が相続人となる場合については、親等の異なる者の間では、その近い者を先にする（民889①一ただし書）ということになっているため、直系尊属の世代ごとに考えていくことになります。まずは賃借人の両親が存命であるかを確認し、両親のいずれかが存命である場合はそこで調査は終了します。

　しかし、両親が死亡している、あるいは相続放棄をした場合、更に上の世代（祖父母全員）の戸籍謄本等を取り寄せなければならなくなります。死亡した賃借人が若い場合は、相続放棄等により更に曾祖父母の世代まで調べなければならないという場合もあり得ます。

③　第3順位（兄弟姉妹）

　死亡や相続放棄により、賃借人の直系尊属で相続人となる者が一人もいないことが確認できた場合には、第3順位の相続人（兄弟姉妹）の調査を行います（民889①二）。相続人となる兄弟姉妹を調査する場合、賃借人の両親の出生から死亡までの戸籍謄本等を全て確認する必要があります。半血の兄弟姉妹（異母の兄弟姉妹、異父の兄弟姉妹）や、養子縁組による法律上の兄弟姉妹がいる可能性があるためです。なお、半血の兄弟姉妹の相続分は、全血の兄弟姉妹（両親が同じ兄弟姉妹）の2分の1（民900四ただし書）です。

　また、第1順位の子と同様、兄弟姉妹に代襲原因がある場合、賃借人の甥姪が代襲相続人となります（民889②・887②）。この場合、代襲相続人を確定させるために、代襲原因のある兄弟姉妹の出生時から死亡時までの戸籍謄本等を取り寄せる必要があります。ただし、第1順位の子の場合と異なり、兄弟姉妹の代襲相続は一代限りですので（民法889条2項が887条3項を準用していません。）、注意してください。

④　配偶者

　　配偶者は常に相続人になりますが（民890）、離婚した元配偶者は相続人にはなりません。

アドバイス

○単身高齢者の相続人調査の留意点

　単身高齢者についてはよく「身寄りがない」という言われ方をしますが、相続人調査の観点でいえば、配偶者も子もいないケースが非常に多いということを意味します。こういったケースでは、相続人調査をすると、直系尊属は既に死亡しており、兄弟姉妹も同じく高齢で死亡していて甥姪が代襲相続人となることも多くあります。しかも、兄弟姉妹が多いと、甥姪も多人数に及びがちです。

　このようなケースでの留意点は、まず、相続人調査自体にかなりの時間を要するということです。相続人が多くなるケースでは、配偶者、子、直系尊属、兄弟姉妹、甥姪と順を追って調べていくことになるため、1～2か月程度の期間では到底調べきれないことがほとんどです。賃貸人は賃貸物件につき早期に明渡し等が完了することを希望していますが、相続人調査が必要な場合、実際には、簡単に進みません。そのため、賃貸人としては、事前にこの点をよく理解しておく必要があります。

　また、甥姪の代になると、そもそも亡くなった賃借人本人を全く知らないといったケースもよくあり、人的関係が非常に稀薄です。そのため、結局は相続放棄される可能性が非常に高くなることを前提にしておく必要があると思われます。

ケーススタディ

Q　一人暮らしの外国人が亡くなったのですが、相続人は日本人の場合と同じように考えてよいのでしょうか。

A　外国人については、法の適用に関する通則法36条により、被相続人の本国法によるとされています。ただし、相続の準拠法については、反致（法の適用に関する通則法41）の適用があるため、当該外国人の本国法において日本法によると定められている場合は日本法の適用があります。

　当該外国人の本国法における相続の準拠法が分からない場合は、当該外国の領事館等に対し、相続法の内容（法令の名称、相続人の範囲及び順位に関する条項、

相続人の法定相続分の内容に関する条項、代襲相続制度の有無及びその要件に関する条項）について弁護士法23条の2に基づく照会（弁護士会照会）を利用するという方法も考えられます。

　そもそも、日本国においては外国人については住民票しかないため、相続人を調査することはかなり難しいのが現状です。平成24年7月9日より、各自治体が保有していた外国人登録原票は、法務省入国管理局が回収・保管しており、当該原票には、住民票に引き継がれていない世帯の情報が載っている可能性があります（回収された外国人登録原票は、弁護士会照会で取得することができます。）。しかし、世帯情報の記載から子の存在が判明しても、世帯情報に記載された住所の住民票が保存期間の経過等により取得できないなど、現住所までたどれないことが多いのが実情です。また、賃貸人が債権者であることを理由として領事館等に日本の戸籍に相当するものの取寄せを依頼しても拒絶されることがほとんどです。

◆相続放棄

　相続放棄は、亡くなった賃借人の最後の住所地を管轄区域とする家庭裁判所にその旨を申述するという方式で行います（民938）。また、相続放棄は、原則として、相続人が被相続人の死亡の事実を知り、かつ、そのために自己が相続人となったことを覚知した時から、3か月以内に行わなければなりません（熟慮期間）（民915①）。この熟慮期間内に限定承認又は相続放棄を行わない場合は、単純承認したものとみなされます（民921二）。

　相続人が相続放棄をした場合、当該相続人は初めから相続人とならなかったものとみなされます（民939）。相続放棄は代襲原因ではないので、子や兄弟姉妹が相続放棄した場合、相続放棄した者の子や孫も（代襲）相続人にはなりません。他方で、第2順位の父母が相続放棄した場合、祖父母が存命であれば、祖父母は直系尊属ですので、相続人になります。

　一人暮らしの高齢賃借人の場合、身寄りがおらず、面識のない遠い親族が相続人になることがあります。賃借人と親族が疎遠になっている場合、戸籍上判明した相続人として連絡を入れても、相続放棄されることも多く、また、高齢賃借人の場合は、第2順位の相続人が全員死亡していることが多いため、兄弟姉妹（代襲相続の場合は甥姪）まで調査が及ぶことも少なくありません。

　連絡を入れた相続人から相続放棄をしたと言われた場合には、家庭裁判所の相続放棄申述受理通知書又は相続放棄申述受理証明書の送付を依頼し、相続放棄の事実を確認しましょう。また、賃貸人は、利害関係人として、家庭裁判所に、相続放棄の申述

の受理の有無につき照会をかけることができますので、相続人から相続放棄申述受理通知書等の提供について協力を得られない場合等、必要に応じて家庭裁判所に相続放棄の有無の照会をすることも検討します（照会に用いる書式は各裁判所のウェブサイトに記載されていることが多いため、賃借人の最後の住所地を管轄区域とする家庭裁判所のウェブサイトをご確認ください。）。

　なお、相続財産の全部又は一部の処分により単純承認したものとみなされた後に（民921一）、家庭裁判所で相続放棄が受理された等の無効原因がある場合、債権者は後日の訴訟においてこれを主張することができます（最判昭29・12・24民集8・12・2310）。

アドバイス

○再転相続

　賃借人（被相続人。Aとします。）の死亡後、その相続人（Bとします。）が、熟慮期間内に、相続の承認又は放棄をせずに死亡するケースがあります。これを（狭義の）再転相続といいます。代襲相続の場合は、被相続人の相続開始以前に相続人が死亡していますが、再転相続の場合は、被相続人の相続開始後に相続人が死亡している点で違いがあります。なお、被相続人の相続開始後に相続人が死亡していても、既に相続の承認又は放棄をした後に死亡している場合は、ここでいう再転相続の問題ではありません。

　再転相続の場合、一般に、Bの相続人（再転相続人。Cとします。）は、Aの相続について承認又は放棄をする権利（以下、相続について承認又は放棄をする権利を「相続の選択権」といいます。）を、Bの地位を承継することで取得するものと解されています。他方で、相続放棄は相続開始時に遡って効果を生じるため（民939）、Cが後からBの相続を放棄したときに、先行して行われたAの相続の選択権の行使が無権利者による意思表示として無効になるのではないかという問題が生じます。

　この点について、Aの相続を放棄した後にBの相続を放棄したという事案で、最高裁昭和63年6月21日判決（家月41・9・101）は、①Cが先にBの相続を放棄した場合は、その放棄によりCが有していたAの相続の選択権を失うことになるから、その後、CはもはやAの相続について承認も放棄もできないとした上で、②CはBの相続を放棄する前であればAの相続を放棄することができ、かつ、Cは、Aの相続放棄をした後にBの相続について承認だけでなく放棄をすることもでき、また、③CがAの相続を放棄した後にBの相続を放棄した場合であっても、先行するAの相続放棄が遡って無効になることはない旨判断しました。

　このように、再転相続が生じている場合には、再転相続の問題であるのかという判断に加え、それぞれの相続の選択権の行使の順番やその影響について、熟慮期間（民916）の判断も含めて、非常に複雑になっているケースが多いため、注意が必要です。

○死亡届出義務者

　死亡届が出されない場合、戸籍で死亡を確認できないことを理由に、相続人調査として戸籍謄本等を取得できないことがあります。

　死亡の届出は、届出義務者が死亡の事実を知った日から7日以内にしなければなりません（戸籍86①）。そして、①同居の親族、②その他の同居者、③家主、地主又は家屋若しくは土地の管理人の順に、届出義務者となります（戸籍87①本文）。届出義務者は順序にかかわらず届出をすることもできます（戸籍87①ただし書）。また、同居の親族以外の親族、後見人、保佐人、補助人、任意後見人及び任意後見受任者は、届出義務者ではありませんが、届出をすることができるとされています（戸籍87②）。

　相続放棄をするかは別として死亡届出は親族が行うことが多く、また身寄りがない場合は行政が死亡届出を行っていることが多いため、あまり意識されていませんが、一人暮らしの入居者が死亡した場合、法律上、家主が死亡の届出義務者になることには注意が必要です。なお、正当な理由なく期間内に届出を行わなかった者に対する行政処分（5万円以下の過料）の定めがあります（戸籍137）。

2　遺体・遺留品等の取扱いの確認

（1）　遺体の取扱いの確認
（2）　動産類・遺留品等の取扱いの確認
（3）　居室内の状況の確認

(1)　遺体の取扱いの確認

　居室内で亡くなった場合の多くは、警察による死因等の検証が必要であるため、遺体は居室内から運び出されます。居室内の現場検証や検死が終了し、警察で事件性のないことが確認された場合、警察から遺族に対して連絡がされ、遺族が遺体を引き取ります。

　もっとも、身寄りがない場合、あるいは、遺族が引取りを拒否する場合は、遺体及びそれに付随していた物品等は死亡地等の市町村に引き渡され（警察等が取り扱う死体

の死因又は身元の調査等に関する法律10①②）、埋火葬を行う者がいない場合には、市町村長が埋火葬を行うことになっています（墓地、埋葬等に関する法律9①、行旅病人及行旅死亡人取扱法7）。市町村長が埋火葬を行った場合、その費用は、亡くなった入居者の遺留金若しくは有価証券をもって充当し、不足するときは相続人の負担とし、相続人から弁償を受けられないときは扶養義務者の負担とするとされています（墓地、埋葬等に関する法律9②、行旅病人及行旅死亡人取扱法11）。

　なお、生活保護を受けていた方が亡くなった場合で、葬祭を行う扶養義務者がいないとき等には、家主等が葬儀（直葬）を行うこともあります。その場合、事前に申請を行い、申請が通れば、死体検案、遺体の運搬、火葬又は埋葬、納骨その他の葬祭費用につき、家主等は葬祭扶助を受け取ることができます（生活保護18）。

(2)　動産類・遺留品等の取扱いの確認 ■■■■■■■■■■■■■■■■■■

　居室内の動産類・遺留品等は相続財産となるため、賃貸人が勝手に処分することはできません。相続人に連絡をして、その処分につき判断してもらう必要があります。

　賃借人が居室内で死亡した場合、貴重品については警察が預かっているケースが多いです。警察で事件性のないことが確認された場合、警察から遺族に対して連絡がされ、遺族が遺体や遺留品を引き取ることになります。

　なお、祭祀財産は、法律上、相続財産と区別されており、被相続人の指定があればこれに従い、指定がなければ慣習に従い、慣習が明らかでない場合は家庭裁判所が、祖先の祭祀を主宰すべき者を決め、承継するとされています（民897）。祭祀財産の種類としては、系譜（家系図等）、祭具（位牌、仏壇等）、及び墳墓（墓石等）の所有権があります。居室内に仏壇がある場合、その処分には手間と費用がかかりますので、祭祀承継者から、所有権放棄書等をもらって賃貸人側で処分する場合は、注意が必要です。仏壇については様々な処分方法がありますが、賃貸人側で行う場合には、コストを抑えるという観点から、魂抜き（閉眼供養）を行った上で、粗大ごみとして処分したり、遺留品処分業者へ依頼して処分する場合が多いようです。

(3)　居室内の状況の確認 ■■■■■■■■■■■■■■■■■■■■■■■■■

◆撤去費用（処分費用）等の見通し

　居室内に動産類が多く残された状態であれば、その量に応じた撤去費用（処分費用）が必要となるのが一般的です。居室内にどの程度の動産類が残されているか、処分困

難な動産類がないか等、居室内の状況を確認しておくことで、その後の費用について見通しを立てる際に参考になります。ただし、調査が必要だとしても相続人の承諾なく居室内に立ち入ることは許されませんので、注意してください。

　賃借人の相続人が遠方に居住しており疎遠になっている場合、債務の多寡にかかわらず相続放棄をされることも多くあります。相続人全員が相続放棄をする等して相続人が不存在となった場合であっても、賃貸人が勝手に居室内の動産類を処分することは自力執行に当たり許されません。

　そこで、賃貸人としては、難しい判断にはなりますが、相続放棄の見込み、賃借人が賃貸人に対して負う債務の金額（敷金の有無、滞納賃料、明渡費用、原状回復費用等の金額）、再募集による次の入居者の見込み等を考慮しながら、柔軟に解決方法を検討した方がよいでしょう。例えば、相続人不存在となる見込みが高く、他方で賃借人の賃貸人に対する債務の金額が小さい、再募集による入居者も早期に見込めるなどの事情があれば、賃貸人に多少負担が生じても、迅速に明渡しを実現するメリットは大きいと思われます。このような場合、賃貸人としては、相続人に対して強硬に支払請求を行うのではなく、賃借人の相続人が賃貸人に対して負う債務を免除する代わりに、相続放棄をせずに動産類の所有権放棄書を作成してもらい、実際の明渡手続を賃貸人で速やかに行うなどして、迅速な明渡しを優先させるという方法も、一つの合理的な解決といえるでしょう。

　なお、相続人が不存在となってしまった場合の具体的な対応については、後記 4 (6) をご参照ください。

◆建物の損耗状況等の証拠化

　賃貸人が賃借人に対して、原状回復費用を請求、あるいは敷金から差し引いた際に、原状回復義務の範囲についてトラブルになることがあります。賃借人が負う原状回復義務の範囲は、原則として、通常損耗を超えた部分となります（民621参照）。賃借人が原状回復義務を負うこと（通常損耗を超えた損耗があるという事実）は、賃貸人に立証責任がありますので、賃貸人としては、退去時の建物の損耗状況について、賃借人の相続人の立会いの下で確認するだけでなく、証拠化しておく必要があります。証拠化の方法としては、例えば、損耗部分を撮影する等して写真による証拠化を行うとともに、建物平面図に撮影部分と撮影方向を記入するなどして、当該写真が建物のどの部分を撮影したか分かるように保管しておくといった方法が考えられます。

　また、賃貸物件で賃借人が死亡した場合、心理的瑕疵に当たる場合があり、その後の原状回復や損害賠償の範囲、次の賃借人に対する告知義務等の問題に発展すること

があります。遺体の発見状況、発見時期、死因、居室内の状況等に関しては、遺体の発見に立ち会った場合には可能な範囲で確認を行い、立ち会っていない場合でも親族から聴き取りを行う等して、メモなどを作成しておいた方がよいでしょう。なお、死亡診断書（死体検案書）には死亡原因についての医師の診断が記載されていますが、賃貸人において死亡診断書（死体検案書）を独自に取得することは困難ですので、死亡届を提出した親族から、死亡診断書（死体検案書）の写しを取得できる場合には、参考情報として取得しておいた方がよいでしょう。ただし、親族からの死亡診断書（死体検案書）の提出は、あくまでも任意の協力によるもので、強制することはできませんので、注意してください（前記1 2 (4)ケーススタディも参照）。

3 必要となる作業の確認

---

(1)　賃借権の帰趨
(2)　賃料の支払状況等の確認（滞納賃料等）
(3)　動産類の撤去
(4)　原状回復の必要性の判断
(5)　心理的瑕疵の有無の判断

---

(1)　賃借権の帰趨 ■■■■■■■■■■■■■■■■■■■■■■■■■■■■■■■■

　賃貸借契約は、使用貸借契約の場合と異なり、賃借人の死亡により当然終了するものではありません（民法622条は、使用貸借で借主の死亡が契約の終了原因となるとする同法597条3項を準用していません。）。賃借権は賃借人の相続人に相続され、相続人が複数いる場合は共同相続されます。

　したがって、相続人がいる場合は、賃貸借契約を今後継続させるのかを検討してもらう必要があります。ただ、同居していない相続人は、生活の拠点が別にあることから、賃貸借契約の継続を希望しないことが多く、特に一人暮らしの高齢賃借人が亡くなった場合は、賃貸借契約は終了する方向になることが多いと思われます。

　賃借人の相続人が賃貸借契約の継続を希望しない場合は、賃貸借契約を解除する必要があります。合意解除が可能な場合は、物件内の動産類の撤去と原状回復について

も併せて合意することが必要です。

　賃借人の相続人が賃貸借契約の継続を希望しないけれども、合意解除にも応じない場合は、賃貸人としては、少なくとも相続開始後に発生した賃料の未納を理由に債務不履行解除を行うことになります。また、任意に支払や明渡しが行われない場合は裁判の提起を検討します。

(2)　賃料の支払状況等の確認（滞納賃料等） ■■■■■■■■■■■■■■■

　賃借人の賃料の支払状況（滞納状況）等を確認します。

　賃借人が死亡するまでに発生していた滞納賃料がある場合、債務として賃借人の相続人が相続しますので、賃貸人は、賃借人の相続人に対して、滞納賃料の支払を請求することになります。相続人が複数いる場合は、滞納賃料は単純な金銭債務であり、相続の発生に伴って相続人に当然分割されるため、賃貸人は、各共同相続人に対し、相続分に応じた滞納賃料の支払を請求することになります。

　賃借人が死亡した後の賃料（賃貸借契約を継続しない場合は死亡から解約までの賃料）については、これも賃借人の相続人に対して支払を請求することになります。相続人が複数いる場合には、相続開始から遺産分割協議が成立するまでの賃料債務は、性質上不可分とされていますので（大判大11・11・24民集1・670）、賃貸人は、共同相続人全員又はその一部に対してそれぞれ賃料全額の支払を請求できます。遺産分割協議により賃借権を相続する者が決まった場合には、それ以後は同人に対して賃料を請求することになります（後記 4 (4)ケーススタディも参照）。

(3)　動産類の撤去 ■■■■■■■■■■■■■■■■■■■■■■■■■■■■■■

　一般的に、建物賃貸借契約の終了に伴い、賃借人には賃貸物件の明渡義務が生じますので、賃借人は、物件内の動産類（家財道具等）を搬出しなければなりません。

　賃借人が死亡する前に賃貸借契約が終了していた場合には、賃借人の相続人が、この明渡義務を相続します。

　賃借人が死亡した後に、賃貸人と賃借人の相続人との間で賃貸借契約を終了させた場合も、賃借人の相続人は、相続した賃借権に基づき、賃借人として明渡義務を負います。

　賃借人の相続人が複数おり共有状態となっている場合、賃貸物件の明渡義務は、その性質上、不可分債務とされていますので、賃貸人は、各共同相続人それぞれに対し、物件全体の明渡義務の履行を請求することができます。

（4）　原状回復の必要性の判断 ■■■■■■■■■■■■■■■■■■■■■■

◆賃借人の原状回復義務の内容・範囲

　賃借人は、賃貸借契約の終了に伴い、入居後に生じた賃貸物件の損傷について、原状回復義務を負いますが、原状回復の内容としては、原則として、通常の使用及び収益によって生じた賃借物の損耗（通常損耗）及び賃借物の経年変化は除かれます（民621参照）。これは、一般に、通常損耗や経年変化による建物価値の減少については、賃貸借契約の性質上、賃貸借契約期間中の賃料により補填される仕組みになっているためです。

　したがって、賃貸人としては、退去時の賃貸物件の損傷状況を確認し、損傷がある場合には、それが、①賃借人の入居後に生じたものかどうか、②通常損耗・経年変化を超える損耗（以下「特別損耗」ということがあります。）なのかを判断する必要があります。

　①については、入居時の建物の状況を賃貸人及び賃借人の双方で確認しておくことが重要です。「物件状況確認リスト」（【参考書式10】）を利用するなどして、入居時に賃借人においても十分に確認してもらいましょう。

　②については、個別具体的な判断となりますが、国土交通省の「原状回復をめぐるトラブルとガイドライン（再改訂版）」が参考になります。これは、近時の判例や取引等の実務を考慮の上、原状回復の費用負担のあり方等について、トラブルの未然防止の観点からあくまで現時点において妥当と考えられる一般的な基準をガイドラインとしてとりまとめられたものです。

◆賃借人が居室内で自殺した場合

　自殺の発生は建物の価値の下落を招く心理的損傷となるため、賃借人には建物内で自殺しないようにする義務（用法遵守義務ないし善管注意義務）があるとされています（東京地判平19・8・10（平19（ワ）4855）等）。したがって、賃借人による自殺は、賃借人の用法遵守義務違反ないしは善管注意義務違反に当たり、賃借人の相続人や保証人が損害賠償責任を負うことになります。

　自殺行為によって汚損が発生した部分については、特別損耗部分に当たると評価されることが多いと思われますので、賃借人の相続人や保証人に対して、原状回復（費用）を請求することになります（第5章 2 (1)(2)も参照）。

アドバイス

〇自然死（病死）の場合の原状回復請求

　特別損耗の多くは、賃借人の使用方法に起因するものであり、保管義務違反ないし故意・過失があることが多いため、その法的性格が正面から問題となることはあまりありません。しかし、自然死（病死）の場合、一般的には、賃借人にも賃借人の相続人にも、故意・過失ないし善管注意義務違反等があったと評価されることは少ないと思われます。

　ここで、特別損耗が賃借人負担となることの法的性格が問題となります。考え方としては、①保管義務（善管注意義務）違反、②不法行為、③賃貸借終了に伴う返還義務の内容という三つが考えられます。しかし、病死等で賃借人に過失がないような場合、賃貸人は、賃借人の相続人に対して、①②の考え方によれば、特別損耗部分の原状回復請求はできず、③の考え方によれば、特別損耗部分の原状回復費用を請求できるということになります。

　裁判例では、自然死（腐敗等あり）による特別損耗部分の原状回復請求について、賃借人の過失がなくても請求できるとして、賃借人の負担となることを肯定したものもあれば（東京地判平29・9・15（平28（ワ）32886）、東京地判昭58・6・27判タ508・136）、賃貸借契約の終了に伴う民法上の原状回復義務も、賃借人の責めに帰すべきではない事由による貸室の破損や汚れには及ばないとして原状回復請求を否定しているものもあり（ただし、病死ではなく殺人の事案（東京高判平13・1・31（平11（ネ）5160）））、①～③のどの考えによっているかは一概にはいえません。

　なお、平成29年法律44号による改正後の民法が適用される賃貸借契約においては、賃借人の死亡が元本確定事由となるため（民465の4①三）、賃借人の故意・過失がない場合の原状回復費用の法的性格をどう捉えるかによって、保証人に対して請求できる範囲に影響が出ると思われます。改正後の民法が適用される事案における保証人への請求に関し、今後の判例に注目する必要があります。第5章 2 (1)ケーススタディもご参照ください。

(5) 心理的瑕疵の有無の判断

　賃貸物件の利用につき、通常人が心理的嫌悪感ないし嫌忌感を抱く場合、賃貸物件における平穏な生活が妨げられており、賃貸借契約の性質上通常有すべき品質・性能を欠いた状態といえ、これを心理的瑕疵といいます。

　賃借人による自殺があった場合、その後の建物での生活には、嫌悪感による住み心地の悪さを感じるのが通常ですので、心理的瑕疵に当たるといえます。そして、賃借

人による自殺は、賃借人の善管注意義務違反に当たるため、賃借人の相続人の損害賠償債務の有無・範囲や、次の賃借人等に対する告知義務の有無・範囲が問題となります。心理的瑕疵に関しては、第5章 $\boxed{1}$ をご参照ください。

$\boxed{4}$　相続人との話合い

```
(1)　相続人の確認
(2)　相続人への連絡
(3)　単独相続の場合
(4)　共同相続の場合
(5)　相続放棄をされた場合の対応
(6)　相続人がいない場合の対応
(7)　同居の内縁の妻等がいる場合
```

(1)　相続人の確認 ■■■■■■■■■■■■■■■■■■■■■■■■■■■■■■

◆単なる「関係者」と相続人の違い

　前記 $\boxed{1}$ で説明したとおり、賃借人の死亡が確認された場合、まずは戸籍謄本等により相続人を確認していく作業が必要となります。

　ただ、賃借人死亡後に事後処理に事実上関与することとなった関係者がいたとしても、その関係者が賃借人の相続人であるとは限らないので注意が必要です。賃借人の単なる知人であるとか、賃借人の親戚ではあるけれども賃借人の相続人ではない人などが、関係者として現れることは実際よくあります。しかし、こういった相続人ではない関係者には、賃借人にまつわる法律問題について、基本的にこれらを処理する権限がありません。すなわち、相続人ではない単なる関係者は、賃貸借契約の当事者たる地位を相続により承継しないので、契約解除もできませんし、物件内の動産類についても相続人でない以上所有権がないので処分する権限が本来的にはありません。

　本来の相続人が被相続人の関係者に事後処理を委ねるなど、後から相続人が異議を述べないことが確実である場合は、関係者に事後処理をさせても問題にならないケー

スが実際には多いと思われますが、本当は確実な方法とはいえません。現実には事実上問題にならずに終わってしまうケースが多いのは確かですが、後になって、なぜ権限のない者に処理を委ねたのかといったクレームが賃借人の他の相続人から出てくることはあり得ます。したがって、賃借人の相続人ではない関係者と協議して、賃貸借契約の解除であるとかあるいは物件内の動産類を処理していくことはできるだけ避けた方がよいでしょう。どうしてもその関係者に事後処理を委ねたい場合は、その関係者から、賃借人の相続人や債権者からクレームが出て問題が起きた際に全責任を負う旨の覚書等を差し入れさせておく等の方法が考えられますが、それでも万全ではありません。

◆なぜ「相続人」の確認が必要なのか

　それでは、なぜ「相続人」の確認が必要となるのでしょうか。

　相続人の確認が必要となる理由は、まずは契約関係の処理に必要だからです。

　賃貸借契約は、賃借人の死亡によって当然に終了しません（民法622条は、使用貸借において借主の死亡が契約の終了原因となるとする同法597条3項を準用していません。）。賃借権は、賃借人の相続人に相続されます。相続人が複数いる場合は共同相続されます。さらに、相続人がいない場合であっても、相続人でない同居人を保護するため、借地借家法36条により賃借権が承継される場合もあります（後記(7)参照）。

　また、物件内の動産類も、第三者所有のものを除き、所有権は賃借人の相続人に相続されます。

　そのため、仮に、相続人でない関係者などによってたまたま物件内の動産類が搬出され、明渡しが終了したのと同じ状態になっていたとしても、動産類の撤去は権限に基づいてなされたものとはいえませんし、契約関係も当然に終了したことにはなりません。理論的には、事実上明渡しが終了していても、相続人が希望すれば賃貸借は継続し、賃貸人は「貸す債務」を引き続き履行する義務があると解されるからです。したがって、相続人がいる場合は、賃貸借契約を今後継続させるのかそれとも終了させるのかについて決めてもらう必要があります。

アドバイス

○残置物の処理等に関するモデル契約条項

　　近時、賃貸用建物の所有者が単身の高齢者に対して建物を賃貸することを躊躇し、そのために単身の高齢者が居住用物件を賃借しようとしても借りることができないという

問題が生じています。これは、賃貸借契約の継続中に賃借人が死亡した場合に、相続人の有無や所在が分からなかったり、相続人との連絡がつかなかったりすると、賃貸借契約を終了させ、また、物件内に残された動産（残置物）を処理することが困難になるというリスクを賃貸人が感じていることが主な理由です。

　そこで、国土交通省は、令和3年6月に「残置物の処理等に関するモデル契約条項」を公表しました。これは、賃借人の死亡時に契約関係及び残置物を円滑に処理することができるように、賃貸借契約の締結に当たり、賃借人と受任者との間で、①賃貸借契約の解除と②残置物の処理に関する死後事務委任契約を締結しておく、というものです。

　具体的には、入居者と受任者との間で、賃借人の死亡時に賃貸人との合意によって賃貸借契約を解除する代理権を受任者に与える契約（賃貸借契約の解除事務の委任に関する契約）と、賃借人の死亡時における残置物の廃棄や指定先への送付等の事務を受任者に委託する契約（残置物の処理事務の委任に関する契約）を締結します。そして、後者の残置物の処理事務の委任に関しては、賃借人は、「廃棄しない残置物」（相続人等に渡す家財等）を指定するとともに、その送付先を明らかにします。また、受任者は、賃借人の死亡から一定期間が経過し、かつ、賃貸借契約が終了した後に、「廃棄しない残置物」以外の物を廃棄します。ただし、受任者は、換価することができる残置物については、換価するように努める必要があります。

　モデル契約条項の解説では、受任者はまずは賃借人の推定相続人のいずれかとするのが望ましいとされていますが、これが困難な場合（推定相続人の所在が明らかでない、又は受任する意思がない場合など）は、居住支援法人や居住支援を行う社会福祉法人のような第三者を受任者とすることが望ましい、とされています。

　このような契約が締結されている場合は、仮に受任者が相続人でなくても、賃貸借契約の解除や残置物の処理を行うことができるようになります。国土交通省は、賃借人の死亡後に契約関係及び居室内に残された家財を円滑に処理できるようにするため、前記のモデル契約条項の周知を図っていますので、これを活用することも積極的に検討すべきです。ただし、モデル契約条項の解説では、賃貸人が受任者となることは利益相反の可能性から避けるべきとされていますので注意してください。特に、受任者を賃貸人とする契約関係事務委任については、民法90条や消費者契約法10条違反で無効とされる可能性があります。

　なお、モデル契約条項は書面を前提としたものですが、賃借人の関係者が、契約解除と残置物処理につき口頭で賃借人から委任されたと主張する場合もあり得ます。しかし、書面による契約がなされていない以上、賃貸人としては、相続人からのクレームを避けるため、慎重に対応すべきです。

(2)　相続人への連絡 ■■■■■■■■■■■■■■■■■■■■■■■■■■■■

　相続人の調査については前記 1 (2)で説明しましたが、相続人が確認できたら、各相続人に対し、賃借人が死亡したことと、滞納賃料がある場合はその金額、動産類が残置されている場合で賃貸借契約を終了させるときは動産類の撤去と明渡しを求める旨、原状回復工事が必要な場合はその内訳と工事見積額を記載し、相続人に対していかなる対応をとるかを回答するように、(回答を放置されないよう、念のため)回答期限を設けて通知します。また、できれば通知の到達日が分かるような形で通知するのが望ましいでしょう。配達証明付き内容証明郵便が基本ですが、簡易な形であれば特定記録郵便(インターネットで配達状況が確認できますので、それをプリントアウトして到達の証拠とします。)を用いることも考えられます。

　相続人から回答があった場合は、相続放棄に関する意向をまずは確認するようにします。ただし、通知において賃借人に滞納賃料など何らかの債務があることが明らかであるにもかかわらず、通知到達後回答がない場合は、通知到達後3か月の経過をもって法定単純承認が成立すると考えられます(民921・915①)。なお、相続放棄がされた場合は、後記(5)を参照してください。

　相続人が誰かしらいる場合、相続人への連絡は、相続人が一人の場合と複数の場合で対応が異なってきますが(後記(3)(4)参照)、一般論としては次のようになります。

　まず、相続人が賃貸借契約の継続を希望する場合は、賃借人が変わることになりますので、契約内容を更新しておくという意味で、賃貸人としては賃貸借契約書の再締結をすることが望ましいですが、契約書の再締結をしなくても、被相続人との賃貸借契約の内容は相続人にそのまま引き継がれます(包括承継)。すなわち、被相続人が有していた賃借人としての地位は賃借権を相続した相続人に移転します。

　相続人が賃貸借契約の継続を希望しない場合は、賃貸借契約を合意解除(解約)する必要があります。また、合意解除の際に、物件内の動産類の撤去と原状回復についてもあわせて合意する必要があります。

　合意解除ができても、動産類の撤去が完了しない限り、明渡しが完了したことにはなりません。その場合は、解除時以降につき、明渡し遅延に伴う賃料相当損害金が発生します。もっとも、自費での動産類の撤去を嫌がる相続人は多いのが実態ですので、速やかな解除を実現するために、相続人に残置物の所有権を放棄させ、賃貸人において動産類の撤去を行ってしまうという処理方法をとることも実際には多くあります。

　相続人が賃貸借契約の継続を希望しないにもかかわらず、合意解除の手続にも応じない場合、あるいは相続人の意向が不明なまま放置される場合は、賃料滞納を理由に、

債務不履行に基づく法定解除を行います。解除の意思表示は相続人に対する通知により行います。ただし、賃料滞納を理由に解除をするには、基本的には催告をすることを要しますので (民541)、期限を定めて支払を催告し、期限までに支払がない場合に解除するという内容の条件付解除通知を行うのが一般です。なお、契約書に無催告解除条項がある場合で、一定期間の賃料滞納が無催告解除事由とされている場合 (ただし、1回の滞納で無催告解除ができるとされていても、それだけでは無催告解除条項の効力は認められないと解されます (前記第1　　2 3 (3)参照)。) でも、念のため一旦催告を行うことが一般的と思われます。また、動産類が残置されているなど物件の明渡しを要する場合は、裁判の提起を検討します。

　以下、具体的に解説します。

(3)　単独相続の場合 ■■■■■■■■■■■■■■■■■■■■■■■■■■■■

　まず、相続人が1名しかいない場合について説明します。このパターンは、相続人への連絡の基本形となります。

　相続人が1名しかいないというパターンは、前記 1 (2)の相続人調査の結果、相続人が1名しかおらずその相続人は相続放棄しなかったという場合と、法定相続人は複数いるものの、他の相続人全員が放棄するなどして最終的に相続人が1名となった場合の2パターンがあります。

　まず、相続人の確認そのものに関しては、戸籍謄本等によりその相続人が賃借人の唯一の相続人であることが確認できるのであればそれでよく、その相続人から更に特別の書類を徴求する必要はありません。もっとも、親族において再婚や養子縁組がなされているなどして、戸籍謄本等からその人が被相続人の唯一の相続人であることを判断するまで手間がかかるケースも現実にはあります。

　また、相続人は複数いるけれども、他の相続人が相続放棄した結果相続人が一人となっているケースでは、戸籍謄本等のほかに、他の相続人が相続放棄したことを確認できる書類、具体的には相続放棄の申述受理通知書、又は受理証明書を徴求するようにしてください。原本の提示を求め、写しを手元に保管するようにします (後に、相続財産管理人選任申立て等で使う可能性があるためです。)。なお、相続人から遺産を何も相続していないことを理由に相続放棄を主張されることがありますが、これは事実上のものであって、法律上の相続放棄には当たりません。この場合は、遺産を取得していない相続人についても、法律上は相続人の一人として扱う必要があります。

　次に、相続人に対する連絡ですが、確定した1名の相続人に対して、契約の解除、滞

納賃料等の精算、動産類の撤去、原状回復等について通知を行い、その後の対応を協議します。

相続人において賃貸借の継続を希望する場合は、賃借人が変わりますので、契約書の再締結をする方が望ましいですが、契約書の再締結をしなくても、被相続人との賃貸借契約の内容が相続人にそのまま引き継がれます。

相続人が賃貸借契約の継続を希望しない場合は、契約の合意解除（解約）について、その相続人と合意書を締結して、その後の賃貸借契約の処理方針、すなわち賃料等の精算や動産類の撤去、明渡しまでの手順について書面で明確にしておきます。ただ、滞納賃料等の精算が多額にわたる場合には、今後の強制執行も念頭に、公正証書にしておくことも検討します。

相続人において賃貸借の継続を希望していないにもかかわらず、賃貸借契約の解除等についての合意をすることが難しい場合、あるいは相続人が意向をはっきりさせないままの状態が続く場合は、契約の解除通知を相続人に対し行います。解除は通知が到達すれば効力が発生しますが、明渡し、原状回復義務の不履行については、動産類を勝手に処分することは違法ですし、同じく勝手に物件内に立ち入ることも違法ですので、裁判を提起することを検討するしかありません。

(4)　共同相続の場合 ■■■■■■■■■■■■■■■■■■■■■■■■■■■■■

相続人が複数名いる場合（相続放棄をせずに残った相続人が複数名いる場合も含みます。）は、共同相続となります。この場合、賃借権は一旦相続人全員に準共有（民264）された状態となります。

相続人が複数の場合は、まず、遺産分割協議により賃借権が特定の相続人に相続されたことになっていないかを調査します。もし、特定の相続人が賃借権を相続し、相続人が1名のみの場合は、前記(3)の単独相続の場合と処理は全く同じとなります。ただし、遺産分割により賃借権を相続したことを証明させるために、遺産分割協議書の原本の提示を求め、写しを手元に保管するようにします。なお、遺産分割については、当該物件の賃借権のみの遺産分割を決めてもらうこともできます。この場合は、遺産分割の一部協議についての合意書を締結してもらい、その提示を求めます。また、遺産分割協議書には印鑑登録証明書の添付を求めるべきです。

一方、賃借権につき遺産分割がなされない場合、又は遺産分割により複数の相続人が賃借権を相続した場合は、賃借権は相続人全員又は一部の相続人が準共有したままの状態が続きます。

　相続人らが賃貸借契約の継続を希望する場合は、賃借人が複数となりますので、契約書の再締結をする方が望ましいですが、契約書の再締結をしなくても、被相続人との賃貸借契約の内容は相続人らにそのまま引き継がれます。ただ、契約書の再締結ができる場合は、今後の連絡の便宜のために共同相続人の代表者を決めておいた方がよいでしょう。もっとも、契約内容の変更等については共同相続人全員との合意が必要です。

　一方、相続人らが賃貸借契約の継続を希望しない場合、賃貸借契約を合意解除（解約）するには、賃借権を相続した全ての相続人との間での合意が必要です。合意解除ができず、滞納賃料等を理由に債務不履行解除をする場合も、賃借権を相続した全ての相続人を相手方として催告及び解除通知を発送する必要がありますので注意が必要です。解除については、賃借人に対する意思表示により行いますが（民540）、賃借権の相続人が複数いる場合は全員に対して行う必要があるためです（民544①）。

（ ケーススタディ ）

Q　賃借人の相続人が複数いる場合において、明渡しまでの賃料については、それぞれの相続人に対して全額を請求できるのでしょうか。また、明渡しが正常に終了した場合に、敷金の返還は、各相続人に分割して返還しなければならないのでしょうか。

A　まず、賃借人（被相続人）の生前に発生した賃料債務については、可分債務と解されています。よって、死亡時までに発生した賃料については、滞納があれば、法定相続分に従って分割されます。ただし、被相続人が遺言で相続債務の分割を含む相続分の指定をしているときは、賃貸人としては法定相続分に従った金額を請求することもできますし（民902の2本文）、相続債務についての相続分指定の効力を承認して、各相続人に対して指定相続分に応じた金額を請求することもできます（民902の2ただし書）。

　次に、死亡後の滞納賃料については、不可分債務と解されています（大判大11・11・24民集1・670）。したがって、不動産賃借権を共同相続した場合の賃料債務は、共同相続人それぞれに対し、同時又は順次に、賃料の全額又は一部を請求することができ、相続人の一人が返済すればその限度で全ての相続人の賃料債務は消滅します。

　賃借人が死亡した場合、賃借人たる地位は相続人に相続されることになり、敷金返還請求権は、相続人がその相続分に応じて分割して相続することになります。したがって、相続人間で遺産分割が未了の場合は、賃貸人は法定相続分に従って各相続人に敷金を返還することになります。ただし、遺産分割により賃借権を相続人の一人が相続した場合はその相続人に賃借人の地位が移転しますので、敷金は賃借権を相続した相続人に返還すれば足ります。

(5)　相続放棄をされた場合の対応 ■■■■■■■■■■■■■■■■■■■■■■■

　同順位の相続人の一部が相続放棄をした場合は、残りの相続人が1名の場合は単独相続の場合と、残りの相続人が複数の場合は共同相続の場合と同じとなりますので、前記(3)又は(4)の手順に従って対応します。相続放棄については、家庭裁判所に対する相続放棄の申述の手続を経ることが必要ですので、家庭裁判所からの受理通知書等の書面の提示を求め、これを確認します。

　一方、同順位の相続人全員が相続放棄をした際は、前記 1 (2)で説明したとおり、直ちに次順位の相続人調査に入ります。なお、相続人調査については、先順位の相続人の全員が相続放棄をしたことが確認した後に、次順位の相続人調査を開始すべきです（まだ相続人になっていないのに、相続人調査を理由に戸籍の取寄せを行うことは、戸籍法上問題があると筆者は考えます。）（戸籍10の2）。

(6)　相続人がいない場合の対応 ■■■■■■■■■■■■■■■■■■■■■■■

　全ての相続人が既に死亡しているか、あるいは相続放棄をした場合は、相続人が存在しないということになります。

　しかしながら、滞納賃料等の精算が残っていたり、物件内に動産類が残置されていたり原状回復工事が必要となる場合は、請求の相手方がいない状態となります。この場合は相続財産管理人の選任の申立てを検討しなければなりません（後記 5 参照）。

　なお、相続財産管理人の選任を賃貸人側から申し立てるには、裁判所に多額の予納金を納付することが前提となります。そして、賃借人に換価できる財産が残っていない場合は、予納金は申し立てた者の負担となってしまいます。また、相続財産管理人が選任されたとしても、相続財産の処理にはそれなりの時間がかかります。よって、申立てについては弁護士等の専門家とよく相談して対応した方がよいでしょう。

ケーススタディ

Q　賃借人が物件内で死亡しました。物件の中には家具等が置かれたままです。賃借人には身寄りがなく、相続人を調べましたが、法定相続人になる人たちは関わりたくないとして、全員が相続放棄手続をとりました。この後どうすればよいですか。相続財産管理人選任申立てを必ずしなければならなのでしょうか。

A　相続財産管理人の選任を申し立てる必要があります（ただし、後述するように、特別代理人の選任を申し立てて、建物明渡等請求訴訟を提起する方がよい場合もあります。）。相続財産管理人が選任された後は、相続財産管理人との間で、明渡しのための協議を行います。

　この点、弁護士等の専門家が関与しない案件では、相続人が不存在である場合に、異議が出る可能性がないことを理由に賃貸人自身が物件内の動産類の撤去作業を行ってしまっているケースがかなりあるものと思われます。相続財産管理人選任のためには、基本的に例えば大阪家裁では100万円程度の予納金が必要となる上、選任から明渡し実現まで相当の時間もかかるため、そのような費用や時間はかけられないということが背景にあります。このような現場の要請があることは確かに無視できないところがあります。

　しかし、この方法は法的にはかなり問題があります。被相続人が死亡し、相続人が不存在の場合、相続財産は法人となりますが（民951）、賃貸人が相続財産法人の財産を勝手に処分する権限はないからです。また、一見、相続人がいないので、将来的に動産類の撤去について異議を述べる者が出てくる可能性はないようにも思えますが、被相続人の債権者等が、全く別の理由で相続財産管理人の選任を申し立ててくる可能性はあり（そういったケースが現実にはあります。）、その場合、賃貸人が相続人の財産を違法に処分したことを相続財産管理人から問題にされるおそれはあります。

　したがって、弁護士等の専門家としては、上記のようなリスクを賃貸人や不動産管理業者に対して十分に周知し、違法な行為に加担したこととならないように極力注意する必要があります。

　なお、被相続人に財産がなく、金銭回収の見込みがない場合は、被告を法人としての「亡何某（被相続人氏名）相続財産」として、建物明渡等請求訴訟を提起し、更に法人としての相続財産につき特別代理人の選任申立てを同時に行い、特

別代理人を実質的な相手方として、訴訟をするという方法をとることもできます。

　この方法は、特別代理人選任申立ての予納金だけでなく、強制執行を行うこととなるため、執行予納金や執行業者に支払う費用等がかかりますが、相続財産管理人選任申立ての予納金よりは低額で済む場合があると思われますので、どちらの方法で進めるべきか検討する方がよいでしょう。

　なお、「相続財産管理人」の名称ですが、令和3年4月に成立した改正法（令和3年法律24号）により「相続財産の清算人」と名称が変更されます（改正後の民952①）。同時に公告手続の合理化が行われています。詳しくは、後記 5 アドバイスを参照してください。

(7)　同居の内縁の妻等がいる場合 ■ ■ ■ ■ ■ ■ ■ ■ ■ ■ ■ ■ ■ ■ ■ ■

　賃借人の内縁の妻等は相続人でないため、賃借権を相続できません。そこで、借地借家法36条1項本文は、居住用建物において賃借人が相続人なしに死亡した場合に、事実上夫婦又は養親子と同様の関係にあった同居人に対し、賃貸借の承継を認めています。

　もっとも、承継が認められるのは、相続人がいない場合のみです。しかしながら、例えば賃借人に相続人が存在する場合に、賃貸人が内縁の配偶者に対して不動産明渡請求を行ったときは、内縁の配偶者は、相続人が相続した賃借権を援用できると解されています（最判昭42・2・21民集21・1・155）。さらには相続人から内縁の配偶者に対して明渡請求がなされた場合に、その請求が権利濫用に当たるとして内縁の配偶者が保護される場合もあり得ます（最判昭39・10・13民集18・8・1578）。

5 相続財産管理人との話合い

> (1)　相続財産管理人の選任
> (2)　相続財産管理人との協議

(1)　相続財産管理人の選任 ■

相続人がいない場合、相続財産管理人の選任を申し立てます。

　相続財産管理人選任申立ての申立権者は、利害関係人又は検察官です（民952①）。債権者は、相続財産から弁済を受け得る地位にありますから、利害関係人に当たります。賃貸人も、滞納賃料の請求をしたり、あるいは物件の明渡しや原状回復を求める場合は債権者となりますので、利害関係人に当たります。

　相続財産管理人選任申立ては、家庭裁判所に対して申立書を提出して行います。申立書には、申立人と被相続人との間の利害関係や、被相続人が死亡し相続人のあることが明らかでないこと、その他相続財産管理人の選任を要する事情について記載します。

　申立書は裁判所ウェブサイトからダウンロードすることができます。申立て先は、「相続が開始した地を管轄する家庭裁判所」となります（家事事件手続法203一）。すなわち、被相続人（賃借人）の最後の住所地を管轄する家庭裁判所となります。

　申立ての添付資料としては、次のようなものが必要です。

・被相続人の出生時から死亡時までの全ての戸籍（除籍、改製原戸籍）謄本
・被相続人の父母の出生時から死亡時までの全ての戸籍（除籍、改製原戸籍）謄本
・被相続人の子（及びその代襲者）で死亡している方がいる場合、その子（及びその代襲者）の出生時から死亡時までの全ての戸籍（除籍、改製原戸籍）謄本
・被相続人の直系尊属の死亡の記載のある戸籍（除籍、改製原戸籍）謄本
・被相続人の兄弟姉妹で死亡している方がいる場合、その兄弟姉妹の出生時から死亡時までの全ての戸籍（除籍、改製原戸籍）謄本
・代襲者としての甥姪で死亡している方がいる場合、その甥又は姪の死亡の記載がある戸籍（除籍、改製原戸籍）謄本
・被相続人の住民票除票又は戸籍の附票
・財産を証する資料（不動産登記事項証明書（未登記の場合は固定資産評価証明書）、預貯金及び有価証券の残高が分かる書類（通帳写し、残高証明書等）等）
・利害関係人からの申立ての場合、利害関係を証する資料（戸籍謄本（全部事項証明書）、金銭消費貸借契約書写し等）
・財産管理人の候補者がある場合にはその住民票又は戸籍の附票

　賃貸人が申し立てる場合は、利害関係を証する資料として賃貸借契約書等の添付が必要となります。また、相続放棄により相続人が不存在となっている場合は、相続放棄の申述についての受理通知書又は受理証明書の添付が必要です。

　申立ての費用については、収入印紙800円分、連絡用の郵便切手（申立てをする家庭裁判所へ確認してください。なお、各裁判所のウェブサイトの「裁判手続を利用する方へ」中に掲載されている場合もあります。）、官報公告料4,230円が必要ですが、このほかに予納金が必要です。これは相続財産管理人の報酬等の引当てとなりますが、被相続人に財産があれば予納金は少なくなっていきます。逆に被相続人の財産がない場合は、基本的に100万円程度（大阪家裁の例）の予納金を想定する必要があります。もっとも、相続財産管理人により財産が換価されれば、管理業務の費用や相続財産管理人の報酬はそこから優先的に支払われます。費用等が換価された財産で足りる場合は、予納金は最終的には戻ってきますが、換価した財産で足りない場合は不足分は予納金から支払われ、その分は申立人には戻ってきません。

　選任が認められれば、相続財産管理人を選任する審判が出されます。管理開始の要件を満たさないと判断されると、申立ては却下されます。これらの審判には、即時抗告はできないものとされています。

(2)　相続財産管理人との協議 ■■■■■■■■■■■■■■■■■■■■■■■■■

　相続財産管理人が選任されれば、相続財産管理人に対し、残置物の処分並びに賃貸物件の明渡しを求めます。相続財産管理人は、相続財産法人に対して善管注意義務を負っているため、相続財産の債務を増やさないようにする義務があります。したがって、賃貸人としては速やかに契約を解除することを求めます。

　相続財産管理人は、換価すべき財産がある場合は換価された現金から、換価すべき財産がない場合あるいは不足する場合は予納金を使って、物件内の動産類の撤去等を行います。

　一方、滞納賃料や（未履行の）原状回復費用については、基本的に債権として残ります。

　預貯金等があったり、動産類が換価可能であったりした場合は、明渡費用に充当しても更に余剰が生じたときに、他の債権者の債権額と按分して、残る滞納賃料、（未履行の）原状回復費用、その他の債権につき配当を受けることになります。逆に換価する財産がない場合は、明渡費用は予納金から支出されたままとなります。

$$\boxed{\text{アドバイス}}$$

〇令和3年民法改正（相続財産の清算人）

　　令和3年4月に、国会で「民法等の一部を改正する法律」（令和3年法律24号）及び「相続等により取得した土地所有権の国庫への帰属に関する法律」（令和3年法律25号）が成立しました。これらの改正は、そもそもは所有者不明土地の問題を契機になされたものですが、民法のうち物権法や相続法、不動産登記法についても大きな見直しがなされています。

　　本章に関連するところでは、令和5年4月1日施行の相続法の改正により、従来の「相続財産の管理人」（現行の民952①）が改正法では「相続財産の清算人」と名称が変わります。これは、改正法で相続財産の清算を目的としない新たな相続財産管理制度が創設され（改正後の民897の2①）、これと区別するために、相続財産の清算を目的とする従来の「相続財産の管理人」は「相続財産の清算人」に改められたことによるものです。

　　なお、これまでは、相続財産の清算のために3回もの公告手続が必要（合計で10か月以上かかります。）でしたが（現行の民952②・957①・958）、改正法では公告手続の合理化が図られています（改正後の民952②・957①）。

第 5 章

心理的瑕疵がある
場合の再募集等

＜フローチャート～心理的瑕疵がある場合の再募集等＞

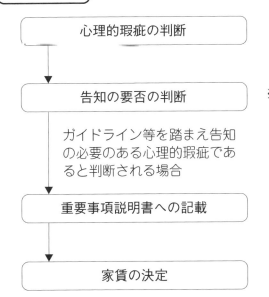

1 再募集

```
心理的瑕疵の判断
        ↓
告知の要否の判断

ガイドライン等を踏まえ告知
の必要のある心理的瑕疵であ
ると判断される場合
        ↓
重要事項説明書への記載
        ↓
家賃の決定
```

※告知の必要がある場合は、賃借人
に対し契約前に告知しないと、告
知義務違反を理由に損害賠償請
求が認められる可能性がありま
す。

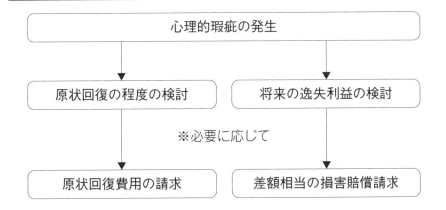

2 損害賠償請求等の検討

```
          心理的瑕疵の発生
           ↓          ↓
原状回復の程度の検討   将来の逸失利益の検討

        ※必要に応じて
           ↓          ↓
原状回復費用の請求   差額相当の損害賠償請求
```

1　再募集

---

(1)　心理的瑕疵の判断要素
(2)　告知の要否の判断
(3)　重要事項説明書への記載
(4)　家賃決定への考慮

---

(1)　心理的瑕疵の判断要素 ■■■■■■■■■■■■■■■■■■■■■■■

◆心理的瑕疵とは

　賃貸借の実務の現場では、一人暮らしの高齢者が物件内で死亡しているところを発見されるいわゆる「孤独死」が多く発生しています。高齢化社会の進展に伴って、「孤独死」の増加は社会問題となっています。このほか、物件内での独居者の自殺も多発しているのが現状であり、管理の現場では事後処理に大変な苦労をされています。

　自殺などの事件や病死などの事故などがあったいわゆる「事故物件」については、新しく入居者を募集するに当たって、「心理的瑕疵」の有無の判断と、告知の要否が問題となってきます。そこで、まずこの「心理的瑕疵」とは一体何なのかを明らかにする必要があります。

　そもそも「瑕疵」とは、その物が通常保有すべき性能を欠いていることをいいます。瑕疵は、雨漏りのような物理的瑕疵が典型ですが、自殺や事件・事故などがあった物件についても、そのような事情が瑕疵に当たると評価されることがあります。このように、物件につき心理的な嫌悪感を生じさせるような事情がある場合を「心理的瑕疵」といいます。

　この「心理的瑕疵」の用語ですが、法律上定まった意味を有する用語ではありません。瑕疵には、物理的瑕疵のほかにも、法律的瑕疵（物件に法律上の制限がある場合）、環境瑕疵（例えば、近隣に工場があり騒音が問題となるときなど、周辺環境に問題がある場合）といったカテゴリーもあります。ただ、例えば、近隣に暴力団事務所があるような場合については環境瑕疵に当たるようにも思えますが、これを心理的瑕疵と評価している判例もあり、環境瑕疵と心理的瑕疵は定義次第で区別がつけにくいところもあります。

　心理的瑕疵の有無の判断が難しいのは、目に見えない心理的なものなので、どの程度の事情がある場合にそれが心理的瑕疵に当たると評価されることになるのか、明確な基準がないという点です。

　さらに、新たな入居者に対していつまで心理的瑕疵についての説明をしなければならないのか、またどの程度の説明をしなければならないのか（告知義務の問題）、いつまで心理的瑕疵を賃料の減価要素として考慮しなければならないのか、といった点も大きな問題となります。

　なお、以下の説明は、全て賃貸借に関するものです。売買の場合は、賃貸借より心理的瑕疵の判断や告知の必要性、告知期間を厳しく見ることが一般的ですので、この点注意してください。

◆民法改正による影響

　「心理的瑕疵」は、平成29年法律44号の債権法改正前の民法にあった「瑕疵担保責任」の規定における「瑕疵」の一種と考えられてきました。すなわち、「心理的瑕疵」は、賃貸借契約において瑕疵担保責任が問題となる一場面と考えられてきたのです。

　同改正前の民法では、賃借物件に「隠れた瑕疵」、すなわち取引上一般に要求される程度の注意をしても発見できないような欠陥があった場合に、欠陥により賃貸借の目的が達せられないときは、賃借人は賃貸人に対して契約解除及び損害賠償請求を、欠陥により賃貸借の目的が達せられないとまではいえないときでも損害賠償の請求ができると定められていました（民559、改正前民570）。

　しかし、同改正後の民法では、この「隠れた瑕疵」という用語は使われなくなり、新たに「契約内容不適合」という概念が導入されました。すなわち、同改正後の民法562条1項は、「引き渡された目的物が種類、品質又は数量に関して契約の内容に適合しないものであるときは、買主は、売主に対し、目的物の修補、代替物の引渡し又は不足分の引渡しによる履行の追完を請求することができる。」と定め、この規定が有償契約である賃貸借契約にも準用されます（民559）。そして、この「契約内容不適合」の場合の賃貸人が負う責任は債務不履行責任とされたため（民564）、賃借人は「契約内容不適合」を理由に催告による解除（ただし、軽微なものは除きます（民541）。）や損害賠償請求をすることも可能です。なお、「契約内容不適合」は「隠れた」ものであることを要しませんので、この点は注意が必要です。

　これまで「瑕疵」といわれてきたものは、一般的には、その物が通常保有すべき性能を欠いている状態（要するに「欠陥」があること）を指していましたが、実務上は、瑕疵の有無は契約内容に適合するかどうかで判断されてきたのが実態です。したがっ

て、同改正後も欠陥のことを「瑕疵」と表現しても、改正の前後で大きな違いはないと考えてよいものと思われます。もっとも、同改正により、「瑕疵」の有無は契約内容から考えるという趣旨がはっきりしたため、今後、「心理的瑕疵」についても、契約時に契約に関していかなる説明をしたか等が判断において大きなウェイトを占めることになりそうです。

◆心理的瑕疵の判断基準

　先に説明したとおり、心理的瑕疵については、法律上定まった意味やその有無を判断する明確な基準というものがありません。したがって、判例等からその判断基準を検討する必要があります。

　この点、大阪高裁昭和37年6月21日判決（判時309・15）は、売買の事例において、心理的瑕疵も瑕疵に含まれるとした上で、心理的瑕疵に該当する基準として、「建物にまつわる嫌悪すべき歴史的背景など客観的な事情に属しない事由…をもって瑕疵といいうるためには、単に買主において右事由の存する家屋の居住を好まぬというだけでは足らず、さらに進んで、それが、通常一般人において右事由があれば『住み心地のよさ』を欠くと感ずることに合理性があると判断される程度にいたったものであることを必要とする」と述べており、この基準が多くの判例で踏襲されています。

　実際には、上記判決の述べるとおり、様々な事情を総合考慮して、一般人を基準として住み心地が悪いと感じるかを判断することになります。

　一般論としては、心理的瑕疵の程度は、事業用より居住用の方が重く、事件が重大あるいは残虐である方が重く、事件からの経過年数が短いほど重いといえます。また、重い心理的瑕疵であるほど、賃借人に告知すべき期間は長くなります。これらはケースバイケースの判断となってきます。

　心理的瑕疵については、事例ごとにたくさんの判例が出されており、各事例において判決でどのような判断がなされているか分析する必要がありますが、具体的な判断要素ごとに分析すると次のようなことがいえます。

◆心理的瑕疵の具体的判断要素

　心理的瑕疵の判断要素としては、以下のようなものが考えられます。これらを総合考慮して、心理的瑕疵の程度を判断することになります。

　ア　事件性やその重大性

　心理的瑕疵は、事件性やその事件の重大性がまず一番重要な判断要素となってきます。当然ながら、事件性のあるものの方が心理的瑕疵の判断要素としては重く、また、

事件の中でも残虐なものの方がそうでないものより心理的瑕疵の判断要素としては更に重いものとなります。

　事件として非常に多いのは、やはり物件内での自殺です。自殺は、あらゆる年齢層の賃借人等で発生しているのが現実で、高齢者に限りません。

　自殺については、病死等の事故に比べ、人に与える嫌悪感が強く、心理的瑕疵の判断要素としては重いものとなるといえます。一方、物件内での殺人事件や傷害致死事件、放火等の重大事件が起こることは、筆者の経験からはまれです。しかし、逆にいうと、まれであるということは、自殺に比べると心理的瑕疵の判断要素としてはより深刻なものとなると考えられます。

　事故として多いのは、物件内での病死などの自然死、いわゆる孤独死です。高齢化社会の進展に伴い、身寄りのない一人暮らしの高齢者が物件内で死亡するケースは増加の一途をたどっています。死亡後の賃料滞納等がきっかけでようやく物件内の賃借人の安否確認に至るケースも少なくありません。さらに、最近では賃料の自動引落しの手続がとられていることから、口座残高が底をつかない限り賃料滞納も発生せず、死亡後かなり長期間が経過してから発見されるケースすら見受けられます。

　しかし、いわゆる孤独死の場合は、自殺等の事件に比べると、事件性がない分、人に与える嫌悪感の程度は低くなるといえ、基本的には告知を要するような心理的瑕疵には当たらないと考えてよいように思われます。ただ、現実には、遺体の発見まで時間がかかるケースも多く発生しており、遺体が腐乱状態で見つかるケースでは、物件内に遺体の跡や強い臭いが残ったり虫が発生することもあり、そのようなケースではそういった事情が心理的瑕疵の判断要素に入ってくる可能性を考えなければなりません。

　イ　屋内かどうか

　事件や事故が、屋内で発生したのか、屋外で発生したのかによっても、心理的瑕疵の判断要素になってくるかが異なってきます。

　屋内での事件や事故は、人が現実に生活する居住スペースで発生している以上、人に与える嫌悪感は強いものといえます。これに対して、駐車場に駐車中の車での自殺、共用部分での自殺など、屋外での事件や事故については、居住スペースそのもので発生しているものではないことから心理的瑕疵の判断要素に入ってくることは少ないと考えらえられます。

　ウ　経過年数

　また、事件・事故からどれくらいの年月が経過しているか、というのも基準となります。一般的に、自殺等の事件の場合は事件から数年が経過しても依然として心理的

瑕疵があると評価されやすいのに対し、孤独死で期間を置かずに発見されているケースなどでは、一般的には心理的瑕疵はないものと評価されていることが多いように思われます。この点は告知の必要性や告知を要する期間に大きく関わりますので、詳細は後記(2)で説明します。

　エ　その他

　事件・事故が発生したのが住居かそれとも商業用の施設かについても、心理的瑕疵の判断要素の軽重に影響してきます。一般的に、商業用施設での事件・事故については、居住用の物件に比して心理的な嫌悪感は軽くなると考えられます。

　また、都心に近く、交通の便も良い利便性の高い物件について、賃貸物件の流動性が比較的高く、心理的嫌悪感の減少が他の物件より早く進行すると述べている裁判例もあり（東京地判平22・9・2判時2093・87）、一般的には都市部の物件の方が心理的瑕疵の程度は早く弱まっていくと考えられます。

◆「宅地建物取引業者による人の死の告知に関するガイドライン」（令和3年10月）の公表

　このように、事件・事故があった場合にそれが心理的瑕疵に当たるといえるのかについては、多分に評価の側面を含み、判断が非常に難しい場合もあります。また、心理的瑕疵があった場合に告知を行うべきか、あるいは告知をいつまで行うべきかについても、一概に基準が決まっているものでもなく、やはり判断が非常に難しいのが実情です。

　しかし、不動産取引に当たって、取引対象の不動産で生じた人の死について、適切な調査や告知に係る判断基準がないということが、不動産の円滑な流通、安心できる取引の阻害要因となっており、また、判断基準がないことで、所有する物件で死亡事故等が生じた場合に、全て事故物件として取り扱われるのではないかとの所有者の懸念から、特に単身高齢者の入居が困難となっているという実情があるという点は否めません。

　そこで、人の死が生じた不動産の取引に際しての宅建業者の判断基準となるガイドラインを策定するため、国土交通省により「不動産取引における心理的瑕疵に関する検討会」が立ち上げられ、令和2年2月よりガイドラインの方向性や内容について議論が重ねられてきました。

　そして、令和3年5月から6月にかけて行われたパブリックコメントを経て、同年10月に、国土交通省不動産・建設経済局不動産業課より、「宅地建物取引業者による人の死の告知に関するガイドライン」が公表されました。

　このガイドラインは、パブリックコメントの段階ではタイトルが「宅地建物取引業者による人の死に関する心理的瑕疵の取扱いに関するガイドライン（案）」とされていましたが、最終的には「心理的瑕疵の取扱い」ではなく「人の死の告知」に関するガイドラインとして公表されました。

　そこで、ガイドラインの詳細については、後記(2)の告知の解説の中で説明することとします。

(2)　告知の要否の判断 ■■■■■■■■■■■■■■■■■■■■■■■■■■

◆「宅地建物取引業者による人の死の告知に関するガイドライン」の概要

　「宅地建物取引業者による人の死の告知に関するガイドライン」（以下「ガイドライン」といいます。）は、令和3年10月に国土交通省より公表されました。

　ガイドラインは、不動産において過去に人の死が生じた場合において、当該不動産の取引に際して宅地建物取引業者がとるべき対応に関し、宅地建物取引業者が宅建業法上負うべき義務の解釈について、過去の裁判例の蓄積の状況等も踏まえて、可能な範囲で、現時点で妥当と考えられる一般的な基準を、検討会での議論を基に取りまとめたものです。

　今後、居住用不動産に関する告知の要否の判断については、ガイドラインに沿った判断が求められることとなると思われます。そこで、以下、国土交通省が公表している資料を基にガイドラインの内容について説明します。なお、ガイドラインは、賃貸だけでなく売買も含めて告知の要否を説明しているため、以下の説明では売買の場合も含んでいます。

◆ガイドラインの適用範囲

　ガイドラインでは、取引の対象となる不動産において生じた人の死に関する事案を取り扱っています。

　また、対象となっている不動産は居住用不動産に限ります。これは、住宅として用いられる不動産（居住用不動産）とオフィス等として用いられる不動産を比較した場合、居住用不動産は、人が継続的に生活する場（生活の本拠）として用いられるものであり、買主・借主は、居住の快適性、住み心地の良さなどを期待して購入又は賃借し、入居するため、人の死に関する事案は、その取引の判断に影響を及ぼす度合いが高いと考えられるためです。

　なお、オフィス等として用いられる不動産において発生した事案については、それが契約締結の判断に与える影響が一様でないことからガイドラインの対象外とされています（本書では、高齢賃借人等が想定し難いオフィス等に関する告知の要否については改めて検討しません。）。

◆調　査

　ガイドラインでは、調査の対象・方法について、宅地建物取引業者が媒介を行う場合、売主・貸主に対して、告知書（物件状況等報告書）その他の書面（以下「告知書等」といいます。）に過去に生じた事案についての記載を求めることにより、媒介活動に伴う通常の情報収集としての調査義務を果たしたものとする、とされています。

　また、宅地建物取引業者は、原則として、売主・貸主・管理業者以外に自ら周辺住民に聞き込みを行ったり、インターネットサイトを調査するなどの自発的な調査を行ったりする義務はなく、仮に調査を行う場合であっても、近隣住民等の第三者に対する調査や、インターネットサイトや過去の報道等に掲載されている事項に係る調査については、正確性の確認が難しいことや、亡くなった方やその遺族等の名誉及び生活の平穏に十分配慮し、これらを不当に侵害することのないようにする必要があることから、特に慎重な対応が必要である、とされています。

　次に、調査に当たっての留意事項としては、宅地建物取引業者は、売主・貸主による告知書等への記載が適切に行われるよう必要に応じて助言するとともに、売主・貸主に対し、事案の存在について故意に告知しなかった場合等には、民事上の責任を問われる可能性がある旨をあらかじめ伝えることが望ましい、とされています。また、告知書等により、売主・貸主からの告知がない場合であっても、人の死に関する事案の存在を疑う事情があるときは、売主・貸主に確認する必要があります。

◆告知についての原則

　不動産取引においては、とりわけ住宅として用いられる不動産において、過去に人の死が発生した場合、その事案の内容に応じて、一部の買主・借主にとって不動産取引において契約を締結するか否かの判断に重要な影響を及ぼす可能性があります。そのため、売主・貸主は、把握している事実について、取引の相手方等である買主・借主に対して告知する必要がありますが、告知の要否に関しては、過去の裁判例は、取引目的、事案の内容、事案発生からの時間の経過、近隣住民の周知の程度等を考慮して、信義則上、これを取引の相手方等に告知すべき義務の有無を判断しています。

　以上をまとめると、人の死に関する事案が、取引の相手方等の判断に重要な影響を及ぼすと考えられる場合には、告知を要するというのが原則となります。これを裁判例や取引実務等も踏まえて、現時点で妥当と考えられる一般的な基準として示したものがガイドラインです。

◆告げなくてもよい場合

　ガイドラインでは、告げなくてもよい場合として次の三つの類型が示されています。

①　賃貸借取引及び売買取引の対象不動産において自然死又は日常生活の中での不慮の死が発生した場合

　　老衰、持病による病死など、いわゆる自然死については、そのような死が居住用不動産について発生することは当然に予想されるものであり、統計においても、自宅における死因割合のうち、老衰や病死による死亡が9割を占める一般的なものです。また、裁判例（東京地判平18・12・6（平18（ワ）35・平18（ワ）2115・平18（ワ）10175））においても、自然死について、心理的瑕疵への該当を否定したものが存在することから、買主・借主の判断に重要な影響を及ぼす可能性は低いものと考えられ、ガイドラインの対象となる不動産において過去に自然死が生じた場合には、原則として、賃貸借取引及び売買取引いずれの場合も、これを告げなくてもよい、とされています。

　　このほか、事故死に相当するものであっても、自宅の階段からの転落や、入浴中の溺死や転倒事故、食事中の誤嚥など、日常生活の中で生じた不慮の事故による死については、そのような死が生ずることは当然に予想されるものであり、これが買主・借主の判断に重要な影響を及ぼす可能性は低いと考えられることから、賃貸借取引及び売買取引いずれの場合も、自然死と同様に、原則として、これを告げなくてもよい、とされています。

②　賃貸借取引の対象不動産（及び日常生活において通常使用する必要がある集合住宅の共用部分）において①以外の死が発生又は特殊清掃等が行われることとなった①の死が発覚して、その後おおむね3年が経過した場合

　　①以外の死が発生している場合又は①の死が発生して特殊清掃（孤独死などが発生した住居において、原状回復のために消臭・消毒や清掃を行うサービスのこと）や大規模リフォーム等（以下、特殊清掃と大規模リフォームを合わせて「特殊清掃等」といいます。）が行われた場合、いつまで事案の存在を告げるべきかについては、その事件性、周知性、社会に与えた影響等により変化するものと考えられますが、賃貸借取引については、過去の裁判例等を踏まえ、賃貸借取引の対象不動産におい

て①以外の死が発生している場合又は①の死が発生して特殊清掃等が行われた場合には、特段の事情がない限り、これを認識している宅地建物取引業者が媒介を行う際には、①以外の死が発生又は特殊清掃等が行われることとなった①の死が発覚してからおおむね3年間を経過した後は、原則として、借主に対してこれを告げなくてもよい、とされています。

　なお、借主が日常生活において通常使用する必要があり、借主の住み心地の良さに影響を与えると考えられる集合住宅の共用部分（ガイドラインでは、「例えば、ベランダ等の専用使用が可能な部分のほか、共用の玄関・エレベーター・廊下・階段のうち、買主・借主が日常生活において通常使用すると考えられる部分が該当するものと考えられる。」とされています。）は賃貸借取引の対象不動産と同様に扱うものとされています。

③　賃貸借取引及び売買取引の対象不動産の隣接住戸又は借主若しくは買主が日常生活において通常使用しない集合住宅の共用部分において①以外の死が発生した場合又は①の死が発生して特殊清掃等が行われた場合

　賃貸借取引及び売買取引において、その取引対象ではないものの、その隣接住戸又は借主若しくは買主が日常生活において通常使用しない集合住宅の共用部分において①以外の死が発生した場合又は①の死が発生して特殊清掃等が行われた場合は、裁判例等も踏まえ、賃貸借取引及び売買取引いずれの場合も、原則として、これを告げなくてもよい、とされています。

◆告知を要する場合

　ガイドラインでは、告げなくてもよいとした上記②・③の場合でも、事件性、周知性、社会に与えた影響等が特に高い事案は告げる必要がある、とされています。

　次に、告げなくてもよいとした上記①〜③以外の場合は、取引の相手方等の判断に重要な影響を及ぼすと考えられる場合は、告げなければならないとされています。

　さらに、ここまで述べてきた内容をガイドラインは「原則的な対応」としていますが、これにかかわらず、取引の対象となる不動産における事案の存在に関し、人の死に関する事案の発覚から経過した期間や死因に関わらず、買主・借主から事案の有無について問われた場合や、その社会的影響の大きさから買主・借主において把握しておくべき特段の事情があると認識した場合等には、当該事案は取引の相手方等の判断に重要な影響を及ぼすと考えられるため、宅地建物取引業者は、前記◆調査を通じて判明した点を告げる必要がある、とされています。

◆告げる内容

　告げる場合は、宅地建物取引業者は、前記◆調査を通じて判明した点について実施すれば足り、買主・借主に対して事案の発生時期（特殊清掃等が行われた場合には発覚時期）、場所、死因（不明である場合にはその旨。なお、ガイドラインでは、「死因」とは、自然死・他殺・自死・事故死等の別を指すものとされています。）及び特殊清掃等が行われた場合にはその旨を告げるものとされています。

　ここでいう事案の発生時期（特殊清掃等が行われた場合には発覚時期）、場所、死因及び特殊清掃等が行われた旨については、前記◆調査において売主・貸主・管理業者に照会した内容をそのまま告げるべきである、とされています。また、売主・貸主・管理業者から不明であると回答された場合、あるいは無回答の場合には、その旨を告げれば足りるものとされています。

◆告知に当たっての留意事項

　告げる際には、亡くなった方やその遺族等の名誉及び生活の平穏に十分配慮し、これらを不当に侵害することのないようにする必要があることから、氏名、年齢、住所、家族構成や具体的な死の態様、発見状況等を告げる必要はない、とされています。

　また、買主・借主に事案の存在を告げる際には、後日のトラブル防止の観点から、書面の交付等によることが望ましい、とされています（後記(3)参照）。

◆ガイドラインの留意事項

　ガイドラインは、個々の不動産取引においては、買主・借主が納得して判断した上で取引が行われることが重要であり、宅地建物取引業者においては、トラブルの未然防止の観点から、取引に当たって、買主・借主の意向を事前に十分把握し、人の死に関する事案の存在を重要視することを認識した場合には特に慎重に対応することが望ましい、と述べています。

　その上で、ガイドラインは、あくまで現時点で妥当と考えられる一般的な基準であり、将来においては、ガイドラインで示した基準が妥当しなくなる可能性も想定され、新たな裁判例や取引実務の変化を踏まえるとともに、社会情勢や人々の意識の変化に応じて、適時に見直しを行うこととする、としています。

　なお、人の死が生じた建物が取り壊された場合の土地取引の取扱いや、搬送先の病院で死亡した場合の取扱い、転落により死亡した場合における落下開始地点の取扱いなどは、一般的に妥当と整理できるだけの裁判例や不動産取引の実務の蓄積がなく、ガイドラインの対象となっていません。

アドバイス

○告知に関する実務での従前の取扱い

　ガイドライン公表前の段階ですが、心理的瑕疵につき不動産管理会社が実際にどのような取扱いをしているかを、業者にお願いして聴き取り調査しました（以下は筆者がした聴き取り調査に限った私見です。）。

　実務では、自殺の現場となった物件については、重要事項説明において説明を行っているケースがほとんどであるように思われます。逆に、自殺であっても、物件外での自殺のケースでは、特に告知は行われていなかったように思われます。また、物件内の自殺のケースでは、当該物件と「面」で接している物件については、期間は短くするもののやはり告知を行っているケースが実際にはありました。

　一方、自然死については重要事項説明に盛り込むかどうかばらつきが多かったように思われます。単なる自然死については全く説明を行わない業者も見られる一方、自然死であっても事故から1年間は告知しているという業者もありました。ただ、自然死であっても、遺体が腐敗したケースなどについては通常は当該物件については告知が行われているように思われます。

　また、告知の期間については、自殺については事件から5年間説明しているという業者がある一方で、これまでの裁判例を踏まえて3年間としているケースもあるように見受けられました。また、自殺に関し、自殺があった物件に「面」で接している物件については、事件から2年間説明しているという業者も見られました。

　一方、自然死（ただし、腐乱等の事情がある場合は除きます。）については、説明をしているケースでも期間は1年程度にしている例が多かったように思われます。

　ガイドラインの公表により、今後は告知の要否及び告知を要する期間についての判断はガイドラインの内容に沿ったものに統一されていくことが予想されますが、告知の要否についてきちんと判断をしている不動産管理会社は、これまで、ガイドラインよりも更に厳格な基準で告知の要否及び告知を要する期間について判断してきたように感じられます。

(3)　重要事項説明書への記載 ■■■■■■■■■■■■■■■■■■■■■■■

　宅建業者は、賃貸借契約が成立するまでの間に、宅地建物取引士をして、重要事項について、これらの事項を記載した書面を交付して説明をさせなければなりません（宅建業35①）。重要事項説明の際は、相手方が宅建業者である場合を除き、書面交付と口頭の説明が必要です。なお、平成29年10月からは、対面による説明に加え、ITを活用する重要事項説明が認められています。

　重要事項説明書への記載事項は、宅建業法35条1項1号〜14号に定められていますが、この中に心理的瑕疵の存在については挙げられていません。しかし、宅建業法47条1項1号ニは、宅建業者は、不動産賃貸借の契約の締結について勧誘をするに際し、取引物件及び取引内容のほか、将来の利用の制限、環境、交通等の利便等、賃借人の判断に重要な影響を及ぼすこととなるものについて、故意に事実を告げず、又は不実のことを告げる行為を禁じています。

　したがって、告知の必要のある心理的瑕疵については、重要事項説明書に記載する必要があります。ただし、前記(2)で説明したとおり、「宅地建物取引業者による人の死の告知に関するガイドライン」では、告知する際に、亡くなった方やその遺族等の名誉及び生活の平穏に十分配慮し、これらを不当に侵害することのないようにする必要があることから、氏名、年齢、住所、家族構成や具体的な死の態様、発見状況等を告げる必要はない、とされていますので、注意が必要です。

アドバイス

○宅建業法の改正（令和3年法律37号）

　重要事項説明書については、宅建業法の改正により、押印は不要となりました（改正宅建業35⑤）。また、貸借の各当事者の承諾を得て、重要事項説明書に記載すべき事項を電磁的方法により提供することができるになりました（改正宅建業35⑦）。なお、改正宅建業法は、本書執筆時点では未施行ですのでご注意ください（施行日は、令和3年5月19日から起算して1年を超えない範囲内において政令で定める日とされています。）。

---

(4)　家賃決定への考慮 ■■■■■■■■■■■■■■■■■■■■■■■

　心理的瑕疵のある物件で告知を要する場合は、入居を促進するため、家賃を下げて対応することが通例です。新しい賃借人を募集する場合は、「宅地建物取引業者による人の死の告知に関するガイドライン」等を踏まえて、重要事項説明の手続をきちんと行った上で、新しい賃借人による入居が現実に実現すればそれでよいわけですから、賃料を下げるか、あるいはどこまで下げるかについては、入居申込みの状況や新しい賃借人との交渉次第のところもあり、これだけ賃料を下げないといけないといったルールは特にありません。

　なお、入居促進のために家賃を積極的に下げて対応した場合に、減額分全額について賃借人の相続人や保証人に対する損害賠償請求が認められるかというとそうではありませんので注意が必要です（後記 2 (3)参照）。

┌─────────── アドバイス ───────────┐

○家賃決定に関する実務での扱い

　　実務では、自殺等の事件があった物件については、新しい賃借人に対しては通常の賃料から2～3割下げるといったことはよく行われているようです。もっとも、現状では、利便性のある物件については、賃料を少し下げるだけで、すぐに新しい賃借人が決まることも多いようですので、一概に賃料を何割下げて募集すべきということはありません。

└──────────────────────────────┘

2 ｜ 損害賠償請求等の検討

┌──────────────────────────────┐
│ (1)　損害賠償請求の可否 │
│ (2)　原状回復の範囲 │
│ (3)　将来の逸失利益 │
└──────────────────────────────┘

(1)　損害賠償請求の可否 ■■■■■■■■■■■■■■■■■■■■■■■■

　物件に心理的瑕疵が発生した場合、原状回復工事が必要となったり、前記 1 (4)で説明したとおり、入居促進のために将来にわたって賃料の減額を継続することが必要となったり、種々の損害が発生します。本項目では、このうち、自殺等の事件が発生した際の原状回復の必要な範囲や、将来の逸失利益について、どこまでの損害を賃借人の相続人や連帯保証人に対して請求することができるか、について主に説明します。なお、この問題は、賃借人の同居者や無断転貸していた場合の占有者が自殺等の事件を起こした場合の賃借人に対する請求にも同じく発生します。

　まず、自殺等の事件については、自殺等が発生した当該物件について心理的嫌悪感が残ることから、一定の範囲で原状回復が必要となるとともに、将来の賃料について

も一定期間の減額をせざるを得ないケースが多いことから、これらについて損害賠償請求することはそれが合理的な範囲であれば認められます。もっとも、請求が認められる範囲、とりわけ逸失利益については争いになることが多く、裁判例でもしばしば問題となっています。

　一方、病死等の自然死については、前記 1 (2)で説明したように、基本的には告知を要する心理的瑕疵に当たるとは考えられていません。したがって、仮に新しい賃借人に対して告知を行い賃料を減額することになったとしても、それが損害として認められるということは難しいと思われます。また、自然死の場合、一般的には原状回復を必要とするとまでは解されておらず、仮に原状回復工事を行ったとしてもそれが損害として認められるということも難しいと思われますが、遺体が腐乱するなどして、それが原因で汚れや臭いなどが発生し、改装工事や脱臭措置などの原状回復が必要となった場合は、それが損害として認められることはあり得ます（後記(2)参照）。

　なお、賃借人の連帯保証人に対して請求する場合は、平成29年法律44号の債権法改正後の民法の適用のある保証に関しては、そもそも書面による極度額の設定がなければ保証自体が無効となりますが（民465の2①）、さらに、設定された極度額以上の請求もできませんので注意が必要です。極度額については、家賃の2年分等に設定しているケースが実務の現場では多く見られましたが、一般的にどの程度の極度額の設定が適当であるのかは実務の動向を見る必要があります。ただ、最近は、家賃債務保証業者を利用されるケースも多く、賃貸借において個人保証を求めるケースは全体として減少しているように見受けられます。

ケーススタディ

Ｑ　平成29年法律44号の債権法改正後の民法465条の4第1項3号では、個人根保証契約における元本確定事由として「主たる債務者が死亡したとき」が定められましたが、賃借人が死亡したときに、賃貸人は保証人に対してどこまでの損害賠償を請求することができるのでしょうか。

Ａ　賃借人が死亡した場合、民法465条の4第1項3号に基づき元本が確定するため、保証人は、賃借人死亡前に発生していた賃料債務等については責任を負いますが、賃借人死亡後に発生した賃料債務等については責任を負わないものとされています。

　しかし、将来の逸失利益についての損害賠償債務や原状回復義務については、どの範囲の債務が元本確定前に発生したといえるのか、大変に難しい問題です。原状回復義務や逸失利益についての損害賠償については、事案に応じて判断されることになるとはされているものの、様々な見解がとなえられているのが実情です（山野目章夫ほか「債権法改正元年を迎えて（上）－不動産取引の論点を中心に」ＮＢＬ1161号4頁参照）。

　この問題は、債権法改正により個人根保証契約に元本確定事由が定められたことによる新たな論点です。相続人に対する請求ではこの問題は生じませんが、保証人に関してはどこまでの請求が許されるのか、最終的には今後の裁判例等の動向を見る必要があります。

(2)　原状回復の範囲 ■■■■■■■■■■■■■■■■■■■■■■■

　自殺等の事件が発生した際に、どこまでの原状回復を求められるかについては、裁判例が少ないのが現状です。一般的には、自殺が発生した部屋（物件全体のことではなく自殺がなされた部屋そのものを指しています。）に限っていえば、自殺による汚損等が発生していれば汚損箇所（例えば汚損した箇所のフローリングの張替え）の原状回復は認められていると解されます。一方、自殺等が発生した部屋について、汚損等が発生していなくても、心理的嫌悪感の除去のため、自殺等が発生した部屋全体のクロスの張替えを行う程度の原状回復を業者が請求しているケースは多いと思われますが、裁判例で一般的にこれが認められているとまではいえない状況です。さらに、自殺等が発生した居室以外の部屋等を含む物件全体についてのフローリングの張替えやクロスの張替えなどの全面改装まで認められるかについては、裁判例でも一致した見解が見られません。自殺が発生した部屋の全面改装については認められる余地がありますが、物件全体の全面改装については、自殺の状況にはよりますが、臭い等が残るなどの特殊な事情がない限り基本的には認められにくいと思われます。

　一方、病死等の自然死については、通常は原状回復の必要性がそもそも生じないケースがほとんどのように思われます。そのため、クロスの張替え等をしたとしても、それが損害として認められる可能性は少ないと思われます。

　ただ、病死等の自然死であっても、遺体が腐乱するなどして、物件自体が汚損したり、臭いが残ってしまうケースも中にはあります。こういった場合は、汚損箇所の修繕や臭いが残る居室についてのクロスの張替えは原状回復として認められると思われます。もっとも、汚損や臭いが残るケースでも、全面改装については、これも状況にはよるものの自殺に比べると更に認められにくいように思われます。

(3)　将来の逸失利益 ■■■■■■■■■■■■■■■■■■■■■■■■■■■■

　賃借人による自殺等の事件が発生した場合に、賃借人の相続人や連帯保証人に対し、その物件に生じる将来の逸失利益、具体的には、事件が生じなければ得られたであろう賃料との差額相当の損害を請求することとなりますが、その算定の仕方が一番問題となります。

　将来の逸失利益を請求する場合、事件が発生して間がない時期のことが多いため、事件により、将来の新たな賃貸において、どの程度の期間、どのような影響が出るのかを予測して請求せざるを得ない点が非常に難しいところです。

　また、ある程度期間が経過してから実績に基づいて請求する場合を考えても、例えば賃貸人が物件の入居促進を図るために積極的に賃料の値下げに踏み切ったとして、賃料値下げによる減収が全て事件によるものとまでいえるのかはしばしば問題となります。賃貸人が任意に値下げした場合に、減額した全額について事件を原因とする損害と評価することはできないからです。

　そこで、逸失利益について裁判例の動向を検討する必要がありますが、ワンルームマンション等の物件での物件内自殺については、逸失利益を1年分の賃貸不能期間と2年分の賃料半減期間として、ライプニッツ係数を用いて中間利息を控除し金額の支払を認めている裁判例が多くあります（東京地判平19・8・10（平19（ワ）4855）、東京地判平22・9・2判時2093・87、東京地判平26・3・18（平25（ワ）33946）、東京地判平26・8・5（平25（ワ）12984）、東京地判平29・4・14（平27（ワ）12280））。また、裁判例においては、賃料に影響が出る期間を2年から4年の間で認定しているものが多いですが、損害の総額としては賃料の2年分以下としているものがほとんどです。

　したがって、裁判例においては、逸失利益の総額は元の賃料の2年分以下というのが趨勢といってよい状況です。調停や裁判上の和解においても、この2年分以下という基準はある程度意識されているように筆者は感じています。ただ、上記の裁判例の多くが都心のワンルームマンションの事例であることを考えると、元の賃料の2年分以下という基準が他の類型の物件においてもそのまま妥当するものかは今後の裁判例の動向を見る必要があると思われます。

事項索引

事 項 索 引

高齢者をめぐる賃貸借実務対応マニュアル
－入居・管理・死亡等による契約終了・再募集－

令和4年3月11日　初版発行

編　著　高　村　　　至
発行者　新日本法規出版株式会社
代表者　星　　謙一郎

発行所　新日本法規出版株式会社

本　　社　(460-8455)　名古屋市中区栄1－23－20
総轄本部　　　　　　　電話　代表　052(211)1525
東京本社　(162-8407)　東京都新宿区市谷砂土原町2－6
　　　　　　　　　　　電話　代表　03(3269)2220
支　　社　札幌・仙台・東京・関東・名古屋・大阪・広島
　　　　　高松・福岡
ホームページ　https://www.sn-hoki.co.jp/